ウルトラマン公式アーカイブ

ULTRAMAN OFFICIAL ARCHIVE

ゼロVSベリアル10周年記念読本

ZERO VS
BELIAL

実業之日本社 編

VOICE of ZERO 10th Anniversary

宮野真守

［ウルトラマンゼロの声］

2009年『大怪獣バトル ウルトラ銀河伝説 THE MOVIE』で華々しい初登場を果たし、
一躍人気キャラクターとなったウルトラマンゼロ。宿敵・ウルトラマンベリアルとの死闘、
仲間や後輩たちとの友情、人間との一体化など、様々な経験を経て、
最新作ではついに弟子まで登場と、変化の多いキャラクターに対し、
宮野真守はどのように魂を吹き込んでいったのか。ゼロとの10年間を振り返る。

取材・構成◎山田幸彦・四海鏡

斜に構えつつも正義を貫くウルトラマン

——まずは、ウルトラマンゼロの初登場作品『大怪獣バトル ウルトラ銀河伝説 THE MOVIE』参加への経緯からお聞きしてもよろしいでしょうか。

宮野　変身前の人間を演じる役者さんがいない、新しいウルトラマンが登場する映画の企画があるということで、円谷プロさんからオファーをいただいたんですよね。どなたが推薦してくださったのかな……。

——以前、坂本浩一監督にお話をうかがった際は、プロデューサーだった岡崎聖さんが『機動戦士ガンダム00』での宮野さんの演技が、ゼロにぴったりじゃないかと提案してくださった、ということでした。

宮野　ああ、そうだ、岡崎さんだ!

——ゼロは歴代ウルトラマンのイメージを覆す、やや不良チックな性格でしたが、第一印象はいかがでしたか?

宮野　台本を読んだ時点で「斬新だなぁ」と思いましたね。ウルトラマンではあるけれども、物語が始まる時点では、まだヒーローではない。悩みを抱えたキャラクターだったじゃないですか。その精神性や性格付けがすごく面白くて、収録も楽しみにしていました。

——シリーズ屈指の人気キャラクターであるウルトラセブンの息子という設定に、プレッシャーを感じられることは?

宮野　もちろん大きな責任感は感じていましたが、プレッシャーよりもワクワク感が勝りましたね。「えっ、セブンの息子を演じられるの!?」みたいな。ウルトラマンシリーズの歴史のなかでは、もう伝説の存在なわけじゃないですか。

——宮野さんが幼少期に触れたウルトラマンシリーズは、どの作品でしたか?

宮野　リアルタイムだと『ウルトラマンキッズ』や『ウルトラマンUSA』などのアニメ作品でしたね。ただ、やっぱり『ウルトラマン』や『ウルトラセブン』、それに『ウルトラマンタロウ』は再放送で観ていて。

——そのなかで、お好きな作品は?

宮野　『セブン』です!……と言うべきなんでしょうが(笑)、一番印象に残っているのは『タロウ』なんですよね(笑)。

——なるほど(笑)。ウルトラマンを演じると決まったことで、周囲の反響などはいかがでしたか?

宮野　どちらかというと、演じてからのほうが反響を感じました。演じた僕と同様に、世間のみなさんもゼロというヒーローの斬新さとかっこよさに引き込まれていっているのが感じられて、嬉しかったですね。

——ゼロを演じるにあたって、坂本浩一監督からはどのようなお話がありましたか?

宮野　最初に「不良っぽいところもあるけれど、『あしたのジョー』の矢吹丈みたいな、ニヒルなヒーローなんです」と言われました。だから、斜に構えながら自分の美学で進んでいくイメージで演じようと考えましたね。僕は『ジョー』直撃世代ではないのですが、もちろん作品自体は知っていたので、なんとか理解できたかなと(笑)。

——完成した映像のなかで、特に印象的なシーンは?

宮野　ウルトラマンベリアルが操る怪獣軍団を、バッタバッタとなぎ倒していく華々しいデビュー戦ですね! あのアクションはウルトラマンシリーズ史に残るんじゃないでしょうか。アフレコの時から「ゼロ、かっこいいな……!」と虜になりましたし、完成した映像を観て、さらに痺れました。戦闘時にゼロが発する、ウルトラマン特有の「シャーッ!」というかけ声も、師匠がウルトラマンレオだから拳法の達人のような気合いの入れ方や、不良っぽいやんちゃ感なども意識して、「シェアッ!」とか「シュッ!」とか、色々と試してゼロらしさを出そうとしたことを覚えています。

ヒーローとして成長していくゼロを演じた日々

——『ウルトラ銀河伝説』の翌年、ゼロ主演2作目となるオリジナルビデオ『ウルトラ銀河伝説外伝 ウルトラマンゼロVSダークロプスゼロ』がリリースされるわけですが、ここで早くも"偽ウルトラマン"であるダークロプスゼロが登場します。

宮野　あの時期は『ウルトラギャラクシー大怪獣バトル』シリーズは放送されていたけれど、新しいウルトラマンはテレビで活躍していなかったじゃないですか。だから「今までのウルトラマンの要素を、ゼロでもやる!」という、スタッフのみなさんの気概のようなものを感じましたね。

——ダークロプスゼロも宮野さんが演じられていましたが、2人のゼロを演じ分けることで、新たな発見などはありましたか?

宮野　「ゼロの雰囲気は、声でここまで変えていけるんだな」ということが理解できました。ダークロプスゼロを演じた経験が、後々ゼロが、色々とタイプチェンジしていった際の演技に役立ったんですよ。タイプによって声の雰囲気を変えているんですが、ルナミラクルはスッとした癒やしの存在であることを強調して、ストロングコロナは普段よりも熱血っぽい感じにしてみようとか、ゼロの各タイプの演技は、自分が提案したことも多く反映してもらっています。

——続く映画『ウルトラマンゼロ THE MOVIE 超決戦! ベリアル銀河帝国』では、小柳友さんが演じた惑星アヌーの青年・ランと一体化するという展開がありました。それまでのゼロ単体での状態から、お芝居の変化はありましたか？

宮野　やっぱり人と接することで成長するゼロを表現しようと考えましたね。当時のゼロは、まだ発展途上なウルトラマンというのが大きな特徴でしたので、ここから様々な出来事を経て、戦うことや何かを守ることの大切さをより知っていく。その過程もゼロというヒーローの魅力のひとつでしたから。

――ウルティメイトフォースゼロという新たなチームのリーダーになるというのも、『ベリアル銀河帝国』の見どころでした。チームの面々を演じた皆さんとのご共演はいかがでしたか？

宮野　ウルティメイトフォースゼロは僕も含めて、全員ガンダム乗りというのが熱いところでしたね(笑)。じつは現場は全て別録りで、関（智一）さんたちが先に録っているパターンや、僕が先に録っているパターンなど、色々でしたね。例えば関さんが先にグレンファイヤーの声を入れていたら、そこからアドリブ合戦になるんですよ(笑)。関さんのアドリブに僕がツッコミを入れたり、その逆もしかりで。ウルティメイトフォースゼロの芝居は、そんな僕たち声優陣のアドリブから派生して、スーツアクターの岩田（栄慶）さんたちが芝居にアドリブを入れることも増えてきました。スーツアクターさんに声優、そして各監督をはじめとしたスタッフのみんなで世界を作り上げいった結果、今のゼロがいるんです。

――ウルティメイトフォースゼロでの掛け合いと同様、翌年の『ウルトラマンサーガ』では、DAIGOさんが演じられたタイガ・ノゾムとの軽妙なやり取りがとても印象に残っています。

宮野　ウルトラマンになりたくなくて逃げ回る隊員、斬新すぎましたね(笑)。満足に変身できずにゼロはイライラするけれど、そんななかでタイガという人間の持つ良さやトラウマも知っていき、最終的にバディになるという。あれもまた、ゼロを大きく成長させましたよね。DAIGOさんは、やはり素晴らしい個性を持つスターなので、すごくゼロに影響を与えているんですよ。劇中でタイガは演じるDAIGOさん自身の「ウィッシュ！」を模した「フィニッシュ！」というポーズをするわけですが、これを最終的にゼロが取り入れる（笑）。それを岩田さん演じるゼロは、後の作品でもやり続けていたんですよね。ゼロは作品を重ねるごとに〝武器〟が増えていくキャラクターですよね。

――今までの宿敵だったベリアルではなく、『サーガ』の敵はバット星人が生み出したハイパーゼットンでしたね。

宮野　ある程度、ウルトラマンシリーズを知っていると、やっぱり「ゼットン＝主人公が負ける」みたいな方程式があるじゃないですか(苦笑)。ビジュアル的にも、あの巨大なゼットンは怖かったですからねぇ……本当に勝てるのかな？　って。実際、ゼロと仲間たちが融合してウルトラマンサーガになっても、最後までゼットンとは互角の戦いを繰り広げていましたからね。あれは演じていて、ヤバいなって思っちゃいましたよ（笑）。

――『サーガ』にはバディ物のコミカルな面と激しいバトル、そして東日本大震災の直後の企画ということもあり、現実の日本を想起させる要素も詰まっていました。

宮野　当初の企画から内容面でも変更があった作品でしたね……。

――困難な状況下でも心が折れない人間の持つ強さと、それを助けるウルトラマンの姿が描かれ、スペースオペラ的な躍動感の強かった前2作の映画とは、また違った感動があった作品になりました。

宮野　2012年にゼロというヒーローを演じていたからこそ、子供たちにメッセージを伝えられることができたと考えると、ウルトラマンという存在の尊さを改めて感じます。「みんな、頑張れ！」だけじゃなく「地球、頑張れ！」みたいなスケールの大きさなことが言えるのは、ウルトラマンというヒーローの存在感あってのことですよね。

後輩ウルトラマンを優しく時に厳しく見守る先輩へ

――ゼロは少しずつ、先輩としてニュージェネレーションヒーローズの面々を導く立場になっていきますね。

宮野　僕自身、年月を経ていくなかで、声優として後輩に言葉を掛ける機会が増えてくるんです。ゼロが次世代のウルトラマンたちに何かを伝えるシーンを演じていると、「ああ、やっぱり自分はゼロと一緒に歩んでいるんだなぁ」という気持ちが強くなります。一番先輩らしさを感じたのは、ウルトラマンギンガとウルトラマンビクトリーを特訓した時（『劇場版ウルトラマンギンガS 決戦！ウルトラ10勇士!!』）ですね。ゼロが先輩ウルトラマンとして、わかりやすく後輩に特訓を始めたのって、あそこからなんですよね。

――ギンガとビクトリーの変身前の姿である、礼堂ヒカルとショウを落石に巻き込んだりなど……。

宮野　超スパルタですね(一同笑)。そこからゼロは、どんどん先輩になっていくじゃないですか。最初は不良ぶっていたのに、いざ後輩ができると、意外と面倒見が良くて……そこはレオ師匠から受け継いでいるのかもしれません（笑）。

――次世代へ繋げるという意味では、準レギュラーとして出演した『ウルトラマンジード』は、ゼロにとってかなり重要な作品だったかなと思うのですが。主役であるウルトラマンジードを導く立場となったことはもちろん、妻子持ちのサラリーマン・伊賀栗レイトと一体化するという展開も含め、宮野さんも印象的だったのではないでしょうか？

宮野　やっぱり家族と一緒にいるサラリーマンとの掛け合いは、演じていてすごく面白かったですね。満員電車で通勤するウルトラマンも演じられましたし(笑)、新しい世界を見せてくれたレイトには感謝しています。

――『ジード』は『ウルトラ銀河伝説』から続く、ゼロとベリアルの戦いの終着点という面もありましたよね。

宮野　ベリアルとの決着をゼロとして自分でつけたいという気持ちもあったんですが、やはりジードがケリをつけるべきなんですよね。それを見守るゼロを演じていて、本当にしみじみと「ゼロは成長したなぁ」って思いました。最初は光の国を追放されそうなウルトラマンだったのに、こんな目線で後輩を見ることができるようにもなったのか……って。

――宿敵であるベリアルの息子・ジードを、自身と同じ一人前のウルトラヒーローへと導く姿は、ファンの皆さんも感慨深かったのではないかと思います。

宮野　それこそ、さっき話したレイトとの暮

様々な出来事を経て、戦うことや何かを守ることの大切さをより知っていく。その過程がゼロというヒーローの魅力です。

らしで、「俺の娘に手を出そうなんて、2万年早い！」と言えるほど親子のあり方を学んだからこそ、ゼロはジードとベリアルの親子の決着を見届ける境地にいたったのかと。

――そんな『ジード』で最終決戦が描かれたベリアルも、ゼロと同じくらい高い人気を誇っているわけですが……。

宮野　ベリアル、人気なんですよね……。ゼロとしては、ちょっと納得がいかないんだよなぁ（一同笑）。

――ベリアルとの長きにわたる戦いのなかで、宮野さんが最も印象に残っているシーンはどこでしょうか？

宮野　『ウルトラゼロファイト』の第二部「輝きのゼロ」で、ベリアルに乗り移られ、ゼロダークネスになってしまったなかで描かれる、ゼロの精神世界のシーン（第12～14話）です。ゼロが雨に打たれながら、ポツンと膝をついている姿がとても辛くて。強さが全てではないと知って成長し、仲間たちと助け合いながら戦ってきたのに、それでも負けそうになってしまうゼロを見たときに、ヒーローでも打ちのめされることがあるという現実を叩きつけられました。そんな絶望的な状況からゼロが再び立ち上がる時、僕が『ウルトラマン列伝』のオープニングに提供した曲（「ULTRA FLY」）を流してくださったんですよ。その演出も含め、自分がゼロに携わってきて、一緒にヒーローの思いを紡いで来れたことが、本当に嬉しくなって。あの一連のシーンは、自分のライブのステージでも再現させていただいたくらい気に入っています。ただ、復活したゼロがキンキラキンのシャイニングゼロになったのは、ちょっとびっくりしました。「時間の操作までできるようになったの？最強じゃん！」って（笑）。

――シャイニングゼロだけでなく、ゼロには様々な姿がありますが、宮野さん一番のお気に入りは？

宮野　ルナミラクルゼロとストロングコロナゼロに変身できたときは嬉しかったですね。先ほどお話したように、それぞれの戦闘スタイルの違いを自分ならではの表現で演じ分けることができたと、自信を持って言うことができます。インパクトが大きかった姿で言うと、シャイニングも捨てがたいんですが、やっぱりゼロ ビヨンドですかね。なんといっても、スラッガーが頭に4本って……親父は1本でずっと頑張っていたのに、おいおいズルいなって（笑）。

――後輩の面倒を見ることも増えてきたなか、ついに新番組の『ウルトラマンZ』では、ゼロの弟子を自称するウルトラマンゼットが主人公として登場しますが。

宮野　お話をいただいたときは、すごく感慨深い気持ちになりました。ゼロが師匠になって、しかもウルトラ兄弟たちのようにマントを着けているという……。セブンたちのマント姿は、僕も見ていて「かっこいいな！」と思っていたので、ゼロのマント姿は嬉しかったですね。ただ、「ゼロはまだ、師匠として落ち着くには、早くないか？」という気持ちもあったのですが、いざ台本を読んだら「俺は弟子をとった覚えなんてねぇ！」と、ゼロらしいスタンスでゼットに接していて安心しました（笑）。自分たちで結成したウルティメイトフォースゼロとは違い、光の国の正式な後輩ウルトラマンなので、ゼットとゼロは、

台本を読んだら「俺は弟子をとった覚えなんてねえ！」と、ゼロらしいスタンスでゼットに接していて安心しました（笑）。

今までとはひと味違う関係性になるんじゃないかと思います。

もう一度、自分自身がウルトラゼロアイで変身したい！

──先ほどお話に出た「ULTRA FLY」をはじめ、宮野さんは『ウルトラマン列伝』の主題歌として、他にも「DREAM FIGHTER」やTHE ALFEEの高見沢俊彦さんとコラボした「Legend of Galaxy -銀河の覇者-」などを提供されていますよね。

宮野　僕のライブでは、ステージの上へゼロに上がってもらうこともあったのですが、本番でのお客さんの歓声はもちろん、リハーサル時に男性スタッフが全員、童心に返るのが印象的なんですよね。やっぱりウルトラマンはすごい、そんなシリーズに音楽活動でも関わることができてありがたいなって思います。

──ゼロをゲストに呼べるミュージシャン、地球にはそうそういないでしょうからね(笑)。

宮野　「ゼロの気持ちが一番よくわかる地球人」として、ステージ上でゼロと会話ができるのが、僕の最大の強みですから（笑）。

──ステージでの共演といえば、舞台「ウルトラマンプレミア2011」の東京公演では、ゼロの人間体であるモロボシ・シンを宮野さんが演じられていました。

『ウルトラマンプレミアム2011』東京公演のフライヤー。

宮野　今までウルトラマンに変身した方々は、人間としての姿が先にあって、変身後の声もやることがある……というパターンが多かったと思うんですが、僕は逆だったんですよね。それこそ、今日の取材の最初に「プレッシャーを感じましたか？」という質問がありましたが、プレッシャーを一番感じたのは、あの舞台です。声の演技だけじゃなかったという他にも、ウルトラマンの黒部（進）さんにレオの真夏（竜）さん、そしてセブンの森次（晃嗣）さんと共演するということで、めちゃくちゃ緊張しました。でも、いざ現場に行ってみたら、セブンもマンもレオも、皆さんめちゃくちゃ優しくて（一同笑）。森次さんも、本当に息子を見るような目線で接してくださって、あれは幸せな体験でした。ウルトラゼロアイを自分で着けてゼロに変身できたのも、本当に嬉しかったです。

──森次さんたちとは、過去の映像作品のアフレコ時にお会いしたことはなく、その時が初対面だったのでしょうか？

宮野　そうなんですよ。それと「ウルトラマンプレミア」では、スーツアクターの方々とゆっくりお話することができたのも、良い経験になりました。コミュニケーションをしっかりとって一緒の舞台をやることで、チームの絆が深まった部分がありました。この絆がその後の作品へのお芝居に、大きな影響を与えていきましたね。

──『ウルトラ銀河伝説』から10年が経過し、次の10年も、まだまだゼロは活躍し続けそうですね。今後、宮野さんがゼロを演じる上で、挑戦してみたいことはありますか？

宮野　言うだけならタダなので言ってしまいますが……もう1回、ウルトラゼロアイを使って、自分自身で変身したいです！　早くしないと、どんどんおじさんになって、体も動けなくなってしまうので（笑）。

──では最後に、改めて新番組『ウルトラマンZ』の見どころをご紹介いただけると。

宮野　異色なウルトラマンとして登場したゼロの弟子ということで、ゼットもまた他のウルトラマンとは違う空気を持っているんです。というのも、かなり体育会系なんですよ（笑）。そんなゼットが、ゼロやジード、人間たちとの絡みのなかで炸裂する個性にご期待していただければと。僕としてもゼットは放っておけない悪ガキですし、ゼロファンの方々にとっても、目が離せない存在になっていくと思いますよ。

みやの・まもる：1983年6月8日生まれ、埼玉県出身。子役としての活動を経て、高校時代に声優デビュー。主な参加作品に、テレビアニメ『DEATH NOTE』（06年）、『機動戦士ガンダム00』（07年）、『文豪ストレイドッグス』（16年）、『銀河英雄伝説 Die Neue These』（18年）、『富豪刑事 Balance: UNLIMITED』（20年）、ゲーム『キングダム ハーツ』シリーズ、ドラマ『ゆうべはお楽しみでしたね』（19年）、洋画『ファンタスティック・ビースト』シリーズの吹き替えなど。舞台出演や音楽活動も盛んに行っている。

ウルトラマンゼロ
10th FIGHTING
HISTORY

記念すべきウルトラマンゼロの初陣！

大怪獣バトル ウルトラ銀河伝説 THE MOVIE

2007年から番外編的な世界観で展開していた『ウルトラギャラクシー大怪獣バトル』シリーズと、歴代のウルトラマンシリーズが、ひとつの物語に集約され、ウルトラマンゼロが初めて登場した記念すべき劇場公開作品（2009年12月12日公開）。

監督は、それまで海外でパワーレンジャーシリーズを担当していた坂本浩一が務め、グリーンバック撮影&背景フルCGでワイヤーアクションを多用する独自のアプローチで、従来のシリーズとは明らかに異なる斬新な作風を打ち出した。そのスピーディーなアクションもさることながら、ゴモラVSザラガスの死闘にも明らかな通り、巨大特撮としての醍醐味も十分。ニューヒーロー＝ゼロと、最凶のヴィラン＝ウルトラマンベリアルの躍動をセンセーショナルに描き、シリーズ新時代到来を予感させたのである。

M78星雲・光の国の人工太陽プラズマスパークを巡る攻防を主軸に、ウルトラ兄弟と『大怪獣バトル』の主要キャラクターであるレイとZAP SPACY隊員たちが、ウルトラマンベリアルと100体もの怪獣軍団に挑む戦いを描く本作。光の国はじまって以来ともいえる危機のなか、ゼロはベリアルと怪獣軍団を打ち破るキーパーソンとして登場し、大激闘を展開する――。

数万年前、光の国を支えるプラズマスパークの力を手に入れようと反旗を翻し、ウルトラマンキングによって宇宙牢獄に幽閉されていたベリアルが、ザラブ星人の策略で復活した。ベリアルは、かつて何万年にも渡って宇宙を支配していたレイブラッド星人の精神体から力を得て、最凶最悪のウルトラ戦士となっていたのである。自分を解放したザラブ星

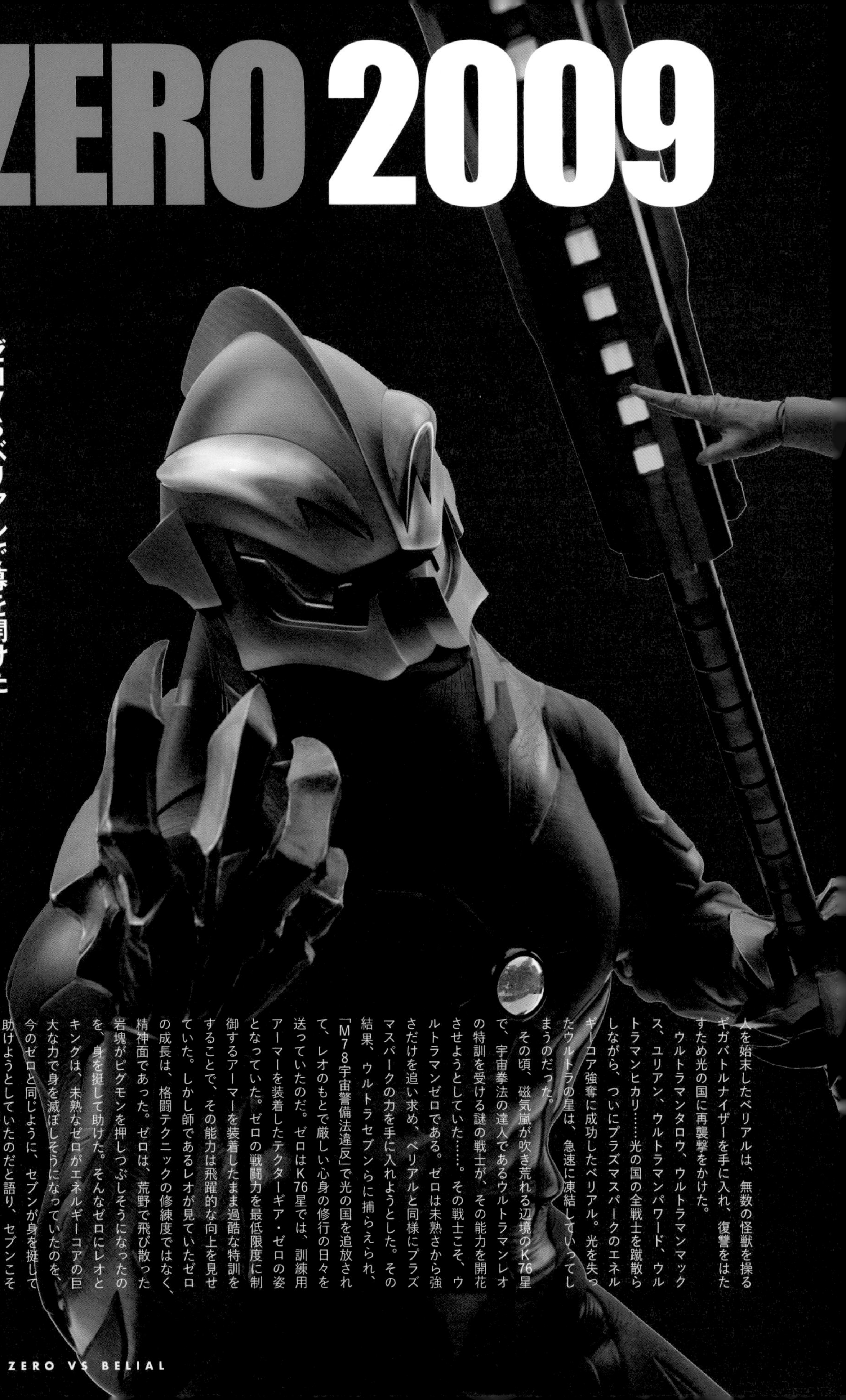

ZERO 2009

ゼロVSベリアルで幕を開けた ウルトラマンシリーズの新たなフェーズ

人を始末したベリアルは、無数の怪獣を操るギガバトルナイザーを手に入れ、復讐をはたすため光の国に再襲撃をかけた。

ウルトラマンタロウ、ウルトラマンマックス、ユリアン、ウルトラマンパワード、ウルトラマンヒカリ……光の国の全戦士を蹴散らしながら、ついにプラズマスパークのエネルギーコア強奪に成功したベリアル。光を失ったウルトラの星は、急速に凍結していってしまうのだった。

その頃、磁気嵐が吹き荒れる辺境のK76星で、宇宙拳法の達人であるウルトラマンレオの特訓を受ける謎の戦士が、その能力を開花させようとしていた……。その戦士こそ、ウルトラマンゼロである。ゼロは未熟さから強さだけを追い求め、ベリアルと同様にプラズマスパークの力を手に入れようとした。その結果、ウルトラセブンらに捕らえられ、「M78宇宙警備法違反」で光の国を追放されて、レオのもとで厳しい心身の修行の日々を送っていたのだ。ゼロはK76星では、訓練用アーマーを装着したテクターギア・ゼロの姿となっていた。ゼロの戦闘力を最低限度に制御するアーマーを装着したまま過酷な特訓をすることで、その能力は飛躍的な向上を見せていた。しかし師であるレオが見ていたゼロの成長は、格闘テクニックの修練度ではなく、精神面であった。ゼロは、荒野で飛び散った岩塊がピグモンを押しつぶしそうになったのを、身を挺して助けた。そんなゼロにレオとキングは、未熟なゼロがエネルギーコアの巨大な力で身を滅ぼしそうになっていたのを、今のゼロと同じように、セブンが身を挺して助けようとしていたのだと語り、セブンこそゼロの実の父親であるという真実を告げる。

キングの力でテクターギア・ゼロの封印を解除されたゼロは、光の国を救うために飛び立つのだった。

ベリアルは怪獣墓場で、ウルトラの星の凍結から辛くも逃れていたウルトラマン、セブン、ウルトラマンメビウス、そしてメビウスが助けを求めたレイと相棒のゴモラ、ZAP SPACY隊員、および別宇宙からやってきてZAP SPACYの危機を救ったウルトラマンダイナたちと、すさまじい死闘を繰り広げていた。圧倒的な力でメビウスたちを蹂躙するベリアル。

そこに満を持して登場したゼロは「ウルトラマンゼロ！ セブンの息子だ！」と名乗りを上げ、ベリアルと怪獣軍団に向かって一気呵成の戦いを挑む！

序盤は宇宙拳法を使った格闘で、100体以上もの怪獣を相手に、一歩も引くことなく次々に打ち倒していく。空中胴締め落としなども披露し、その器用さを魅せるゼロ。さらに2本の宇宙ブーメラン・ゼロスラッガーを両手に持ち、高速移動しながら敵を切り裂いていくゼロスラッガーアタックで、武器戦闘術にも優れていることを証明。もちろん、ワイドゼロショットといった強力な光線技も効果的に使い、怪獣軍団に大打撃を与えていく。

そして始まった諸悪の根源・ベリアルとの激闘では、若き勢いと精神力に勝るゼロが圧倒。レオ直伝の、足に炎のエネルギーを込めて放つウルトラゼロキックを炸裂させ、ベリアルを撃破寸前まで追い詰めると、最後はゼロスラッガーをカラータイマーの左右に装着し、エネルギーを広域に照射する必殺光線・ゼロツインシュートを発射。マグマのなかにベリアルを突き落とすことに成功する。

しかし、これでベリアルが敗れたわけではなかった。ベリアルは怪獣墓場を漂う数百の怪獣の魂と合体し、体長4000mもの超巨大な百体怪獣ベリュドラへと変貌を遂げたのである！

強大なベリュドラとの戦いは、ウルトラ戦士やZAP SPACYとの共闘となった。だがレオとの合体キック・レオゼロキックすら簡単にはじき返してしまうベリュドラに、ゼロたちは大苦戦。そんななか、エネルギーコアの聖なる光が、ゼロを真の戦士として選び、ゼロスラッガーが最強武器・ゼロツインソードへと変化。仲間たちによる一斉攻撃の援護を受けながら、ベリュドラ頭部に鎮座するベリアルに迫ったゼロは、ゼロツインソードによって全てのエネルギーを宿敵へと叩き込んだ。こうして光の国を一時は崩壊にまで追い込んだベリアルが変貌したベリュドラは、その肉体を崩して消滅したのであった。

エネルギーコアをプラズマスパークタワーへと戻したゼロは、かつて自分を追放した光の国の平和を取り戻し、故郷への帰還を許された。そこにセブンが現れ、ゼロとセブンは、生まれて初めての親子の抱擁を交わすのであった。

デビュー作にして、圧倒的な戦闘能力を見せるゼロ。ベリアルとの戦いは、父だと知ったセブンの仇討ちという面が大きかったが、それでも感情のままに暴走などはせず、冷静にベリアルに鉄拳を叩き込めたのは、レオによる長年の修行で鍛えられた精神のおかげだろう。

真のウルトラ戦士として、華々しい勝利で初陣を飾ったゼロ。だが、撃破したはずのベリアルの目は、怪しい光を発しており——。

ZERO 2010

ウルトラ銀河伝説外伝
ウルトラマンゼロVSダークロプスゼロ

2010年11月と12月に全2巻がリリースされたオリジナルビデオ作品で、監督をおかひでき(岡秀樹)、脚本を荒木憲一が担当。ゼロのデビュー作『大怪獣バトル ウルトラ銀河伝説 THE MOVIE』の後日譚で、かつ映画『ウルトラマンゼロ THE MOVIE 超決戦!ベリアル銀河帝国』へと続く物語が描かれた。

輸送任務中のZAP SPACYにSOS信号が届き、ヒュウガとレイはスペースペンドラゴンで現場に急行。2人がたどり着いた宙域には、多次元宇宙へのゲートがあった。

ゲートの先にある惑星チェイニーでは、侵略宇宙人サロメ星人の指揮官・ヘロディアが秘密実験を遂行しており、実験の影響で多次元宇宙のバランスが崩壊、消滅する可能性が高まっていた。ヘロディアは実験の邪魔となるレイたちにメカゴモラを差し向け、レイの操るゴモラを圧倒する。そこに駆け付けたウルトラマンゼロは、多彩な技によるゴモラとの連携攻撃で、メカゴモラを行動不能に陥らせる。ゼロもレイたちと同様に異変を察知していたのだ。

ゼロたちの前にヘロディアが新たに送り込んだのは、かつてゼロが装着していたアーマーを身にまとった謎のロボット戦士、テクターギアブラックだった。ゼロと互角の戦いを繰り広げたテクターギアブラックは、ヘロディアの命令を無視し、能力を制御するアーマーを自ら破壊、真の姿を見せる。それはゼロの姿を模した単眼の凶悪ロボット、ダークロプスゼロであった。

ゼロ渾身のゼロツインソードが、ダークロプスゼロスラッガーに激突するも、力負けし、弾き飛ばされてしまう。苦戦するゼロの前に、

劇場版第2作へとつながる外伝エピソード
ゼロの前に立ち塞がる敵はダークロプスゼロ！

さらにヘロディアが開発したロボット軍団・ニセウルトラ兄弟が飛来する。ダークロプスゼロは胸部の砲門から超時空波動光線ディメンジョンストームを発射し、ゼロをニセウルトラ兄弟ごと次元の狭間へと吹き飛ばしてしまうのだった……。

　異次元空間でニセウルトラ兄弟と戦うゼロは、ワイドゼロショットでニセウルトラマンエースを仕留めるも、ニセウルトラマンとニセウルトラセブンの攻撃に追い詰められる。絶体絶命の時、ゼロの危機を知った師・ウルトラマンレオが登場。レオとゼロの師弟コンビは、ウルトラゼロキックとレオキックの連携技・レオゼロキックと合体光線レオゼロダブルフラッシャーで、強敵を撃破。

　異次元からの脱出に成功したゼロは、惑星チェイニーで、ヘロディアに反旗を翻し、サロメ星人の基地を壊滅したダークロプスゼロとの再戦が開始。ダークロプスゼロの技を見切ったゼロは、すさまじいエネルギーを拳に込めて打ち込むビッグバンゼロで、相手のダークロプスゼロスラッガーを破壊。再度のディメンジョンストームを放とうとするダークロプスゼロだったが、必殺のゼロツインソードでボディを斬り裂かれる。ディメンジョンコアを暴走させたダークロプスゼロは、惑星ごと自爆を決行するのだった――。

　ゴモラや師匠レオとの連携技が見どころの本作。前作では一匹狼だったゼロの、成長度合いが感じられる。サロメ星人が操っていたダークロプスゼロは、じつはウルトラマンベリアルによる量産型ロボット兵士のプロトタイプ「第0号」。この設定の謎は、次作『ベリアル銀河帝国』で明らかとなる。本作を序章として、ゼロは新たな戦いに乗り出すのだ。

ZERO 2010

さらなる巨悪にのし上がり、カイザーベリアルが強襲！

ウルトラマンゼロ THE MOVIE 超決戦！ ベリアル銀河帝国

2010年12月23日に公開された、シリーズ45周年記念作品。監督・脚本はアベユーイチが担当。多元宇宙（マルチバース）に旅立ったウルトラマンゼロの戦いと冒険を描き、前作以上にスケールアップされた〝ウルトラスペースオペラ〟とでもいうべき内容に仕上がっている。

前作でゼロに倒されたはずのウルトラマンベリアルは、多元宇宙のひとつ・アナザースペースに逃れ、カイザーベリアルとして築き上げた巨大な銀河帝国に君臨。その魔の手を、光の国にも伸ばしていた。ゼロは、ベリアル軍の時空揚陸舟艇デルストの攻撃を余裕綽々片手で跳ねのけたが、デルストから降り立った3体の帝国猟兵ダークロプスに苦戦。しかし、父・ウルトラセブンと協力し、ゼロスラッガーとアイスラッガーの複合技・コンビネーションゼロを発動して敵を斬り裂く。

ダークロプスの残骸が発する波動を追って、別宇宙へ向かうことを決意したゼロに、セブンは用途に応じてウルトラゼロスパークやウルトラゼロランスなどに変形する変幻自在のアイテム・ウルトラゼロブレスレットを託す。ブレスレットは蓄積されたプラズマスパークエネルギーを放出し、ゼロの変身アイテム・ウルトラゼロアイを出現させることができるのだが、その使用限度は3回まで。

アナザースペースに到着し、惑星アヌーでベリアル軍の帝国機兵レギオノイドに襲われていたランとナオの兄弟を救ったゼロは、瀕死のランと同化し、ナオと共にベリアル打倒のカギとなる伝説の道具「バラージの盾」を探すことに。惑星エスメラルダのエメラナ姫、そして彼女の乗る意思を持った宇宙船・ジャンバードと合流したゼロは、バラージの盾の

ありかを知る炎の海賊のもとへ向かう。炎の海賊は、エメラナたちとの話し合いに応じようとせず、さらには海賊たちの用心棒・グレンファイヤーとゼロとが一戦交える事態に。光線技を用いず、肉弾戦でグレンファイヤーと互角の勝負を繰り広げたゼロは、最後に荒技・ゼロドライバーを繰り出し、グレンファイヤーに認められたのであった。

ベリアル軍の襲撃から逃れつつ、今度は鏡の星に向かったゼロは、そこでカイザーベリアルによって闇に侵されてしまった、鏡の勇士・ミラーナイトを見つけ、ウルトラゼロレクターで浄化。ミラーナイトの指示に従い、バラージの神殿に向かうこととなる。ウルトラマンノアの石像と遭遇したものの、バラージの盾を見つけられないままベリアル軍に囚われてしまったラン。ゼロへの変身もままならない絶体絶命の危機と思われたその時、ランの流した涙の鏡面から、ミラーナイトが出現。窮地を逃れ、カイザーベリアルとの最終決戦へと向かった。

ベリアル軍に逆らうレジスタンスの宇宙船団に加え、炎の海賊たちも救援に駆け付け、ベリアル軍を次々と撃破していくゼロは、カイザーベリアルにゼロドライバーでダメージを与えるものの、とどめのゼロツインシュートは、ベリアルの必殺技・デスシウム光線に弾き返されてしまう。ベリアルは超エネルギーを秘めたエメラル鉱石を大量に吸収すると、巨大な怪獣のような姿・アークベリアルに変貌。強力なアークデスシウム光線の前に、なす術もないゼロたち。もはやこれまでかと思われた時、光のなかに出現したノアによって、ゼロにバラージの盾が与えられる。バラージの盾が変化した白銀の鎧・ウルティメイトイ

ージスを装着し、ウルティメイトゼロへとパワーアップしたゼロは、右腕から伸びるウルティメイトゼロソードで、ベリアル軍の超巨大要塞・マレブランデスを一刀両断！　さらにゼロは、ミラーナイト、グレンファイヤー、そしてジャンバードがナオの操縦で変形した鋼鉄の武人・ジャンボットとの連携プレイで、超弓に変形したウルティメイトイージスによる最終必殺技・ファイナルウルティメイトゼロを撃ち出し、アークベリアルを完全粉砕する。アナザースペースに平和が戻り、ゼロは仲間たちと新たな宇宙警備チーム・ウルティメイトフォースゼロを結成するのだった。

　本作品は、まさに「本格的なゼロ主役映画」といった趣で、父親譲りの変身道具・ウルトラゼロアイに加え、ウルトラゼロブレスレットやウルティメイトイージスと、ゼロのパワーアップアイテムも一気に増加。さらに注目すべきは、70年代に円谷プロが製作した巨大ヒーローたち——ミラーマン、ジャンボーグA、ファイヤーマン——をモデルにした、ミラーナイト、ジャンボット、グレンファイヤーといった仲間たちと共闘し、ウルティメイトフォースゼロを結成する驚きの展開だろう。ウルトラマン以外の超人たちとチームを組むのが、じつにゼロらしい。対するベリアル軍には、アイアロンとダークゴーネという、かつてのミラーマンとジャンボーグAの宿敵からインスパイアされたキャラクターが登場。オールドファンには懐かしい限りである。彼らを従えるカイザーベリアルは、マントをまとい顔面に傷を付けた、禍々しさの増した姿で、まさに銀河皇帝といったスタイル。怪獣のように変貌したアークベリアルも、ラスボスにふさわしい凶悪強大さであった。

強敵がウルティメイトフォースゼロの新たな仲間に！

ZERO 2011

ウルトラマンゼロ外伝　キラー ザ ビートスター

２０１１年11月と12月に全２巻がオリジナルビデオとしてリリースされた本作は、監督をアベユーイチ、脚本を荒木憲一が担当。映画『ベリアル銀河帝国』から1年後、ウルティメイトフォースゼロの活躍を描く。

ベリアル軍の崩壊後、新たな脅威として登場したのはロボット軍団――キングジョー、インペライザー、エースキラーといった歴代のロボット怪獣を支配し、全宇宙の有機生命体を抹殺しようと企む天球ガーディアン ビートスター。そして、全宇宙のロボットの性能を取り込み、ジャンボットの人工知能をコピーした宇宙最強のロボット・ジャンキラーだった。

ゼロ、ミラーナイト、グレンファイヤーの3人が束になってもかなわない屈強なジャンキラー。しかし、戦いのなかでエメラナの声に心を打たれ、ジャンキラーは兄とも言うべきジャンボットと同じく、正義の心を持つロボットに変貌を遂げた！

ビートスターの居城に向かったゼロは、苦戦を強いられていたが、その窮地をヒュウガが乗り込んだジャンキラーが救う。人間の〝論理を超えた可能性〟の力によってビートスターは致命的なダメージを受け、「私は……怖かった」と呟き自爆する。ビートスターが恐れていた、すべての元凶とは……？

宇宙の危機は回避され、ジャンキラーは、レイ、ヒュウガ、ゴモラ、リトラに続く9人目の勇士として、名をジャンナインに改めウルティメイトフォースゼロの仲間となった。

強敵・ビートスター誕生の背景に、バット星人の存在があることが示唆される本作は、『ベリアル銀河帝国』と『ウルトラマンサーガ』を繋ぐ役割を持った作品でもある。

ゼロ、ダイナ、コスモスが共闘！ そして、三位一体のウルトラマンサーガに!!

ウルトラマンサーガ

2012年3月24日に公開された、ウルトラマンシリーズ45周年記念劇場作品。同年で生誕15周年のウルトラマンダイナ、2011年で生誕10周年のウルトラマンコスモス、そして当時の最新ヒーローのウルトラマンゼロが登場。ゼロにとっては初の「地球」を舞台とした物語となった。さらに、ゼロと一体化する主人公のタイガ・ノゾム役には、人気ミュージシャンのDAIGOを起用。また、AKB48の出演や、ウルトラマン映画初の3D上映対応作ということも話題となった。

物語はマルチバースのなかの別宇宙にある、もうひとつの地球・フューチャーアースから開幕。そこは侵略者バット星人が最強のゼットンを養育する実験場に選んだ場所で、地球の生命はほぼ完全にバット星人の手で消失していた。この危機的状況のなか、かつてフロンティアスペースを守って行方不明になっていたアスカ・シン＝ダイナが、次元を超えて登場。だがダイナは、ハイパーゼットンの成長を阻止するために力を失ってしまった。そんなダイナからの時空を超えた救援を受け、コスモスペースから飛来したコスモス＝春野ムサシ。そしてアナザースペースでベリアル軍の残党と戦っていたゼロも、フューチャーアースに到着する。

さらにフューチャーアースには、フロンティアスペースの防衛組織・スーパーGUTS隊員で、アスカの後輩にあたる青年タイガ・ノゾムも紛れ込んで来ていた。ゼロはコスモスと連携を図る一方、その勇気を認めた初対面のタイガと一体化を試みる。だがタイガは少年時、ダイナの活躍の傍らで両親を怪獣に殺された過去があり、ウルトラマンに複雑な思いを抱いていた。そのため当初、タイガか

らゼロへの変身は上手くいかず、約5メートルの「チビトラマン」になってしまう……。しかしダイナの窮地を知ったタイガは、先輩ウルトラマンとしてのムサシの言葉、フューチャーアースの防衛組織・チームUの面々による真摯な想い、そしてゼロとの交流のなかで、ウルトラマンとなって戦うことを決意。ついにゼロとタイガは、真の一心同体となる!

本作でのゼロは、葛藤するタイガに助言を与える一方、なかば強引に意志伝達用アイテムのウルティメイトブレスレット、さらに変身アイテムのウルトラゼロアイを貸与。また、チームUが、じつは取り残された少女たちが集まった素人集団だった事実も判明する。タイガの奮起後はコスモスとともに全力でハイパーゼットン(ギガント)に挑み、石化したダイナの復活を願うチームUの行動も支援。さらにゼロは、ウルティメイトイージスを超弓に変化させ、コスモスと甦ったダイナのパワーを融合させた合体必殺技のファイナルウルティメイトゼロ・トリニティを放ち、見事ハイパーゼットンを撃破するのであった。

……ところが、ハイパーゼットンは、バット星人およびその円盤と融合し、最強形態・ハイパーゼットン(イマーゴ)へと変貌を遂げていた。その猛攻に3大ウルトラマンも一度は完全に敗退。タイガたちは己の弱さを改めて見つめることとなる。そんな人間たちの勇気を実感したゼロは、敵うはずがないと思われたハイパーゼットン(イマーゴ)に再び立ち向かう。そして、宇宙を超えて出自の違う3人のウルトラマンは、奇跡の力で融合。ここに神秘の超人・ウルトラマンサーガが誕生した! チームUの支援を受けながら、サーガはハイパーゼットンと互角以上の戦いを

ウルトラマンサーガ

ゼロの新タイプ登場！ 衝撃の展開勃発!! 見どころ満載のミニドラマ

ZERO 2012-2013 ウルトラゼロファイト

繰り広げ、全エネルギーを拳に集めた超必殺技・サーガマキシマムを放ち、ついにハイパーゼットンを完全に消滅させる。ゼットンと融合していたバット星人が同時に死亡したことで、フューチャーアースは元の状態に戻り、消失していた人々も帰ってきた。自分の宇宙に戻るムサシ、再び放浪の旅に出るアスカ、フューチャーアースに残るタイガ。そして、タイガに別れを告げて去っていくゼロの姿で、物語は幕を閉じる。

『ウルトラマン列伝』第35話では、光の国を舞台にした本作の前日譚が語られており、並行宇宙でのゼットンの気配を感じたゾフィーが、ゼロに歴代ウルトラ戦士とゼットンの系譜を汲む怪獣との激闘の記録を教示した。また、本作にはディレクターズカット（以下DC）版が存在し、そこではバット星人が怪獣墓場で眠っていた歴代ウルトラ怪獣のアントラー、ブラックキング、ベロクロン、キングパンドン、タイラントを「怪獣兵器」として再生。フューチャーアースに現れたウルトラマン、セブン、ジャック、エース、レオがそれら怪獣兵器を迎え撃つシーンが、DC版の大きな見どころだ。『ウルトラマン列伝』第39話でこの戦闘シーンが初公開された際は、大きな反響を呼んだ。さらに『新ウルトラマン列伝』では、DC版そのものを5回に分けて放映したほか、この番組のためにゼロたちの別れの新カットも制作されている。

『ウルトラマン列伝』内で放映された、毎回約3分のミニドラマ。２０１２年8月1日から放送された第一部「新たなる力」(監督：おかひでき、脚本：小林雄次／全8回）と、２０１２年12月12日から放送された第二部「輝きのゼロ」(監督：アベユーイチ、脚本：足木淳一郎／全15回）で構成されている。

第一部は映画『ウルトラマンサーガ』の後日譚だ。怪獣墓場でウルトラマンゼロは、フューチャーアースで倒したバット星人の同族・バット星人グラシエと対決。グラシエは数多の怪獣たちを復活させて手下とし、ピグモンを人質に攻撃してくる。だがゼロは、共闘したウルトラマンダイナのストロングタイプとウルトラマンコスモスのコロナモードの力を受けた剛力形態・ストロングコロナゼロ、そしてダイナのミラクルタイプとコスモスのルナモードを反映した特殊能力形態・ルナミラクルゼロに変身。新たに得た力で危機を脱したのであった。なお、激闘のなかで、かつての特訓時代の防具を模した拘束具「テクターギア・ヘイトリッド」を強引に装着される一幕も見られた。

第二部は謎の敵カイザーダークネス（その正体は、暗黒魔鎧装アーマードダークネスに宿ったウルトラマンベリアル）を首魁とする悪の軍団との戦いで、ゼロはベリアルに憑依され、闇の戦士・ゼロダークネスに変貌。ウルティメイトフォースゼロを殲滅してしまうが、やがて正気を取り戻し、新たな強化形態・シャイニングウルトラマンゼロに進化。驚異の力で時間を逆転し、仲間たちを復活させた。ベリアルに意識を乗っ取られた状態ではあるが、ゼロが仲間をその手にかけて死に至らしめる衝撃が今なお忘れがたい1作だ。

ZERO 2015

後輩ウルトラマンを特訓し、
秘策を授けるゼロ先輩！

劇場版 ウルトラマンギンガS
決戦！ ウルトラ10勇士!!

２０１５年３月14日に公開された『ウルトラマンギンガS』の劇場作品。監督：坂本浩一、脚本：小林雄次・中野貴雄の布陣で、テレビ最終話の約1年後の世界が描かれた。

ウルトラマンコスモスが存在するマルチバース「コスモスペース」の遊星ジュランに、突如として超時空魔神エタルガーが出現。コスモスを破ったエタルガーの前にウルティメイトゼロが次元移動で登場するが、エタルガーはウルトラマンギンガたちの宇宙へ逃亡し、暗躍を開始する。エタルガーがギンガを封印しようとした直前、ギンガたちの宇宙にたどり着いたゼロは再戦を挑む。だが、ウルティメイトゼロ最大の必殺技・ファイナルウルティメイトゼロですら、エタルガーを倒すことはできなかった。

来たる決戦に向け、礼堂ヒカル＝ギンガとショウ＝ウルトラマンビクトリーに厳しい特訓を与えるゼロ。試練を乗り越えたヒカルにゼロはウルトラマンキングから授かっていたウルトラフュージョンブレスを与えた。

惑星の未来を2人に託したゼロは、エタルガーが生み出したウルトラマンベリアル（エタルダミー）と対決。自らの意志でシャイニングウルトラマンゼロに変身すると、シャイニングエメリウムスラッシュでエタルダミーを撃破。エタルガーは、ウルトラフュージョンブレスでギンガとビクトリーが融合したウルトラマンギンガビクトリーに倒され、エタルガーの居城・時空城も、全身が黄金に輝くクロスオーバーフォーメーションとなったゼロやコスモスたちウルトラヒーローの手で完全に破壊された。ヒカルとショウに「特訓の成果を忘れんなよ」と言い残し、ゼロはギンガの宇宙から去って行くのであった。

ウルトラマンX［第5話］

頼れる先輩としてイケメンぶりもパワーアップ!!

『ウルトラマンX』第5話「イージス 光る時」（監督：坂本浩一 脚本：中野貴雄）に、用心棒怪獣ブラックキングを操りウルトラマンエックスを追い詰めていた暗殺宇宙人ナックル星人バンデロを追って、ウルティメイトゼロが登場。通常の姿に戻り、ブラックキングの角を折るなど戦闘で圧倒するが、逃亡を許してしまう。その後、バンデロが潜む惑星ギレルモに向かい、バンデロおよび折れた角を改造したブラックキング ドリルカスタムと再戦。序盤こそ苦戦したが、そこにウルトラマンゼロアーマーを纏ったエックスが現れ、ゼロはバンデロと一対一の対決へ。次々と必殺技を放ち相手を追い込むと、最後はゼロツインシュートで勝利を収めた。そして、その勇姿を見て「ゼロ様～！」とすっかりメロメロなXio女性研究員の高田ルイに、「俺に惚れるとヤケドするぜ」と一言。記念写真をせがまれフレームに収まると、エックスと再会を誓い固い握手を交わした。

その後、テレビ最終話の約半年後が舞台の『劇場版 ウルトラマンX きたぞ！われらのウルトラマン』（2016年3月12日公開／監督：田口清隆 脚本：中野貴雄・小林雄次・小林弘利）にも登場。閻魔分身獣ツルギデマーガと戦い、ウルトラマンとウルトラマンティガの光の結晶でフルパワーとなったワイドゼロショットを放って撃破した。そして戦いの後、再会を果たしたエックスに「いいツラになったなぁ」と一言。その成長を讃え、「また会おうぜ」と言い残し飛び去った。その際、高田ルイとすれ違うと、爽やかなイケメン対応を忘れないゼロであった。

ZERO 2016

劇場版 ウルトラマンX
きたぞ！ われらのウルトラマン

ZERO 2017

タイトな出番でも重要な役目を果たし、きっちり存在感を示すゼロ

劇場版 ウルトラマンオーブ 絆の力、おかりします!

本題の前にまず『ウルトラマンオーブ』テレビシリーズについて。第4話「真夏の空に火の用心」(監督：アベユーイチ、脚本：三好昭央)で、主役ヒーローであるウルトラマンオーブのアイテムのなかに、ウルトラマンゼロが登場。光ノ魔王獣マガパンドンが地上を灼熱地獄に変えるなか、風来坊の青年・クレナイ ガイことオーブは、正体を見せない火球状態のマガパンドンを排除しようとするものの、その超高熱に苦戦する。だが、オーブは爆風消火で炎を吹き消し、マガパンドンを地上に引きずり下ろしてこれを撃破。その結果、ガイはウルトラマンゼロのカードを入手し、かつてマガパンドンを封印していたのはゼロだったということが判明する。『オーブ』ではテレビシリーズ通してゼロの登場はこれのみで、本人の登場はない。

しかし、テレビシリーズ放送後に公開された映画『劇場版 ウルトラマンオーブ 絆の力、おかりします!』(監督：田口清隆、脚本：中野貴雄)で、いよいよゼロとオーブが初対面を果たすことに。

まずは冒頭、強敵ギャラクトロンに苦戦するオーブの前に、ウルティメイトゼロが駆けつける。ゼロは、オーブとともにギャラクトロンを倒したが、現在進行中の異変を調査するため、オーブとの親交を深める余裕もなく、再び地球を離れてしまう。そしてクライマックスでは、ゼロの父・ウルトラセブンが、元祖風来坊としてオーブを助けに現れる展開に。もしかしてゼロの出番は最初だけ……? と思いきや、ラストでゼロが再登場。オーブを再び新しい戦いへと誘うのである。そして、これがオーブの次なる展開『ウルトラファイトオーブ』へと繋がっていくのであった。

ZERO 2017

ゼロとセブンの過酷な特訓で、オーブがエメリウムスラッガーに！

ウルトラファイトオーブ　親子の力、おかりします！

『劇場版 ウルトラマンオーブ 絆の力、おかりします！』の後日譚に当たる作品で、2017年4月からの『ウルトラマンゼロ THE CHRONICLE』内で放送。監督を坂本浩一、脚本を足木淳一郎が担当した。

怪獣墓場から数多の怪獣復活を企む亡霊魔導士レイバトスと戦うウルトラマンオーブを助けるため、ゾフィー、ウルトラマンジャック、そしてウルトラマンゼロとウルトラセブンの親子が、力を貸すというストーリー。ゾフィーがバードン、ジャックがグドンとツインテール、セブンがキングジョーを相手に、それぞれ因縁の強敵と決着をつける見せ場とともに、「親子の力」というサブタイトル通り、セブンとゼロの関係性が主軸となっている。

本作でゼロはシャイニングウルトラマンゼロとして、外界とは時間経過が異なる特殊空間を生み出す能力・シャイニングフィールドを初披露。ここでゼロはセブンとともに、通常時間で10年にも及ぶ過酷な特訓をオーブに課す。その結果、オーブはセブンとゼロの力を宿した姿・エメリウムスラッガーへとフュージョンアップをはたし、本来不死身であるレイバトスの再生能力が追い付かないほどの、すさまじい攻撃で勝利を収めるのだった。オーブに厳しい特訓を課すだけではなく、セブンとゼロの親子はもちろん最終決戦にも参加。オーブを助け、導く姿を見せた。

しかしラスト、なんとレイバトスは生き残っていた！　満身創痍のレイバトスの前に突如として謎のウルトラマンが出現し、赤黒い光線でレイバトスを完全消滅させる。この謎のウルトラマンの正体は、ゼロが深く関わる『オーブ』の次作『ウルトラマンジード』で明かされることになる……。

ベリアルの息子＝ジードとゼロが共闘し、邪悪なベリアルの脅威に立ち向かう！

ZERO 2017

ウルトラマンジード

2017年7月8日から放送されたテレビシリーズ。メイン監督をウルトラマンゼロとウルトラマンベリアルの生みの親のひとり・坂本浩一、シリーズ構成を人気小説家の乙一が担当し、乙一は「安達寛高」名義で脚本も手がけた。

数多ある多次元宇宙のひとつにある地球・サイドアースの日本で暮らす、19歳の平凡な青年・朝倉リク。かつてこの地球には、復活したベリアルを相手にゼロたちウルトラヒーローがオメガ・アーマゲドンと称される激戦を展開し、ウルトラマンキングの奇跡の力で再興を遂げたという歴史があった。それから数十年後、街に怪獣が出現した時、謎の秘密基地に招かれたリクは、ウルトラヒーローの力を宿した複数のウルトラカプセルと、変身アイテム・ジードライザーを手にし、新たな戦士・ウルトラマンジードへとフュージョンライズ＝変身できる能力を得る。だが、彼には秘密があった。じつはリクこそ、邪悪なベリアルの遺伝子を持つ「ベリアルの息子」で、ジードライザーも本来はベリアルの尖兵が光の国から奪ってきたものだったのだ。やがて、この地球にもゼロが来訪。気弱なサラリーマン・伊賀栗レイトと一体化し、リクとともにベリアルの野望に立ち向かう。

ついにゼロが、テレビシリーズに初のレギュラー出演。これまでもゼロは、ランやタイガなど一時的に人間の青年と一体化していたが、本作では第3話から最終話までレイトをパートナーに活躍した。サラリーマンとして真面目に働く30歳のレイトは、妻のルミナと幼い娘のマユと暮らす家族思いの温和な性格。気弱な面と同時に、崩れるビルから必死に子供を救おうとする勇気も持ち併せている。そ

の後、車に轢かれ瀕死の重傷を負ったレイトの姿を見たゼロは、彼の勇気を認め、延命のため一体化したのだ。レイトとゼロの人格が共存している状態ゆえ、普段のレイトにゼロの意識が浮かび上がってくることも多く、おとなしい眼鏡青年のレイトが突然ぶっきらぼうな口調で話し、時には眼鏡を外して派手なアクションを披露することもたびたび。互いを「ゼロさん」「レイト」と呼び合う名コンビぶりも見どころだ。

本作におけるゼロは、オメガ・アーマゲドンの影響で万全な状態とは言えず、サイドアース来訪の際にウルティメイトブレスレットのエネルギーも減耗したため、シャイニングゼロなどへの強化変身が困難な状況。そのため、レイトとの一体化には地球に留まるための措置という側面もある。第6話からレイトは、ゴーグル型の変身ツール＝ウルトラゼロアイNEOを着装してゼロに変身。同ツールは過去のウルトラゼロアイとほぼ同様の形状だが、以前のようにブレスレット形態にはならない。このウルトラゼロアイNEOを通じて、両者の会話も可能だ。

因縁深い敵であるダークロプスゼロを相手にした初陣以降、レイトやリクたち新たな仲間との絆を深めていくゼロ。そんななか、ベリアルの尖兵であるストルム星人こと伏井出ケイが暗躍し、多くの地球人やレイトの妻子を人質にした上で、凄まじい力を持ったロボット怪獣ギャラクトロンを街に繰り出す。この卑劣な計略の前に、自己犠牲の道を選んだゼロは、レイトと自分を切り離して消滅。ジードも敗退するなか、ゼロを失ったレイトは戦意を喪失するが、ウルトラマンの勝利を信じる愛娘の言葉をきっかけに再び立ち上がる。

そして、そのレイトの決意がゼロを復活へと導いた。その時に誕生した新たなゼロの強化形態が、ウルトラマンゼロ ビヨンドである。

ゼロ ビヨンドは、ゼロの体色＝赤と青がフュージョン（融合）したかのごとく、全身が紫色で彩られているのが特徴。光の国の科学者であるウルトラマンヒカリがもたらした新型のウルトラカプセル2つを、新たな変身ツール・ライザー（ゼロモード）とウルトラゼロアイNEOで読み込むことで、ネオフュージョンライズ＝変身を遂げる。このウルトラカプセルには、ウルトラマンギンガ、ウルトラマンオーブ、ウルトラマンビクトリー、ウルトラマンエックスの4名の力が凝縮。頭部のスラッガーも4本に増え、これを脳波コントロールで投擲するクワトロスラッガーなどの新たな技を駆使して戦う。さらに、自分の周囲の虚空に8つのエネルギー光球を浮かべ、各光球から強力な破壊光線を発射するバルキーコーラスで強敵を倒す。

また、ジードもゼロと同様にパワーアップを遂げ、そのなかにはゼロにちなんだ強化形態も存在。ジード ソリッドバーニングは、ウルトラセブンとウルトラマンレオのウルトラカプセルの組み合わせによるフュージョンライズで、これを見たレイト＝ゼロは「親父と師匠」と評した。さらにゼロとウルトラの父のウルトラカプセルのフュージョンライズとして、ジード マグニフィセントも登場。最強クラスの戦士2名の力を宿した強化形態は「崇高な戦士」と称された。

しかし、何はさておき本作最大のポイントは、あのベリアルが滅びたことだろう。とどめを刺したのはジードだが、ついにゼロVSベリアルの歴史に終止符が打たれたのである。

ZERO 2018

地球を襲う脅威を前に、ゼロとレイトが再び一体化！

劇場版 ウルトラマンジード つなぐぜ！ 願い!!

テレビシリーズ『ウルトラマンジード』のその後を描いた作品で、公開日は2018年3月10日。監督を坂本浩一、脚本を根元歳三が担当した。

物語はリクたちの地球（サイドアース）の沖縄に眠る、伝説の「赤き鋼」を巡って進行する。知的生命体の抹殺を企てる巨大人工頭脳ギルバリスと、その尖兵であるギャラクトロンMK2たちを相手に、リク＝ウルトラマンジードとレイト＝ウルトラマンゼロは、『ウルトラマンオーブ』のクレナイ ガイ＝ウルトラマンオーブ、そしてガイのライバルであるジャグラス ジャグラーと協力して戦う。

テレビシリーズ最終回でレイトと別れたゼロ。本作ではウルティメイトフォースゼロの仲間たちと力を合わせ、宇宙で猛威をふるうギャラクトロンの掃討任務に臨むシーンで初登場する。そこでウルトラの父やゾフィーからのウルトラサインを受信したゼロは、ギルバリスが生み出した惑星規模の赤い空間に覆われつつあった地球を目指し、ギャラクトロンMK2と交戦中のジードとオーブの前に颯爽と登場。ジードとオーブに先輩ウルトラヒーローとしての貫録を誇示しつつ、頼もしき助っ人となって活躍した。

再びレイトと一体化したゼロは、かつての激戦の影響がなくなったことから、シャイニングゼロなどの主だった強化形態への変身も次々に披露。クライマックスの対ギルバリス戦では、ゼロ ビヨンドにも変身している。ジード マグニフィセントや、オーブ ハリケーンスラッシュ（オーブがウルトラマンジャックとゼロの力でフュージョンアップした姿）といった、ゼロ関連の強化形態の戦いも見どころだ。

ULTRAMAN
ULTRA GALAXY FIGHT
NEW GENERATION HEROES
ウルトラギャラクシーファイト ニュージェネレーションヒーローズ

ウルトラギャラクシーファイト ニュージェネレーションヒーローズ

本作は、2019年9月29日からYouTubeで配信された、毎回数分の連続短編作品（全13回）で、監督を坂本浩一、脚本を足木淳一郎が担当した。

2013年の『ウルトラマンギンガ』から2018年の『ウルトラマンR／B』まで、それぞれの並行宇宙（マルチバース）で活躍するニュージェネレーションズヒーローズのウルトラマンたちをメインにした内容で、新世代の戦士たちのほとんどと、先輩ウルトラマンとして彼らと縁のあるウルトラマンゼロが、主要ヒーローとして大活躍する。また、日本に先行してマレーシアで活躍していた光の国の新戦士・ウルトラマンリブットが、初めて国内作品に本格的に登場したことも、各国のウルトラマンシリーズのファンたちの間で大きな話題となった。

物語は映画『劇場版ウルトラマンR／B セレクト 絆のクリスタル』からの流れとして始まる。光の国がある宇宙を含む、それぞれのウルトラマンたちが存在する世界を、強大な悪の戦士たちが襲撃。「暗黒軍団（ダークネス）」を名乗る悪の戦士たちは、ウルトラ兄弟に怨念を抱く闇の超人・ウルトラダークキラー、そしてウルトラマンギンガとウルトラマンビクトリーの宿敵である暗黒の魔神ダークルギエルと超時空魔神エタルガーがリーダー格となり、ダークキラーが生み出したウルトラマンたちの闇の分身「ダークネス」たちで構成されていた。そして、彼ら暗黒軍団の黒幕こそ、光の国の反逆者・ウルトラマントレギアであることを、リブットが突きとめる。

神秘の力で誕生した新たな戦士・ウルトラマングルーブを警戒する暗黒軍団は、グルーブへと融合する湊三兄妹の妹・湊アサヒこと

ゼロとニュージェネレーションが一堂に会するスペシャル企画

ウルトラウーマングリージョを狙うが、この動きを察知していた光の国は、グリージョの護衛としてウルトラマンゼロを派遣。だがゼロとグリージョは敵の手によって、暗黒空間・ダークキラーゾーンに閉じ込められてしまう。

ゼロはグリージョを守るため、戦闘用のエネルギーを使って彼女をガードし続けるも、ダークキラーが生み出したゼロダークネスに苦戦。ベリアルの意識こそないものの、高い戦闘力を誇るゼロダークネスによって、窮地に追い込まれる。

だがそこに、湊兄弟ことウルトラマンロッソとウルトラマンブルが、ギンガ、ビクトリー、ウルトラマンエックス、ウルトラマンオーブ、ウルトラマンジードとともに、ゼロの救援に駆けつけた。妹を全力で守り続けてくれたことに感謝するロッソとブルたちの前で、ジードの力を得て回復したゼロは、なんと、地球人レイトとの一体化のないまま、金色のゼロ ビヨンドに変身。ゼロダークネスを見事に撃破する。

駆けつけたウルトラマンタロウの助言で放たれた、ニュージェネレーションヒーローズたちの力を合わせたギンガストリウムの超必殺技・ニュージェネレーションダイナマイトによって、暗黒軍団も粉砕された。

本作は、今までおよそ10年に渡って、ニュージェネレーションヒーローズの後見人として彼らを見守り続けたゼロが、そんな愛しい後輩たちから、改めて〝恩返し〟を受ける物語であったともいえるだろう。

セブンの息子とタロウの息子がタッグを組んで、ニセベリアルを撃破！

ウルトラマンタイガ［第23話］

『ウルトラマンタイガ』の主人公はウルトラマンタロウの息子という、ゼロにも通じる出自を持つウルトラヒーロー。その第23話「激突！ウルトラビッグマッチ！」（監督：辻本貴則、脚本：皐月彩）に、ゲストでウルトラマンゼロが登場した。

今までウルトラマンタイガに苦汁を舐めさせられた宇宙人たちが、タイガ打倒のため、宇宙に散らばっていたベリアル因子を使い、ニセウルトラマンベリアルを誕生させる。街を破壊し挑発を続けるニセベリアル。タイガはこれを迎え撃つが、その戦いに悪の戦士・ウルトラマントレギアも加わり乱戦に。そして、そこにタイガを助けるため、ウルトラマンゼロが飛来する。詳しいことは語られていないが、セブンの息子であるゼロと、ウルトラマンタロウの息子であるタイガは、面識があることが匂わせられた。

4人のウルトラマンが繰り広げる乱戦は、タイガ&ゼロ対トレギア&ニセベリアルのタッグ対決に。強敵へ対抗するため、ゼロはタイガに強化アイテム・プラズマゼロレットを与える。

プラズマゼロレットの力でタイガダイナマイトシュートなどの強力な必殺技が使えるようになったタイガ トライストリムとともに、ゼロはニセベリアルを撃破。ゼロは勢いのままトレギアを倒そうとするが、こちらには逃げられてしまう。

かつてウルトラマンジードが倒したベリアルだが、今回のベリアル因子などの遺物を使って悪巧みをする者が、また現れないとも限らない……そう語ったゼロはタイガに別れを告げ、宇宙へと旅立っていった。

Re-Edit of ZERO

再編集番組でも大活躍のウルトラマンゼロ

デビューから10年を超え、いまだ高い人気を誇り続けるウルトラマンゼロ。その"現役の人気"の秘密のひとつに、歴代のウルトラマンシリーズの名シーンを厳選し、再編集する番組のナビゲーターとしての役割があるのは間違いないだろう。

最初にゼロが番組ナビゲーターとして登場した『ウルトラマン列伝』（11～13年）は、映画『ウルトラマンサーガ』と連動して、その前日譚のエピソードや、後日譚『ウルトラゼロファイト』を放送。続く『新ウルトラマン列伝』（13～16年）は、ウルトラマンシリーズだけでなく、ウルティメイトフォースゼロの原典である『ミラーマン』『ファイヤーマン』『ジャンボーグA』なども特集され、『ウルトラマンサーガ』はディレクターズカット版が放送されている。

2017年の『ウルトラマンゼロ THE CHRONICLE』は、タイトル通り、ウルトラマンシリーズでゼロが登場するエピソードのみで構成。準主役レベルでゼロが登場する『ウルトラマンオーブ』の番外編『ウルトラファイトオーブ 親子の力、おかりします！』も、この枠内での放送だ。

さらに2020年の『ウルトラマンクロニクル ZERO&GEED』では、朝倉リク／ウルトラマンジードとペガッサ星人ペガをレギュラーキャストとして、ビヨンド学園ゼロ組に編入してきた2人に、ゼロが自身（とジード）の戦いの歴史を講義するという、学園ドラマ設定が話題となった。

ウルトラマンシリーズ最新作、
毎週土曜日朝9時から絶賛放送中!

ウルトラマンZ

**シリーズ最新作はウルトラマンゼロの弟子が主人公!
現在放送中の新番組『ウルトラマンZ』の概要と、
ゼロとの関わりをここに紹介しよう。**

文◎トヨタトモヒサ

第1話より、凶暴宇宙鮫ゲネガーグと戦うウルトラマンゼット

ストレイジ整備班を率いるイナバ コジロー（前列左から2番目）。

カブラギ シンヤに憑依して暗躍するセレブロ。

対怪獣ロボット部隊ストレイジのメンバー（右から、クリヤマ長官、オオタ ユカ、ナツカワ ハルキ、ナカシマ ヨウコ、ヘビクラ ショウタ）

『ウルトラマンZ』の世界観

宇宙に散らばった邪悪の戦士のカケラとされる謎の因子・デビルスプリンターが、各地を混乱に陥れていた。それを阻止すべく、ウルトラマンたちが宇宙で戦いを繰り広げていたが、そんな中、デビルスプリンターを用いて、惑星の数々を滅ぼしてきた暗躍の主・寄生生物セレブロが、太陽系第三惑星・地球に魔の手を伸ばしつつあった……。

その頃、地球では、相次いで出現する怪獣に対抗すべく、地球防衛軍傘下の対怪獣ロボット部隊ストレイジが結成され、その任務に当たっていた。そして、セレブロの野望をキャッチした宇宙守備隊の若き研修生・ウルトラマンゼットが地球へ飛来する。ゼットは、凶暴宇宙鮫ゲネガーグとの戦いの最中、ストレイジの若き熱血漢・ナツカワ ハルキと一体化し、両者は共に戦う決意を固める。今ここに、新たな物語が幕を開ける！

『ウルトラマンギンガ』から続いてきた、ウルトラマンゼロ以降のヒーローたちによるシリーズも、今回で8作目。これまでも個性溢れるウルトラマンのキャラクターと、連続性を持つ練りに練られたドラマで人気を獲得してきたが、『Z』ではそうした、いわゆるニュージェネの独自色にプラス、久々に「防衛隊」がドラマの軸に据えられ、王道の展開にも期待が持てそうだ。その辺りは企画書にも「人類との共闘」が謳われ、「昭和の時代から繰り返されてきたテーマであるが、本作ではそれらをさらに一歩進めた解釈で描く」と記されてあり、ウルトラマンゼットとストレイジの活躍には、大いに注目すべきだろう。

ウルトラマンゼット アルファエッジ

ウルトラマンゼット ベータスマッシュ

ウルトラマンゼット オリジナル

第4話より、エリマキテレスドンを相手にベータスマッシュのパワーファイトが炸裂！

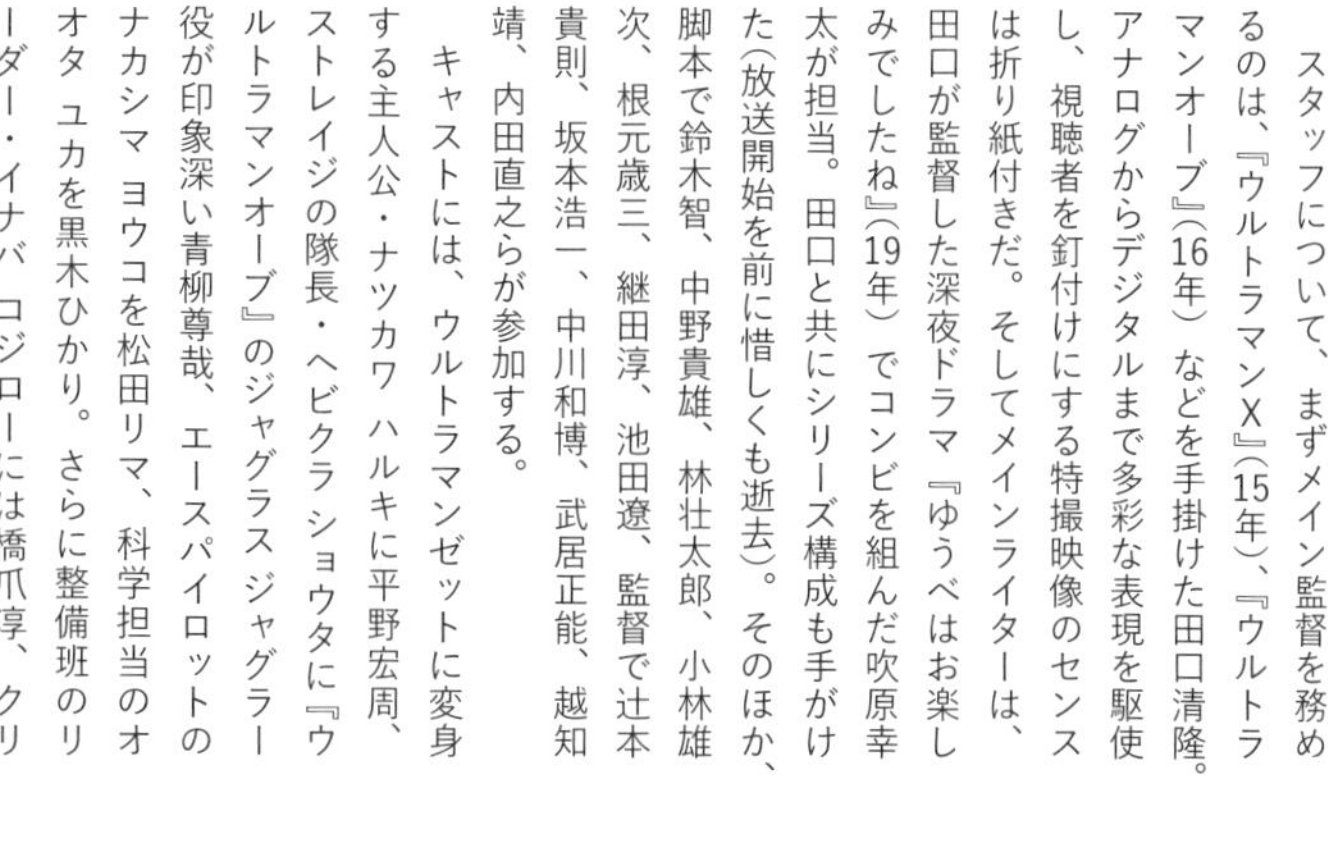

作品を支えるスタッフ&キャスト

　スタッフについて、まずメイン監督を務めるのは、『ウルトラマンX』(15年)、『ウルトラマンオーブ』(16年)などを手掛けた田口清隆。アナログからデジタルまで多彩な表現を駆使し、視聴者を釘付けにする特撮映像のセンスは折り紙付きだ。そしてメインライターは、田口が監督した深夜ドラマ『ゆうべはお楽しみでしたね』(19年)でコンビを組んだ吹原幸太が担当。田口と共にシリーズ構成も手がけた(放送開始を前に惜しくも逝去)。そのほか、脚本で鈴木智、中野貴雄、林壮太郎、小林雄次、根元歳三、継田淳、池田遼、監督で辻本貴則、坂本浩一、中川和博、武居正能、越知靖、内田直之らが参加する。

　キャストには、ウルトラマンゼットに変身する主人公・ナツカワ ハルキに平野宏周、ストレイジの隊長・ヘビクラ ショウタに『ウルトラマンオーブ』のジャグラス ジャグラー役が印象深い青柳尊哉、エースパイロットのナカシマ ヨウコを松田リマ、科学担当のオオタ ユカを黒木ひかり。さらに整備班のリーダー・イナバ コジローには橋爪淳、クリヤマ長官を小倉久寛とベテラン勢が脇を固める。また、セレブロに憑依されるカブラギ シンヤを野田理人が演じるほか、セミレギュラーとしてウルトラマンジード＝朝倉リクが登場。演じるのはもちろん濱田龍臣。

　既にオンエアが開始しているが、ヴィランであるセレブロの真の目的、頻発する怪獣出現の謎など多くの伏線を張りつつ、今後も一筋縄ではいかない驚愕の展開が待ち受けているらしい。今からでも遅くはない。未見の方も是非ともこの波に乗っていただきたい。

我らがゼロ、そしてジードの活躍も見逃すな！

朝倉リク＝ウルトラマンジードも参戦！

ウルトラマンジード
ギャラクシーライジング

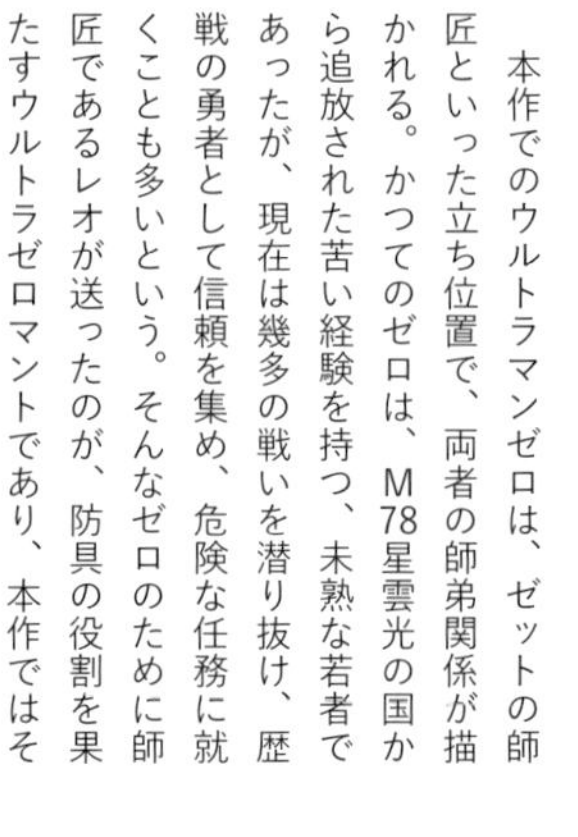

ゼットとゼロは師弟関係!?

本作でのウルトラマンゼロは、ゼットの師匠といった立ち位置で、両者の師弟関係が描かれる。かつてのゼロは、M78星雲光の国から追放された苦い経験を持つ、未熟な若者であったが、現在は幾多の戦いを潜り抜け、歴戦の勇者として信頼を集め、危険な任務に就くことも多いという。そんなゼロのために師匠であるレオが送ったのが、防具の役割を果たすウルトラゼロマントであり、本作ではそのマントを纏った姿で登場する。

ゼロの勇者としての活躍は、光の国でも知られており、ゼロに憧れ、弟子入りを果たしたのが、本作のヒーロー・ウルトラマンゼットである。努力に努力を重ね、宇宙警備隊に入隊したゼットだが、その扱いは研修生。ゼロは、彼の才能やポテンシャルは認めているものの、ゼロの言葉を借りれば、「半人前どころか三分の一人前」ということらしい。

ゼットの変身アイテム、ウルトラゼットライザーと、歴代ウルトラマンの力を宿したウルトラメダルは、新人に過ぎないゼットのためゼロが託したものだ。ゼロはこれを用い、メダル3つの組み合わせで、宇宙拳法を駆使するアルファエッジ（セブン×レオ×ゼロ）、パワフルなプロレスバトルを得意とするベータスマッシュ（ウルトラマン×エース×タロウ）、多彩な光線技を持っているガンマフューチャー（ティガ×ダイナ×ガイア）など各タイプにチェンジして戦う。また、本作ではウルトラマンジードもゼットライザーを使って変身。新形態のギャラクシーライジング（ギンガ×エックス×オーブ）も登場するので、彼らの活躍に乞うご期待だ！

ACT of ZERO
ゼロを演じし者、ゼロを支えし者たち

Zero's Past Cast Interview on MOVIE

小柳 友

［ラン／ウルトラマンゼロ役］

**『ウルトラマンゼロ THE MOVIE 超決戦！ ベリアル銀河帝国』において、
ウルトラマンゼロに変身する主人公・ランを演じた小柳友。ゼロ初となるの人間の姿は、いかにして演じられたのか？
当時を振り返り、撮影時のエピソードや共演者との思い出、そして現在のゼロに対する思いを語る。**

取材・構成◎四海鏡　協力◎山田幸彦

『ウルトラ銀河伝説』を毎日欠かさず観た日々

——『ウルトラマンゼロ THE MOVIE 超決戦！ ベリアル銀河帝国』で、主人公のラン役に決まった経緯をお聞かせください。

小柳　大きなオーディションだったので、役者仲間に会ったりすると「あれ、じつは俺も受けたんだよね」って話をされたりもしました。ただ、僕はオーディションで台本を読んだり演技をした記憶がないんですよね。後から考えると、あのオーディションの時、アベ（ユーイチ）監督は僕を見て、「今のカット良かったね！」っていう時と同じ顔をされていたので（笑）、もしかしたら早い段階で、ラン役に決めていただいていたのかもしれないです。

——長い歴史を持つウルトラマンシリーズへの出演に、ご家族や友人からの反応はございましたか？

小柳　やっぱり父（歌手・タレント・俳優として活動する、バブルガム・ブラザーズのブラザートム）が、ものすごく喜んでくれました。ウルトラマン世代ドンピシャなので、昔の作品については自分より詳しいですからね。当時、ウルトラマンの父親になれたってことに、すごく感動していまして……いろんな番組に出ちゃあ「〝ウルトラの父〟です」って言っていて（笑）。実際にゼロは、ウルトラセブンの息子という役でしたしね。自分も親孝行というか、役者になって、ひとつ父にプレゼントができたなって思いました。

——ランは惑星アヌーに住む青年で、ベリアル軍の襲来をきっかけに、ウルトラマンゼロと一体化……という役どころです。地球とは別の星で生きる青年という、特撮作品ならではの登場人物ですが、どのようなアプローチで演じようと考えられたのでしょうか？

小柳　最初に思ったのが、映画を子供たちが観た時に「ここでランにゼロが入ってきたな」って感じさせてあげなきゃいけないということです。ゼロは岩田（栄慶）さんや宮野真守さんとスタッフさんたちの手で、既に完成されたキャラクターでしたので、そこから遠い存在というか、ちょっと不良っぽいゼロではなく、好青年、子供たちの一番近くにいる存在になれればいいなと思って、ランを作っていきました。でも、心のなかに熱いモノがあるという、ゼロと共通の部分は持っておきたいというのは意識しましたね。

——前作の『大怪獣バトル ウルトラ銀河伝説 THE MOVIE』をご覧になった感想は？

小柳　まず第一印象が、ウルトラマンたちがマントをしているのが「うわー、かっこいい！」でしたね（笑）。僕でも知っているような歴代ウルトラマンたちの、師匠感・先輩感が、本当にかっこよく表現されていて。そのなかに若者のゼロが現れる流れもいいですよね。『ウルトラ銀河伝説』は、撮影までほぼ毎日、一日一回は観ていたと思います。ゼロの情報を集めるために。宮野さんとスーツアクターさんのお芝居のなかで、なにか今後のヒントになるものはないかと、研究していました。最初は作品として楽しんで、そこから先はゼロを凝視していた感じです（笑）。

——ゼロのビジュアルに対する第一印象は？

小柳　惚れました！　ゼロはスラッガーを外した後もかっこよく見えるのが良いですよね。セブンは子供心に、アイスラッガーを外した後は、ちょっと「あれ？」みたいなところがあるじゃないですか……（笑）。僕はセブンを観ていると「はやくアイスラッガー戻ってこい！」ってなっちゃうんですけど（笑）、ゼロはなくても充分にかっこいいなって。

——では、ゼロの宿敵・ウルトラマンベリアルについては？

小柳　猫背のシルエットのウルトラマンは衝撃でした。ベリアルの悪の

僕の体は今も準備万端なので（笑）、またゼロと一緒に戦いたいなと思っています！

かっこよさには、「ちょっとこれ、頑張らないと今度の映画でゼロが（かっこよさで）負けちゃうな」って思うほどですね。最近になっても、ファンの方からウルトラマンのグッズにサインを依頼されることがあるんですけど、ゼロだけじゃなく、ベリアルのカードとかフィギュアにもサインを頼まれるんですよ(笑)。やっぱりベリアルのファン、今でも多いんですよね。

小柳友の涙でなく ゼロの涙を見せたシーン

――ランを演じるなかで、特に難しかったシーンは？

小柳　エメラナとナオがジャンバードでランを助けに飛んでくるなかで、ランが涙を流すというシーンがあって。その涙からミラーナイトが出てくるという、物語の流れとしても、とても重要なシーンだったんですけれど。エメラナもナオもいないひとりの状況で涙を流す撮影で、アベ監督から「今の涙は小柳友の泣き方だった。ゼロとして泣いてくれ」と言われて……。8時間くらい、そのシーンを撮り続けて、とうとうその日のうちには終わらなくて、次の日また涙のシーンから撮影が始まったんですね。もうスケジュールもないから、監督から「3回だけやるよ」って言われて。結局、3回目のときに「うーん……オッケー！」って声がかかったんですが、それは監督が心から納得したオッケーの言い方ではなかったんですよ。ただ、あのとき出来なかったことを超えてやろうと思って、その後の撮影も、それこそ今までの役者人生もやれている部分はあるので。今、ひとつのシーンのために、8時間も待ってくれるような現場って、そうそうないと思うんです。あそこで待つという決断をしてくれたアベ監督には、本当に感謝しています。

――撮影中は、ヒロインのエメラナ姫を演じた土屋太鳳さん、ランの弟・ナオを演じた濱田龍臣さんとのやり取りが多かったと思いますが。

小柳　空き時間に3人でよく遊んだりして、兄弟みたいな感じでしたね。ただ、当時から太鳳ちゃんって本当に真面目で、台本への向き合い方に関してはもう、15〜16歳とは思えないよ！と。この小さな体のなかには、ゼロやベリアルみたいにベテランの役者さんが入っているんじゃないかっていうくらいでした(笑)。たっちゃん（濱田）は今、ウルトラマンじゃないですか。ニュースでそれを知った時は、本当に涙が出てきたんですよ。『ベリアル銀河帝国』公開前の舞台挨拶などで、僕はずっと子供たちに向けて「僕がなれたんだから、きっと君たちもウルトラマンにはなれるよ」という話をしていたんです。一番近くでそれを聞いていてくれた彼が、本当にウルトラマンになった。嬉しかったなぁ。当時、ロケバスのなかで、たっちゃんは「僕もウルトラマンになりたかったなぁ」って言っていたんですよ。「でもジャンボットに乗れてるから、いいじゃん」って励ましたら、「そうだけど……やっぱり変身したかった！」って言っていたんです。夢が叶ったわけですよね。

――濱田さんへの取材では、小柳さんについて「すごく優しい兄貴分で、撮影以外の時は、本当によく遊んでくださって」と、当時の思い出を語っていただきました。

小柳　ヤバイ……嬉しくてちょっと泣きそうになりますね（笑）。

――ウルトラマン以外のヒーローたちと仲間となるというストーリーも、『ベリアル銀河帝国』の特徴でした。

小柳　グレンファイヤーがすごく好きなんですよね。海賊たちとのやり取り含め、ちょっとコミカルな感じで。あと、髪をかき上げる仕草をすると炎が出るという発想がすごいなって。「ウルトラマンの宇宙って、こうやって無からアイデアを重ねてキャラクターを生み出していくんだな」というのを改めて感じました。

10年後もゼロが 繋いでくれる縁

――何かゼロを演じた経験ならではの出来事などはございますか？

小柳　今年はPARCO劇場で『ピサロ』という舞台をやらせていただく予定だったんですが（新型ウイルスの影響で公演中止）、共演の長谷川初範さんに「僕もウルトラマンだったんです」という話をしたんですよ。長谷川さんはウルトラマン80として『ベリアル銀河帝国』にも声の出演をされていたので、「えっ、君があの時の!?」と驚いてくださって。あと、最近よくご飯を食べに行くお店の方から「息子がゼロが大好きなんです！」と声をかけられることもありました。10年も前の作品が、いまだに人と人とを繋いでくれる。ウルトラマンシリーズの大きさに、改めて気付かされました。

――今後もゼロの活躍は続くと思いますが、もし再びゼロの登場作品に出演される機会があれば、どのようなことをしたいですか？

小柳　惑星アヌーで成長したランを演じてみたいですね。あとは、地球にランにそっくりな男がいて、間違えてゼロが融合しちゃうとか（笑）。

――ちなみに新番組『ウルトラマンZ』の主役ヒーローであるウルトラマンゼットは、ゼロの弟子という設定です。『ベリアル銀河帝国』公開から10年、師匠となるまで立派に成長したゼロに向けて、最後に一言メッセージをいただければ。

小柳　弟子ですか！　ここまでゼロが成長するとは思っていなかったですねぇ(笑)。ひとりのヒーローが10年間、ずっと人気が続いているって、奇跡的なことだと思います。新型ウイルスで今は大変な時期ですが、少しでも子供たちやゼロを応援してくださったファンの方々に夢を与えられるような作品を、僕もゼロに負けないよう、どんどん作っていきたいですね。もちろん、僕の体は10年後の今も準備万端なので(笑)、是非またゼロと一緒に戦いたいなとも思っています！

こやなぎ・ゆう：1988年8月29日生まれ、東京都出身。幼少期からモデルとして活動し、2006年に映画「タイヨウのうた」で俳優デビュー。映画、テレビドラマ、舞台と、多方面で活躍し、2009年には黒沢清監督作『トウキョウソナタ』の演技で、第23回高崎映画祭最優秀新人男優賞に輝いている。主な出演作に、NHK連続テレビ小説『つばさ』(09年)、ドラマ『マルモのおきて』(11年)、『ミス・パイロット』(13年)、『小説王』(19年)、『八つ墓村』(19年)、映画『クローズZEROⅡ』(09年)、『カラスの親指』(12年)、『アオハライド』(14年)、『BLEACH 死神代行篇』(18年)など多数。

Zero's Past Cast Interview on MOVIE

DAIGO

［タイガ・ノゾム／ウルトラマンゼロ役］

『ウルトラマンサーガ』で、ウルトラマンゼロと一体化するスーパーGUTSの隊員タイガ・ノゾムを演じたDAIGOが、「ウルトラワクワクして」臨んだという撮影エピソードから、ゼロの声を担当した宮野真守との交流、ミュージシャンとしてのゼロとの関わりなど、『ウルトラマンサーガ』にまつわる思い出を語る！

取材・構成◎山田幸彦・四海鏡

“ウルトラワクワク”で臨んだ『サーガ』への挑戦

——映画『ウルトラマンサーガ』の主役であり、ウルトラマンゼロに変身するタイガ・ノゾム役に決まった際の心境は？『サーガ』以前にも映画やドラマに出演されていましたが、ロックミュージシャンのDAIGOさんとしては、ウルトラマンに変身する役をオファーされ、戸惑いのようなものはあったのでしょうか。

DAIGO　まさか自分が30歳を越えてから（『サーガ』公開時に34歳）ウルトラマンに変身できるなんて思ってもいなかったので、最高に嬉しかったです。戸惑いは全くなく、楽しみで仕方ありませんでした。

——歴史のあるウルトラマンシリーズへの出演ということで、ご家族や仕事仲間・友人といった、周囲の方々の反応は？

DAIGO　みんな、ウルトラ喜んでくれていました！

——幼少時にご覧になっていた記憶のあるウルトラマンシリーズは、どういった作品でしょうか？

DAIGO　初代の『ウルトラマン』に『ウルトラセブン』、『ウルトラマンタロウ』などですかね。

——そのなかで、特にお気に入りのウルトラヒーローやウルトラ怪獣などのキャラクターがいれば、お教えください。

DAIGO　ウルトラセブンですね。ウルトラアイが好きで、必殺技も好きでした。ウルトラ怪獣のなかだと、ウルトラマンを倒したゼットンです。

——タイガは、一見お調子者ではあるけれど、強い正義感を持ち、さらに過去のトラウマにも苛まされている……という、様々な顔を持つ役でした。どのように演じようと考えられましたか？

DAIGO　タイガに関しては、とにかくおか（ひでき）監督とディスカッションして、役を作り上げていきました。

——ウルトラマンゼロはタイガの勇敢さを認めて一体化することになるわけですが、歴代のウルトラマンたちと比べると、『サーガ』の時点でのゼロはまだまだ半人前で、ちょっとやんちゃな部分もある戦士でした。台本あるいは企画書を読んでの、ゼロの第一印象は？

DAIGO　ゼロは正義感もあるけどユーモアもあるヒーローで、最高でしたね。（台本を読んで）ウルトラマンになりたくないタイガと、早くタイガに変身してもらって戦いたいゼロのやり取りは、とても斬新でした（笑）。

——シリーズ随一の人気を誇るウルトラセブンの息子であり、当時は最新のウルトラヒーローであったゼロに変身する青年を演じるにあたり、プレッシャーあるいはワクワク、どちらが強かったでしょうか？

DAIGO　ワクワクですね。ウルトラワクワクしていました！

——鋭い目つきなど、デザインの部分でも、ゼロは過去のウルトラマンとは一線を画しています。はじめてゼロのデザインを目にした感想をお聞かせください。

DAIGO　僕が個人的に好きなウルトラヒーローのウルトラセブンの血も感じるし、めちゃくちゃ好きなデザインだなぁと思いましたね。

劇中でも現実でも決めポーズはあの手で

——タイガを演じる上で、ウルトラマンゼロのデビュー作である『大怪獣バトル ウルトラ銀河伝説 THE MOVIE』や、その続編『ウルトラマンゼロ THE MOVIE 超決戦！ベリアル銀河帝国』は、ご覧になられていたのでしょうか？

DAIGO　もちろん2本とも観ました。あの作品で活躍するゼロと、新作でタッグを組めることが、すごく嬉しかったです。

——お調子者を演じるコミカルなシ

ゼロは正義感もあるけどユーモアもあるヒーローで、最高でしたね。

ーン、過去のトラウマを思い出す悲劇的なシーン、絶対的な強さの強敵・ハイパーゼットンに立ち向かう決意を固めるシリアスなシーンと、本作では多彩なタイガの表情が見られます。撮影中、演じていて「ここは上手くできた!」という気持ちになったシーンをお教えください。

DAIGO タイガがハイパーゼットンとの戦いに向けて、ついに本気になるシーンは、演じていて熱くなりました。

――では、逆に演じていて難しかった箇所は?

DAIGO 難しかったというか大変だったことは、夏ごろの撮影だったので、衣裳のスーツ（タイガが所属していたスーパーGUTSの隊員服）が暑くて暑くて。汗をおさえるのが大変でした。

――おか監督との現場でのやりとりで、印象に残っているエピソードはありますか?

DAIGO 岡監督はとてもステキな方で、ワンシーンワンシーン、どれも印象に残っています。劇中でタイガがやる「フィニッシュ!!」というポーズを、実際に僕が決めポーズとして使っている「うぃっしゅ!」ポーズと同じ手でやらせてもらえることになったのは、特に嬉しかったですね!!

――ウルトラマンダイナことアスカ・シンを演じたつるの剛士さん、ウルトラマンコスモスこと春野ムサシを演じた杉浦太陽さんという、先輩ウルトラマンがゲスト出演しているのも『サーガ』の特徴です。お2人との現場での印象的なエピソードがあればお聞かせください。

DAIGO 先輩ウルトラマンですが、つるのさんも杉浦さんも面識はあったので、心強かったです。現場でも色々な話をして盛り上がっていました。

――タイガやゼロたちと交流を持つ少女たちで結成されたチームUのメンバーは、リーダーのアンナ役・秋元才加さんを筆頭に、当時のAKB48に所属していた皆さんが演じられたことも話題になりました。

DAIGO 出演されていたAKBの方々は、みんな本当に熱心で、現場では「プロだなぁ」と感心していました。

――終盤、ダイナとコスモスにゼロが融合した奇跡の戦士・ウルトラマンサーガと、完全体となったハイパーゼットン（イマーゴ）による、激しい戦いが見どころとなります。完成した映像を実際に観られてのご感想は?

DAIGO もう、ただただ感動しました。カッコよくて迫力があって、最高でした。

――ゼロとダイナとコスモスが融合した戦士ながら、そのどのウルトラヒーローとも違った姿のサーガですが、最初にそのビジュアルをご覧になった際の感想は?

DAIGO 「サーガは、すべてを超越した存在なんだな」と思わせる、神々しいデザインでしたね。

震災後、ゼロがひとりでも多くの希望になるように

――ゼロの声を担当されている宮野真守さんとは、『サーガ』でのアフレコは全て別撮りだったということで、宮野さんと最初にお会いしたのは、GRANRODEO（声優の谷山紀章が「KISHOW」名義で所属している音楽ユニット）さん主催で2015年に開催された音楽イベント「10th ANNIVERSARY FES ROUND GR 2015」のステージが最初だったのでしょうか?

DAIGO はい。マモ（宮野）とは撮影中は会えませんでしたが、その後、会ってからはすぐ仲良くなりました。

――完成した映像で、自身と一体化しているゼロを演じる宮野真守さんの声との掛け合いを観た際は、どんな気持ちでしたか?

DAIGO これ以上ない掛け合いのシーンができていたので、自分とマモとの相性の良さを感じました!

――2011年の東日本大震災直後に制作されたこともあり、人類の消失した地球、取り残された少女たち、本当の困難が発生した時にはたしてウルトラマンのようなヒーローは来てくれるのか――など、『サーガ』は強いメッセージ性の込められた物語でした。ミュージシャンであるDAIGOさんも、震災によって音楽活動に大きな影響が出たり、ファンの方々の安否を気遣ったりなど、被災当時は様々な思いがあったかと思うのですが。

DAIGO あの日のことは、今も鮮明に覚えています。東北の方々を中心に、日本全体が苦しかったと思います。

――そんな震災後の日本を勇気づけるような内容の『サーガ』に参加することを決めてからの、DAIGOさんの想いをお聞かせください。

DAIGO 東北を中心に、日本がそういった状況にあるなかで、ウルトラマンがひとりでも多くの希望になればという想いがありました。

――映画公開から4年後の2016年に、杉並公会堂で開催された「ウルトラマンの日 in 杉並公会堂 THE ROCK 2016」では、ステージ上でウルトラマンゼロ本人とも共演されていました。ヒーローを演じたミュージシャンならではの不思議な体験だったと思います。当時の感想をお聞かせください。

DAIGO THE ALFEEの高見沢（俊彦）さん、つるのさん、マモ……たくさんの方々と共演できたのはもちろん、ゼロとも会えて、あの日は最高の思い出です。ロックとウルトラマンの組み合わせが素晴らしいイベントだったと思います。

――最後に一言、10周年を迎えたゼロと、そのファンの方々に向けて、メッセージをお願いします。

DAIGO これからもずっと、ウルトラマンの世界を楽しみにしています!! フィニッシュ!! U・M・F（ウルトラ・マン・ファイト）!!

だいご:1978年4月8日生まれ、東京都出身。2003年、DAIGO☆STARDUSTとして氷室京介楽曲提供・本人作詞の『MARIA』でメジャーデビュー。2007年から3人組ロックバンド「BREAKERZ」のボーカルとして活動。アーティストのみならず、バラエティ番組、CM、ドラマなど、マルチに活躍中。俳優として、ドラマ「ヒガンバナ ～警視庁捜査七課～」（16年）、「営業部長 吉良奈津子」（16年）、「ブラックリベンジ」（17年）、「貴族誕生 -PRINCE OF LEGEND-」（19年）、映画「嘘を愛する女」（18年）、「ニセコイ」（18年）、「フォルトゥナの瞳」（19年）、「貴族降臨 -PRINCE OF LEGEND-」（20年）など。

祝！ウルトラマンゼロ10周年 ウルティメイトフォースゼロ 声優陣 Q&A

ウルトラマンゼロとともに戦ったウルティメイトフォースゼロの面々。
そのキャラクターとしての魅力を声で表現した声優4名が、アンケート形式で語る役への思いと、
ゼロ10周年ファンに向けた愛情あふれるメッセージ！

質問・構成◎四海鏡・富士見大

01 関 智一

［グレンファイヤーの声］

Q01　グレンファイヤーは「ウルトラマンではない異形のヒーロー役」でしたが、最初にビジュアルを見て感じられたことは？

A01　ファイヤーマンのリデザインと聞いて、どんな風に変わるのか期待いっぱいで拝見しました。まるで違うのに、納得できる見事なアレンジに唸りました。顔がほとんど炎という斬新さ、造型への落とし込みも素晴らしく、お気に入りのキャラクターです。

Q02　声優界きっての特撮ファンとして知られる関さんにとって、『ファイヤーマン』はどのような印象の作品ですか？

A02　円谷プロさんの様々なヒーローのなかでも、特に好きなのがファイヤーマンです。大きな赤い目が印象的で、その特徴あるビジュアルが私のハートを掴んで放しません。主題歌も魅力のひとつに感じており、子門真人さんの歌声を聴くたびに胸が躍ります。

Q03　「関さんは、アドリブがすごい！」という声を多く聞くのですが、グレンファイヤーを演じたなかで、印象に残っているアドリブはございますか？

A03　共演している皆さんが芸達者で、いつも刺激を受けています。私が率先してアドリブを演じているというよりも、皆さんのお芝居によってアドリブが引き出されている、というのが本当のところです。

Q04　今後、グレンファイヤーがゼロとともに再登場するならば？

A04　ゼロと2人で冒険するバディものなんかどうでしょうか？　あと、一度だけで良いので、グレンファイヤーを主役にシリアスな番外編を作ってくれたら嬉しいです！

Q05　10周年を迎えたウルトラマンゼロとグレンファイヤーたちのファンの皆さんに、ひと言お願いいたします。

A05　ゼロちゃん、10周年おめでとう！　まさかゼロちゃんの活躍がこ

顔がほとんど炎という斬新さ、造型への落とし込みも素晴らしく、グレンファイヤーはお気に入りのキャラクターです。（関）

GLENFIRE

関 智一：せき・ともかず／9月8日生まれ。東京都出身。

だいぶ長いことゼロとは絡んでないので寂しいですね。どんな登場の仕方でも構わないので、一緒に協力して戦いたいです。（緑川）

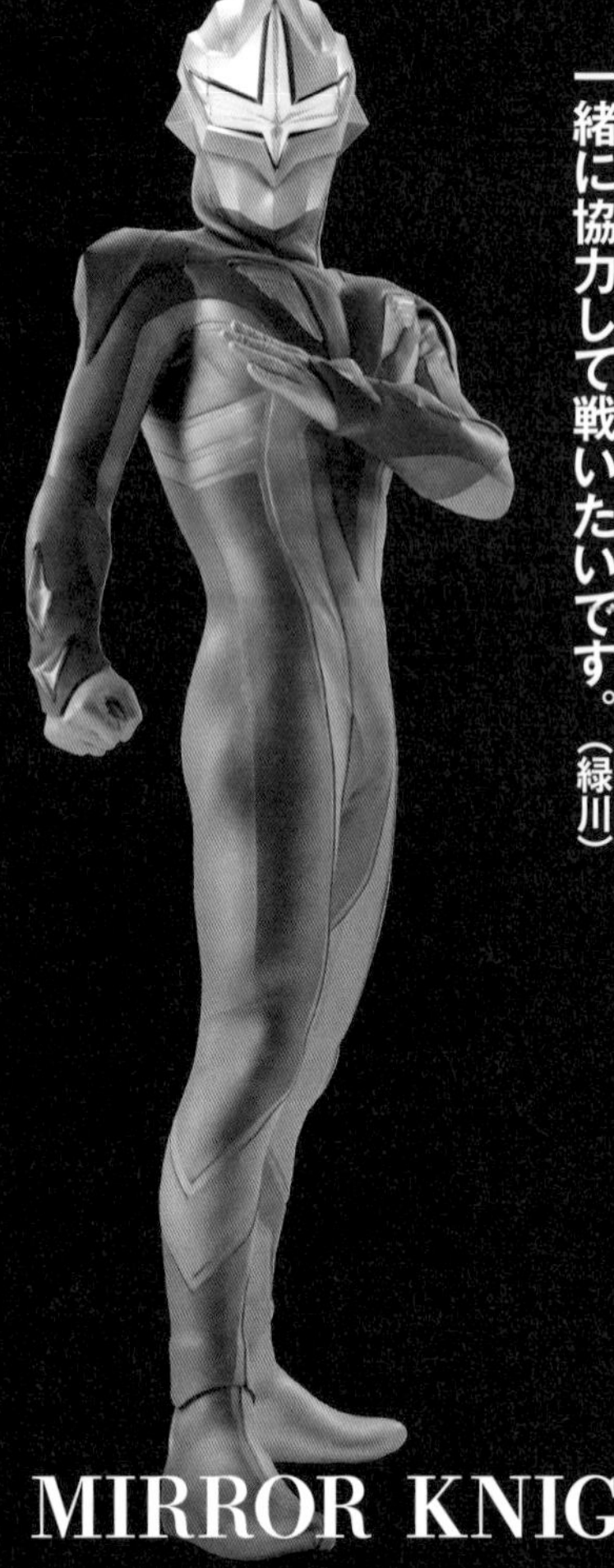

MIRROR KNIGHT

緑川 光：みどりかわ・ひかる／5月2日生まれ、栃木県出身。

んなにも長い間見られるとはね〜！これも一重に応援してくださっている皆さんと、ウルティメイトフォースゼロの俺たちのおかげだな（笑）。ウルトラマンゼットっていう弟子もできたことだし、この先もまだまだ最前線で活躍し続けてくれよな!!

02 緑川 光

［ミラーナイトの声］

Q01 1993年の『電光超人グリッドマン』（および2018年のアニメーション作品『SSSS.GRIDMAN』）でのグリッドマン役と比べて、やや屈折した部分を見せた、より人間的なヒーローであるミラーナイトの印象は？

A01 基本的には、わりと見た目通りに演じましたね。紳士的でイケメンな感じです。

Q02 今までの歴代ウルトラマンたちともグリッドマンとも異なる、ミラーナイトのビジュアルはいかがでしたか？

A02 普通にイケメンに感じました。ああいう方たちのイケメン尺度は分かりませんが（笑）。

Q03 『ウルトラマン クロニクル ZERO&GEED』では、グレンファイヤーに「コイツちょっと根暗なとこあるからな」と言われてしまっていた、ベリアルウイルスに侵され赤い目と化した姿についての演技についてお聞かせください。

A03 具体的には覚えていませんが、それまでとは違う感じでお芝居出来るチャンスだったので、きっとワクワクしていたと思います。

Q04 今後、もしミラーナイトがゼロとともに再登場するならば？

A04 だいぶ長いことゼロとは絡んでないので寂しいですね。どんな登場の仕方でも構わないので、一緒に協力して戦いたいです。

Q05 10周年を迎えたウルトラマンゼロとミラーナイトたちのファンの皆さんに、ひと言お願いいたします。

A05 いまだに応援してくださっている皆さん、本当にありがとうございます。もうぼちぼち、うちらの新作も見てみたくないですか？ 自分は見たいです!! そんなわけで、引き続き応援よろしくお願いします♪

03 神谷浩史

［ジャンボットの声］

Q01 ガンダム好きとしてのエピソードも多い神谷さんですが、実写の変形ロボットの声というお話が来たときの感想は？

A01 ウルトラマンシリーズのなかでもとりわけ人気のある『ウルトラセブン』の正当な続編に参加できるなんて！ と、とても嬉しかったです！ しかも、かつて僕がキャプテンガンダムの声をつとめた『SDガンダムフォース』と同じ、アベユーイチ監督作品ということもあり、とても気合を入れてアフレコに臨んだのを覚えています！

Q02 ジャンボットに搭乗するナオを演じた濱田龍臣さんは、後に『ウルトラマンジード』でウルトラマンに変身する主演を務め、『劇場版ウルトラマンジード つなぐぜ！願い!!』ではジャンボットとの共演もはたしましたね。

A02 ナオも姫（エメラナ姫）も、その後、様々なメディアで大活躍しているのをとても嬉しく、そして誇らしく思っていました！ そのなかでも、ウルトラマンとなった龍臣くんと再度共演できたことは、僕の自慢です！

Q03 ウルティメイトフォースゼロに後から合流した、ジャンナインを演じる入野自由さんとは、音楽ユニット・KAmiYUを組むなど親交が深いようですが、ウルティメイトフォースゼロでの共演については、どう思われましたか？

A03 自由くんは年下だけれど、じつは芸歴は彼の方が上という、ちょっと複雑な感じなのですが、リアルに考えるとメカ的には後からできた方が性能が良かったりするので、ジャンボットとジャンナインもじつは少しだけ複雑なのでは？ と考えると、絶妙なキャスティングだと思います！

Q04 今後、もしジャンボットがゼロとともに再登場するならば？

A04 ウルティメイトフォースゼロはいつでも駆け付けられるように準備万端だと思いますが、彼らの力が必要と言うことは、銀河は相当にピンチな状況のはず……なるべくならそれは避けたいところですねぇ。だとしたら次世代を育てる教官ポジシ

ョンで　また[illegible]ロをサポートしに来る……とかが良いのではないでしょうか！

Q 05　10周年を迎えたウルトラマンゼロとジャンボットたちのファンの皆さんに、ひと言お願いいたします。

A 05　歴史あるウルトラマンシリーズの一部になれていること、心から誇りに思います！　みなさんが応援してくれる限り、ウルトラマンたちは光の国から何度だって銀河を救ってくれるはずです！　僕もいちファンとして応援し続けます！

歴史あるウルトラマンシリーズの一部になれていること、心から誇りに思います！（神谷）

JAM-BOT

神谷浩史：かみや・ひろし／1月28日生まれ、千葉県出身。

04 入野自由

［ジャンナインの声］

Q 01　オファーを受けた当初に持っていた、ウルトラマンゼロのイメージは？

A 01　ウルトラセブンの息子ということに、まず驚きました。デザインも「新世代のウルトラマン」らしさがあり、スタイリッシュだ！　というのが第一印象でした。

Q 02　当初は「ジャンキラー」を名乗り、ゼロたちの前に立ちふさがる強敵として登場しましたね。

A 02　ジャンキラーとしての無機質さを、どの程度振り切るのかをよく考えていました。「宇宙最強ロボット」というワードもプレッシャーでした（笑）。

Q 03　エメラナ姫の説得により、緑色の粒子を涙のように流し、改心するシーンが印象的でした。

A 03　あのシーンは、エメラナ姫の表情、心からの説得を真っ直ぐに受け止めることを意識しました。

Q 04　今後、もしジャンナインがゼロとともに再登場するならば？

A 04　ジャンナインとゼロの2人にしかできない、コラボ必殺技が見たいです！

Q 05　10周年を迎えたウルトラマンゼロとジャンナインたちのファンの皆さんに、ひと言お願いいたします。

A 05　もう10年！　いやいや、まだ10年！　大先輩たちの背中を追いかけ続け、永久不滅のウルトラマンゼロをみんなで盛り上げていきましょう！　これからもよろしくお願いします！

もし再登場する機会があるなら、ジャンナインとゼロの2人にしかできない、コラボ必殺技が見たいです！（入野）

JAM-NINE

入野自由：いりの・みゆ／2月19日生まれ、東京都出身。

Zero's Past Cast Interview on TV

小澤雄太

［伊賀栗レイト／ウルトラマンゼロ役］

**『ウルトラマンジード』にて、ゼロと一心同体となった妻子持ちのサラリーマン・伊賀栗レイト。

ごく普通の人間としてゼロに振り回されながらも、逆に人間の持つ愛と優しさをゼロに伝え、
そして自らもまたゼロのおかげで強くなる――。

その絆を通して互いに成長していく役どころをどう演じていたのか？

レイト役・小澤雄太が語る撮影当時のエピソードと、今も変わらぬゼロへの熱き想いとは。**

取材・構成◎山田幸彦

悪役でなく普通の人を演じるということ

――まず、小澤さんが初めて観たウルトラマンシリーズの作品についてお聞かせください。

小澤　僕は『ウルトラマンタロウ』の再放送が最初ですかね。『ウルトラセブン』や『ウルトラマンレオ』も、その流れで観ていた記憶があります。ウルトラの父になるのが将来の夢で（一同笑）、一生懸命自分なりに戦い方を研究している……みたいな子供でしたよ。

――『ウルトラマンジード』で演じられた伊賀栗レイトも、ウルトラマンであり、父でもありますね（笑）。

小澤　そういう意味では、子供時代の夢が完全に叶った、みたいな感覚がありました（笑）。

――レイト役は、オーディションで決まったのでしょうか？

小澤　そもそも最初にお話をいただいたときは、『ジード』の悪役、伏井出ケイのオーディションだったんです。オーディション会場では、喫茶店でベリアル様と通信しているケイのシーンを演じたんですが、結果、お芝居は一回しかやらせてもらえず、すぐ「なにか今後やってみたいことはありますか？」などと聞かれたので、「ああ、これは落ちたな……」と。で、得意なダンスを見せたり、監督たちとお話をしたりして帰りました。だから、ウルトラマンになれるなんて夢にも思ってもいなくて。

――その時は、どのようなお話をされたのですか？

小澤　「僕、今まで悪役ばかりやってきたんですよ……。なので、ヒーローとは言わないまでも、普通の人をやってみたいです」って（笑）。というのも、僕は〝普通の人〟を演じてこそ、初めて一人前の役者なんじゃないかなと思っていて。ハリウッド俳優の方たちも、普通の人の役で実力を認めてもらってから、癖のある役をやるという流れが王道じゃないですか。そんなお話をした一週間後くらいに、ウルトラマンゼロに変身する一般人の役をやってほしいと連絡が来て。半信半疑で「えっ、どういうことですか？」とマネージャーに尋ねてしまいましたね。

――演じるにあたり、過去にゼロが登場した作品を見返されましたか？

小澤　最初に「目を通しておいてください」と言われて、『ジード』の番組資料と一緒に、それまでにゼロが登場した作品の映像を貸していただきました。ただ、クランクインしてしばらく経つまで、どうもピンと来ていなかったんですよ。資料にはゼロ ビヨンドについてしか書かれていなかったので。

――あくまで新番組である『ジード』の資料だから、旧作に登場していた通常のゼロの姿は掲載されていなかったわけですね。

小澤　だから『ジード』では、最初からゼロ ビヨンドという姿になるのかな？」とか、ジード マグニフィセントも資料に載っていたから「あれ、これも何だかゼロっぽいぞ？」とか、いろいろ考えて。事務所で「どんな役なの？」と聞かれた時には、「役はサラリーマンなんですけど……どのウルトラマンになるかは、まだ分かりません」なんて答えていましたね（笑）。

――とりあえず、『HiGH&LOW』シリーズで演じていた極道・達磨一家の幹部である加藤鷲役とは、180度違うタイプのキャラクターですよね。

小澤　『ジード』と『HiGH&LOW』、両方の現場がある日なんて、朝はお父さんとして娘役の清水美怜ちゃんに笑顔で「今日も頑張ろうね！」と言って、17時になると髪を真っ赤に染めて「オラァ！」と声を荒げたりしましたからね（笑）。

――そういう意味では、大人しいレイトがメガネを外すとゼロの人格に切り替わるシーンは、演じやすかったのでしょうか？

小澤　普段の役と近いところはありますけど、ゼロさんを演じるときに輩感はあまり出せないじゃないですか（笑）。高校生のヤンキーチックな雰囲気もあるゼロさんですけど、あくまでウルトラマンなので、悪すぎてもいけない。そこはセリフの言い方から立ち姿、歩き方まで、すごく気を付けていました。

得意技を活かしたアクションの数々

――レイトが初登場した第3話「サラリーマンゼロ」は、『ジード』のメイン監督を務めた坂本浩一監督の担当回でしたね。

小澤　坂本監督には『仮面ライダーエグゼイド』で、劇団EXILEの後輩（小野塚勇人）がお世話になっていたんです。それもあって、オーディションで「話は聞いてるよ！」と言ってくださって、とても気持ちが和らぎました。……というのも、オーディションでは監督陣から円谷プロの偉い人たちまで、ズラッと勢揃いしていて。30対1、みたいな感じでしたから（笑）。

――ゼロの人格でチンピラたちをなぎ倒すシーンなど、アクションシーンが最初から炸裂していました。

小澤　坂本監督が「どんな感じでやりたい？」と言ってくれたので、殺陣師さんたちとも相談しながら、僕の提案したアクションでやらせていただきました。クランクインの前に、坂本監督と殺陣師さんとで3日間くらいアクション稽古をやらせてもらったんです。そこで自分の得意技を殺陣師さんに見てもらっていたこともあり、3、4時間くらいで撮ることができて。ただ、できればあと一ヶ月後にやりたかったです（笑）。というのは、ゼロの立ち姿や構え方の面ですね。もうちょっとゼロの動きを分かってから挑戦したかったな、という気持ちがありました。

――人格がゼロに切り替わった状態でのアクションですからね。

小澤　はい、なかなか難しかったですね。でも、アクションチームのみなさんも僕の動きに寄せてくれていて、そのおかげで変身前と後の繋がりは分かりやすくなっていたんじゃないかと思います。後々イベントとかでゼロさんの動きを見ると、素面の僕のアクションを取り入れてくれているなって気付く瞬間もあって、嬉しくなりますよ。

――小澤さんのなかで、特に印象的だったアクションシーンは？

小澤　個人的には『劇場版ウルトラマンジード つなぐぜ！願い!!』で、アクション面での集大成を見せられたと思っているんです。自分のアクションとゼロさんのアクションをすり合わせていったテレビシリーズを経た上で、様々な動きに挑戦できましたから。宇宙人バーでジャグラスジャグラーと踊りながら戦うシーンはもちろん、その後の森のなかでのアクションシーンも、十分な手応えを感じました。

――ジャグラー役の青柳尊哉さんとの共演はいかがでしたか？

小澤　ジャグラーは癖のある本当に厄介なキャラクターなので、大変でしたよ！　お尻、揉まれちゃいましたから（一同笑）。

――第11話の「ジードアイデンティ

第8話で、ゼロ ビヨンドに初変身するシークエンスの一コマ。ゼロがレイトに憑依している設定のため、両者が並び立つカットはレアだ。この後、ウルトラマンヒカリから新たな力を授かり変身シーンに！

ティー」で、会議に向かおうとするレイトが、それを阻止するゼロと対立して、一人芝居状態で喧嘩をしている場面も面白かったですよね。

小澤　あのシーンは本当に大変でしたねぇ。田口（清隆）監督が「レイトの見せ場なんだから、時間を掛けよう！」と力を入れてくださったシーンなんですが、まず〝ひとりで喧嘩をする〟というシチュエーションが分かりづらいから、最初に「一回やってみます！」と実演してみせたんですよ。「レイトが負けたって分かりやすいようにしてほしい」と言われたので、全力でコミカルに演じました。

レイトとゼロ 対極の2人の演じ分け

――サラリーマンとして日常生活を送るレイトについてはいかがでした？　まさに先ほどおっしゃっていた「普通の人」だったと思いますが。

小澤　楽しかったです。レイトならこうするだろうなっていうのがすぐ浮かんでくるんですよ。婿養子で、あまり一家には逆らえない……『サザエさん』のマスオさんみたいなイメージで演じていました。

――自身と一体化しているゼロと話す場面は、映像だと宮野さん演じるゼロの声が入っていますが、現場では一人で芝居をされるということで、かなり難しかったのでは？

小澤　そうですね。最初のころは「これで大丈夫なのかな？」という不安があったので、宮野さんのアフレコ日、僕は早めにスタジオに入れてもらって、お話をさせていただいたんですよ。そこで「僕の芝居で違和感があったらそちらに寄せるので、教えてください」とお伝えしたんです。そしたら、宮野さんが「今のままで良いと思います、声も入れやすいです」と言ってくださって、嬉しかったです。この方向性が正しいんだと確信を持つことができました。本来、同じ番組の共演者でも、なかなか声優さんと会う機会はないと聞いていたんですが、無理をお願いして時間を作っていただきました。宮野さんとお話をした第5話（「あいかた」）以降は、安心して、自信を持って演じられるようになったと思っています。

――ゼロが憑依している状態のレイトは、どのようなプランを持って演技に臨まれていたのでしょうか？

小澤　最初はヤンチャな部分を残したまま演じていましたが、徐々にゼロさんには大人になってもらおうと考えていました。ゼロ ビヨンドになるエピソード（第8話「運命を越えて行け」）までに、一見弱くて情けないレイトにも、守るべき家族がいて、そこには人間同士の深い愛がある。それをゼロさんに理解してもらうことで、普段の立ち振る舞いからアクションまで、以前と同じようでもどこかに優しさが見えるウルトラマンへと成長していければいいなと。

――坂本監督もゼロについては、ただの不良ではない、『あしたのジョー』の矢吹丈のイメージを持っているという話を、よくされています。

小澤　それで言うと、僕のなかでは『北斗の拳』のケンシロウですね。愛と優しさがあったからこそ、北斗神拳の伝承者になれた。ゼロさんもこれまで仲間たちと共に戦うことで強くなってきたけれど、ゼロ ビヨンドに進化できたのは、さらに親子の愛情と優しさを知ったことで、よりウルトラマンとして完成していった結果なんだ……という説得力を、パワーアップというお話の展開にも持たせられれば正解なんじゃないかと考えていました。

――子供を抱っこして、「なんて暖かくて柔らかいんだ……！」と驚いたりしていましたね（笑）。

小澤　あれが毎日なわけで、それは最終的に愛情を抱いて「俺の娘だ！」ってなりますよね（笑）。

――ゼロ ビヨンドへの変身シーンについては？

小澤　男の子だったら必ずやりたいシーンですよね。でも、長かったですね～。1分36秒ですから！（一同笑）撮影時間も長くて、あの1分半のために4～5時間は撮ったんです。話を聞くと、主役ウルトラマンの変身シーンには、平均で6時間以上はかかるみたいですね。（濱田）龍臣くんも6～7時間くらいかかってました。ただ、そこは「ちゃんと撮りたい！」というスタッフの皆さんの熱意が伝わってきたので、楽しく演じることができました。

――完成した映像をご覧になってみて、いかがでしたか？

小澤　単純に「すげぇー！」ってなりました。一応、どんな画になるかの説明は受けていたんですが、実物は想像を超えていて。撮影中、「もっと顔の近くにカプセルを寄せて欲しい」と言われて、「こんなに近くに？」って違和感を覚えたりもしてたんです。でも、実際に観てみたら、本当にちょうど良い位置になっているんですよ。やっぱりウルトラのスタッフの皆さんは、かっこいい変身の撮り方を知り尽くしていますね。

――周囲の皆さんの反響は？

小澤　うちの事務所の会長のHIRO（五十嵐広行／EXILEのリーダー）に、変身シーンについて報告したら、「えっ、スゲエじゃん！」となって、翌朝のEXILE会議で僕の変身シーンが流れたらしいんです（一同笑）。ウルトラマンは誰もが知るヒーローですし、HIROの世代は特に思い入れもあると思うんですよ。やっぱりこういうことは、50年以上続く歴史あるシリーズならではの出来事ですよね。

――ゼロ ビヨンドへの変身前のくだりも、『ウルトラマン ニュージェネレーションクロニクル』のなかで、ペガッサ星人ペガとブースカの前で再現したり、番組終了後も定期的に取り上げられる名シーンとなっています。

小澤　あそこ、イベントなどでもちょいちょい再現させてもらってるんですよ。僕としても撮影のなかで一番思い入れがありますし、皆さんにゼロさんとレイトのバディ感を伝えやすい場面ですからね。

――その他、撮影現場での印象に残っているエピソードなどはございま

小澤雄太

自分が人生に迷っているとき、「お前はこっちの道だろ!」ってゼロさんに言って貰えた気がしたんですよね。

すか?

小澤　『ジード』は芝居の話をほとんどしない現場だったことが印象に残っています。なにしろ主演の龍臣くんは子役時代から活躍しているので、お芝居が安定していましたからね。だから「どうお芝居を良くしていけるか考えよう!」というより、「締めるとこは締めるけど、楽しくやっていこう」という雰囲気だったんです。すごくスムーズな現場だったと思います。

——かなり若いですが、割とベテランですからね、濱田さん(笑)。

小澤　もう、安定も安定で、言うことなし!でした(笑)。モア役の長谷川眞優ちゃんは演技経験が少なかったみたいですが、だからこそモアちゃんの天然ぶりが出ていて良かったと思いますし、ライハ役の山本千尋さんはクールなお姉さん役がピッタリでしたからね。

——第1話から最終話まで、それぞれの個性が発揮されたキャスティングだったと思います。

小澤　運が良かった部分もあると思います。ゼロとベリアルのこれまでの関係があった上で、ベリアルの息子であるジードが主人公の『ジード』だったからこそ、1から説明をせずに、当たり前のようにその世界のなかで演じることができたんです。僕らとしては、とてもやりやすい環境でしたね。

運命を変えてくれた"ゼロさん"の存在とは

——『ジード』への出演を経て、小澤さんのファン層も広がりましたか?

小澤　広がりました!お母さん層はもちろんそうだし、ウルトラマンが好きな子供たちのファンも、いまだに増え続けていますから。

——イベント会場や街中などで、子供達から声を掛けられることも?

小澤　いや、それはないです(キッパリ)。何故かというと……劇中でのレイトのイメージが、普段の僕とは違いすぎるので(笑)。イベントでレイトとして舞台に上がった時は、お子さん達が「レイトー!」って言ってくれるんですが、控え室から着替えて出ると、お母さん方が「あっ、お疲れ様です」と言ってくれるくらいで。しかも、ちゃんと近くにいる子供たちの夢を壊さないように、小声で(一同笑)。仕事の依頼として「ウルトラマンゼロとして子供たちにメッセージが欲しい」という時も、衣装を用意することが難しい場合は、すみませんが電話で……ということも多いんです(笑)。

——レイトというキャラクターは、『ジード』以降のゼロにも影響を与えたのではないかと思います。今後、映像作品で再びゼロに関わられるとしたら、こういう一面を演じてみたいという希望はありますか?

小澤　『ジード』では、主人公ではなかったこともあって、レイトは拉致されてたりするシーンも多かったじゃないですか。サラリーマンとしての仕事だったり、ルミナさんやマユとの家庭だったり、レイト自身の日常が見たいなっていう気持ちはありますね。もちろん本編でもルミナさんとのエピソードはあったわけですけど、すぐに正体がバレてしまったので。これ、何故かというとですね、今もイベントなどでレイトについての質問を受けることが多いんですけれど、本編で描かれていない普段の生活の部分については、僕がその場で想像して喋らないといけないじゃないですか(笑)。「今ちょっと自分で設定を作っちゃったけど、これ、大丈夫かな!?」と思うこともあるので、全2話くらいでレイトの日常生活を掘り下げてみる、すごいくだらない内容のスピンオフ企画があれば、ぜひ演じてみたいなぁと(笑)。

——確かに、レイトはいくらでも新しいお話を作ることが出来そうなキャラクターではありますよね。

小澤　それに、レイトを掘り下げることで、そんな彼と過ごしたゼロがいかにして強くなっていったのかも、これまで以上にわかるんじゃないかと思うんです。そうすれば、もっともっと、みんながゼロさんのことを好きになるんじゃないかなって。

——新番組『ウルトラマンZ』では、いよいよゼロの自称弟子であるウルトラマンゼットが登場します。

小澤　ゼロさんの師匠であるウルトラマンレオは戦いに対して真っ直ぐなウルトラマンじゃないですか。その真っ直ぐさを継承しているゼロさんが、ついに師匠になるのは熱いですよね。僕としても、ゼロが師匠になるまでの橋渡しを『ジード』のレイトで出来たのかな?とは思っています。

——小澤さんにとってレイトは、どういう存在ですか?

小澤　じつは僕も、ゼロさんとデビューした年が同じで、今年で11年目になるんですよ。レイトはちょうど「このまま自分は役者を続けていけるのかな?」と考えていた時期に決まった役でした。なのでレイトは、自分の人生を乗り越えさせてくれた、役者としてやっていく覚悟が決まった役だったんです。番組が終了した後に開催したイベント(「ウルトラヒーローズEXPO 2018」)の打ち上げで、レイトという役が来てなかったら僕はこの場にいなかったし、こんな大勢の前で一言挨拶をするなんてこともなかったんだなと、感慨深い気持ちになりました。自分が人生に迷ってる時、「お前はこっちの道だろ!」ってゼロさんに後押ししてもらえた気分ですよね。そんな役をやらせてくれたウルトラマンシリーズには、これからも恩返しをしたいと考えています。50歳、60歳になっても参加できるよう、僕も役者として大きくならないといけないし、もし今後また演じることがあれば、役者として積んだ経験を活かして、成長したレイトになっていればいいなと心から思います。何十年後か、定年退職したレイトとゼロさんで、「暇になりました!いつでも変身できます!」「遅えんだよ!」みたいなやりとりができたらいいですよね(一同笑)。『ジード』は僕の夢を叶え、人生を変えてくれた大事な作品です。

おざわ・ゆうた:1985年10月8日生まれ、東京都出身。2009年、LDH主催の第1回劇団EXILEオーディションに合格し、劇団EXILEのメンバーとして、多数の舞台で活躍。映像作品では、EXILE TRIBEによる総合エンタテインメントプロジェクト『HiGH&LOW』シリーズ、ドラマ『ろくでなしBLUES』(11年)、『シュガーレス』(12年)、『越路吹雪物語』(18年)、映画『記憶にございません!』(19年)、『八王子ゾンビーズ』(20年)などに出演。

Zero's Key Person Interview_01

濱田龍臣

[『ウルトラマンゼロ THE MOVIE 超決戦！ ベリアル銀河帝国』ナオ役]
[『ウルトラマンジード』朝倉リク／ウルトラマンジード役]

映画『ウルトラマンゼロ THE MOVIE 超決戦！ベリアル銀河帝国』で、
ゼロに変身するランの弟・ナオを演じ、その約7年後には『ウルトラマンジード』の
主役・朝倉リク／ウルトラマンジードとして、ゼロとガッツリ共闘した俳優・濱田龍臣。
「ウルトラマンになりたい」という幼少の夢を叶え、
かつウルトラマンゼロとは切っても切れない縁に結ばれた少年が、
そのヒーローとしての歩みと思いを語るロングインタビュー！

取材・構成◎齋藤貴義

〝見上げるヒーロー〟というのは、とにかくかっこいい!　おかげで、僕はずっとウルトラマン派。

子供のころから
ヒーローはウルトラ派!

――子供のころからウルトラマンがお好きだったと聞いていますが、きっかけとなった作品は?

濱田　『ウルトラマンネクサス』ですね。リアルタイムで『ネクサス』を観て、そこからウルトラマンが好きになりました。

――小さい子には『ネクサス』って、ちょっと難しいストーリーだった気もしますが。

濱田　ええ、あと出てくる怪獣（スペースビースト）も、とても怖かったです（笑）。でも、ただただウルトラマンがかっこよかったんです。防衛隊の飛行機とかのメカも魅力的でした。当時、買ってもらった飛行機のおもちゃやウルトラマンのソフビは、今でも残ってますよ。

――多くのヒーロー作品があるなかで、ウルトラマンならではの魅力は、どのあたりにあると感じますか?

濱田　やっぱり、その巨大さです。〝見上げるヒーロー〟というのは、とにかくかっこいい!　おかげで、僕はずっとウルトラマン派。等身大の変身ヒーローは、本当に通ってないんです。その後も『ウルトラマンマックス』『ウルトラマンメビウス』とリアルタイムで観ていって、それからDVDで過去の作品にも触れていきました。特に『ウルトラマンコスモス』は、テレビシリーズも映画も繰り返し観ていました。

――お好きなウルトラヒーローは?

濱田　コスモスとウルトラマンジャスティス。あと、やっぱりリアルタイムで最初に観たヒーローのネクサスも大好きです。特に『ネクサス』は最終回が印象に残っていて、孤門隊員が変身してから、ダークザギを倒すまでの流れに感動したんですよ。なので、ウルトラマンノアもすごく好きですね。あとは、ウルトラマン……と呼べるかどうかは微妙ですけど、ノアと戦ったダークザギも好きなキャラクターです。

――そんな憧れだったウルトラマンシリーズに初出演されたのが、映画『ウルトラマンゼロ THE MOVIE 超決戦!ベリアル銀河帝国』でした。ウルトラマンゼロに変身する青年・ランの弟である、ナオという少年の役で。

濱田　10歳の時です。お話をいただいた時は「好きだったウルトラマンに出演できる!」と、すごく嬉しく思ったんですけど……ちょっとだけ残念な気持ちもあって……。

――残念?

濱田　「いつかウルトラマンに変身したい」っていう思いがすごく強くて（笑）。でも、ウルトラマンの弟という役をやったら、もうウルトラマンに変身する役は役者を続けていても、回ってこないんだろうなと思ったので（笑）。家族とそんな話をしていました。

――でも『ベリアル銀河帝国』劇中では、ジャンボットに乗って、ウルトラヒーローばりの大活躍をしていましたよ!　8年後の『劇場版ウルトラマンジード つなぐぜ!願い!!』では、ウルトラマンに変身する朝倉リクとして、ジャンボットと共演するシーンもありました。

濱田　劇場版の台本をいただいた時、そのシーンを読んで、ひとりで笑い転げてしまいました（笑）。すごく嬉しかったと同時に「うわー!　そこを活かしてくれるんだ!」という驚きもあって。観た人がどんなリアクションするんだろうな、っていうのが楽しみでしたね。またジャンボットに乗れるなら、乗ってみたいですけど……乗るならリクではなく、ナオとして乗りたいかな（笑）。

――ウルトラマンゼロの第一印象はいかがでしたか?

濱田　『ベリアル銀河帝国』に出演が決まってから、前作の『大怪獣バトル ウルトラ銀河伝説 THE MOVIE』を観たんですけど、とにかく「目つき悪いなー」って（一同笑）。

――これまでのウルトラマンと比べても、すごく鋭い目つきでしたからね。

濱田　でも、あの、やんちゃ感、ちょっとした不良感っていうのは、すごく新鮮でいいなって思いました。スラッガーが2つも付いてるのは、素直にかっこいいなって感じましたね。

――実際に撮影の現場で見たゼロはいかがでしたか?

濱田　やっぱり間近で見ても「かっこいい!!」と改めて見とれてましたよね。もちろん、現場で役者として接するスーツには、テレビで観ていたような巨大感はないんですけど、がっかりしたようなことはひとつもありませんでした。それに劇中でもウルトラマンって、人間大になって活躍しているシーンはよくありますからね。

――主人公のランを演じられた小柳友さんの印象はいかがでしたか?

濱田　すごく優しい兄貴分、という感じの方でした。当時は僕も10歳ですから、多少わんぱくな部分があったと思うんですが、撮影以外の時は、本当によく遊んでくださいました。小柳さんは、ラン自身の時とゼロが乗り移っている時との芝居のギャップが、すごく素敵だった記憶があります。どちらも男気のある感じは似ているんですが、細かい部分の違いを表現されていて。撮影中、自然に「あ、今はゼロなんだ」「今はランに戻ったんだ!」と感じることができたので。

――ヒロインのエメラナ姫を演じられたのは、『ベリアル銀河帝国』以前にも共演経験のある土屋太鳳さんでした。

濱田　大河ドラマ『龍馬伝』ですね。その時は僕のお姉ちゃん役だったんですけれども（濱田は幼少時の坂本龍馬役、土屋は龍馬の姉・坂本乙女役）、本当に弟みたいに可愛がっていただいていました。僕もお姉ちゃんのように慕っていたので、『ベリアル銀河帝国』の衣裳合わせで再会した時は「また一緒にやれるんだ!」って、撮影が楽しみになりました。映画では地方での泊まりのロケが結構あったんですけど、夜は一緒にトランプをして遊んでもらったり。すごく優しくしていただきましたね。

――土屋太鳳さんはエメラナ姫として、オリジナルビデオ作品『ウルトラマンゼロ外伝 キラー ザ ビートスター』にも、ジャンボットと一緒に出演されていましたが。

濱田　小学校を卒業して中学生くらいになると、ウルトラマンシリーズからは少し離れてしまっていたんですが、『ウルトラマンジード』の話をいただいて、過去作を観るようになって……『キラー ザ ビートスター』を観た時には「あっ！」ってなりましたね（笑）。

大人に成長したゼロと『ジード』で肩を並べた日々

――『ジード』に主人公として出演された経緯というのは？ オーディションではなくオファーだったのでしょうか？

濱田 オファーでしたね。『ジード』はウルトラマンベリアルとの決着を描く話だったということもあり、『ベリアル銀河帝国』に出ていた僕を坂本浩一監督が推薦してくださったと聞いています。ただ、やっぱりウルトラマンに変身するっていうのは年齢的に、小柳友さんのような〝20代の青年〟だろうと思っていましたから、本当にびっくりしたんですよ。当時、僕はまだ16歳でしたから。ウルトラマンになれるということで、嬉しかったのはもちろんなんですが、映画でナオというまったく別の役を演じていたこともありますし、当初はとにかく「どうして？」という感情が勝っていましたね。それに、主役のウルトラマンジードが〝ベリアルの息子〟だという設定は聞いていましたから「あれ？ 7年前、すごく頑張って倒したはずなのに……その息子なの？」って（一同笑）。

――かなり特殊なウルトラマンですよね。でも、変身前のリクに関しては、むしろこれまでのウルトラマンシリーズでの主人公たちに比べると、ごく普通の男の子、というイメージでした。

濱田 そうですね。特撮ヒーロー（劇中劇の『爆裂戦記ドンシャイン』）好きで、正義のヒーローに憧れている19歳のフリーターでしたからね。

――役を作って行く上で、何か考えたことはありましたか？

濱田 「こんなふうに芝居をしよう」みたいに、特別に意識したことはありませんでした。「とにかく頑張ろう！」と。子供のころから憧れていたヒーローなんだから、今度は自分がみんなに憧れてもらうヒーローにならないと、という使命感がありましたね。

――リクというキャラクターを作る上で、坂本監督とはどんなお話をされたんでしょうか？

濱田 『ジード』はストーリーが進むにつれて、シリアスで、ちょっと暗い雰囲気になる箇所もありましたから、「そこでキャラクター自体も暗くしていくと、あまり良くないと思う」というのが、最初に監督とお話をした際に言われたことでした。明るいキャラクターのリクが、自身の出自について悩むギャップを撮りたいと。僕自身、リクに関しては、とにかく明るく演っていきたいと思っていましたので。

――『ジード』という作品自体は、明るいムードの番組でしたけど、確かに重い要素も多かったですからね。

濱田 レギュラーのキャラクターは基本的にみんな明るいので、バランスとして重苦しい雰囲気にならなかったのはよかったですよね。明るい部分が多いからこそ、終盤の展開はインパクトが出たんじゃないかと思います。

――レギュラーキャラクターにはレムやペガッサ星人ペガなど、特撮番組ならではの特殊な演技が要求される相手も多かったと思いますが。

濱田 そのあたりは、実はまったく気を使わずにお芝居できました。ペガには後からアフレコで潘めぐみさんが声を入れてくださるわけですが、スーツアクターの丸田聡美さんは、撮影中、その場でセリフを言ってくださるので、違和感なく、丸田さんと普通にお芝居をしている感触でしたね。レムは三森すずこさんの代わりに、撮影では助監督さんが声を入れてくださっていましたし。

――かつて『ベリアル銀河帝国』では主役だったゼロも、『ジード』には普通のサラリーマン・伊賀栗レイトと一体化したという設定で、レギュラーキャラクターとして出演しています。過去のゼロのイメージと比べていかがでしたか？

濱田 『ウルトラマンサーガ』の時、DAIGOさんが演じたタイガ・ノゾムと一体化して、弱さのあったタイガのことをゼロが導いていましたよね。それはゼロがやんちゃな子供から少し大人になったことの表れなのかな、と感じていたので、そこからさらに成長したんだなって。お父さんとしてのレイトを通して〝親子〟をゼロが知っていく描写は、ちょっと感慨深かったですね。『ウルトラ銀河伝説』や『ベリアル銀河帝国』でのゼロとは、違った意味での格好よさが出ていたと思います。

――レイトを演じられた小澤雄太さんについては？

映画『ウルトラマンゼロ THE MOVIE 超決戦！ベリアル銀河帝国』より、土屋太鳳演じるエメラナ姫との共演シーン。

濱田　レイトさんとは真逆なタイプですよね（笑）。どちらかっていうと、ゼロ本人に近い感じなんですよ。スーツを着ていなかったら、レイトを演じている役者さんだって分からないくらいです。現場に来る時も、いつも鼻歌を歌いながら入って来るので、みんな「あ！ 小澤さんが来た！」って（一同笑）。小澤さんはレイトさんを演じている時のスーツ姿じゃなく「英語が書いてある半袖のシャツ」姿がピッタリですから（笑）。あのギャップに、最初はびっくりしました。

――小澤さんは一人二役な演技も大変そうでしたね。

濱田　眼鏡を外した時の、あの目つきの切り替えの速度は、尋常じゃないですね。本当にゼロになったかのような……。

――お芝居について、何か意見交換をされたりなどは？

濱田　撮影日以外でも、小澤さんと2人でのイベントなどがあったので、コミュニケーションを取ることができました。「ウルトラヒーローズEXPO」は、毎回一緒にアクションの練習やステージ後のハイタッチをやっていましたからね。小澤さんは「あのシーン、こんな感じでやろうと思うんだけど、どうかな？」って、とても上手に聞いてきてくださるんですよ。

――第15話「戦いの子」で、リクとレイトが並んでダブル変身するシーンは、ファンとしてテンションが上がりましたが、あの流れは？

濱田　あの時は2人の動きをどう合わせるか、かなり打ち合わせしましたね！ 基本的に、ジードはジードライザーを胸の前に掲げて、ゼロはゼロアイを前に掲げてから目に当てる。なのでダブル変身では、ジードもゼロっぽくやってみようかなと。前に突き出してから引っ張ってくる動きを合わせたいと思って、一緒にやらせてもらいました。テイク1でOKが出たんですけど、小澤さんと僕の間で「……ちょっとズレたよね？」みたいな感覚があって「もう一度やらせてください！」ってお願いしたんです。実際に映像で使っているのは、その2テイク目ですね。あのシーンは、リクとレイトさんが2人一緒になった感があって、すごく楽しかったですし、「ゼロと一緒に変身している！」とテンションも上がりました。

――第8話「運命を越えて行け」で、ゼロが消えてしまった時の、リクとレイト、山本千尋さん演じる鳥羽ライハとのやりとりも、印象的なお芝居でした。

濱田　3人で喧嘩するところですね。あのシーンは全員が全員、正論を言ってるんですよね。正論のぶつかり合いだから、決着がつかないし、誰も悪くない。ぶつかり合うけれども誰も引かない……っていう感情の芝居を、武居（正能）監督がとても大事にされていて、監督を含め、ライハとレイトさんとで話し合いながら、何度かリハーサルをさせていただきました。僕にとっても、とても印象に残っているシーンですね。あの回は、宮野真守さんによるゼロのセリフもいいんですよ。レイトがゼロアイに「僕には2万年早すぎますか？」って語りかけると「俺の相棒だったら、もう30分早く判断しろ」って言う。「うわー！ ゼロがすっげぇ大人になってる!!」って思いましたね（笑）。レイトさんを守っているゼロの大きな背中がかっこいいなぁと。

『ウルトラマンジード』第15話にて、リク＝ジードとレイト＝ゼロのダブル変身！

――ゼロを演じられている宮野さんとは、アフレコなどでご一緒したことはあったんでしょうか？

濱田　『ジード』の撮影中は、だいたいひとりずつでアフレコは録っていたので、1度もお会いできなかったんですよ。ただ、宮野さんとは『ベリアル銀河帝国』公開初日の舞台挨拶の時にご一緒させていただいたことがあって、すごく優しくてかっこいい方だなぁと思ったことは覚えていますね。小澤さんは宮野さんとお会いする時間を作って、色々とレイトさんを演じるにあたってのお話をしていたみたいですね。

『ジード』を経て気づいた ベリアルに対する気持ち

――『ジード』でゼロはゼロ ビヨンドへとパワーアップを遂げますが、濱田さんがお好きなゼロの姿は？

濱田　悩みますね～。ルナミラクルゼロの〝しっとり〟としたところもすごくかっこいいと思うんですけど……一番は、ストロングコロナゼロですかね。あのフォームの時の、ゼロの持ってる熱さを全開にしたような、宮野さんの声がすごく好きです。ちょっと泥臭い肉弾戦的な戦い方も、昭和っぽいウルトラマンらしさというか……そんな感じがしてたまらなく好きです。かっこいい！

ゼロとずっと戦っていたベリアルという存在と決着を着けるのが、ゼロ本人ではなく、ベリアルの遺伝子を継ぐジードだったということも含めて、〝運命〟を強く感じさせるラストでした。

――ベリアルもゼロやジードに対抗して、何度も姿を変えました。『ジード』を経て、ベリアルに対する気持ちの変化はありましたか?

濱田　最初は、黒と赤のカラーリングがすごくかっこいいなって思っていたんですけれど、今となっては、そこに何か悲しみを感じてしまうようになりましたね。ベリアルが悪に堕ちた理由などに、思いを馳せるというか……。もともと、悪役だけど、すごくかっこよくて素敵なキャラクターだとは思うんですよ。『ジード』のベリアル アトロシアスも、骸骨のようなデザインがすごくいいなって思いました。ジード自体がベリアルに似ているって言われていたなかで、ベリアルが最終的にジードにちょっと似た形態になったと言うのも、すごくクるんですよ。「父親似の息子」なジード プリミティブと、「息子似の父親」なベリアル アトロシアスが対峙するという最終決戦の図は、キャラクターの深さを考えて「うわーッ!」っていう気持ちになっちゃいましたね。

――ジード自身も、色々な姿を持つウルトラマンでしたね。

濱田　一番好きなのは、マグニフィセントですね。リクとして、ジードとして、すごく大きな一歩を踏み出した回(第12話「僕の名前」)から登場した姿だというのも、好きな理由のひとつです。

――では、『ジード』で印象に残っている怪獣は?

濱田　スカルゴモラです。ジードがヒーローとして最初の階段を上がる瞬間の敵という意味ですからね。人気怪獣のレッドキングとゴモラが融合したっていう設定も、最初の敵という感じがするじゃないですか? これは他のベリアル融合獣にも言えることなんですけど、胸にベリアルのカラータイマーみたいなモノが付いていたり、「ベリアル融合獣ってこういうことか!」と一発でわかる、禍々しさが伝わるデザインもいいと思いますね。

――『ジード』は多彩な要素が詰め込まれた物語でしたが、リク=ジードを演じたなかで、濱田さんが特に強く感じたことはありますか?

濱田　僕は〝運命〟という要素が、すごく大事だったんだな、と思っています。ロイヤルメガマスターに変身する回(第17話)のサブタイトルが、まさに「キングの奇跡! 変えるぜ! 運命!!」だったんですけど、全25話に渡って、リクが生まれてきた理由や、どうやって生きていくべきなのかが、〝運命〟というワードで見えてくるというか……。リクやレイトさんやライハやペガ……みんなが出会うこと自体も、全て繋がっていた、『ジード』は、そういう素敵な話なんだと思っています。ゼロとずっと戦っていたベリアルという存在と決着を着けるのが、ゼロ本人ではなく、ベリアルの遺伝子を継ぐジードだったということも含めて、〝運命〟を強く感じさせるラストでしたしね。

年下の後輩戦士の師匠になってゼロと一緒に鍛えたい!?

――10歳の時から濱田さんの役者人生の側に存在し続けたゼロは、今どんな存在なのでしょうか?

濱田　ウルトラマンとしては、ジードを含めたニュージェネレーションの〝兄貴〟って感じですよね。ニュージェネもメンバーが増えて、僕のなかでは「ウルトラ兄弟と似てるなー」って思って来たところなんですよ。そのニュージェネのなかで、ゾフィーみたいな長兄のポジションに、ゼロが入るんだろうなって。

――なるほど、ゾフィーと同じように、単独のテレビシリーズを持っていないという点でも親しいかもしれませんね。ちなみにジードは、どのポジションだと思われています?

濱田　ウルトラマンギンガ、ウルトラマンビクトリー、ウルトラマンエックス、ウルトラマンオーブ……と年代順になると「ウルトラマンタロウかな?」と思うんですけれど、僕はジードって、ウルトラマンエースあたりのイメージなんですよね。ジード ウルティメイトファイナルは、エースのデザインもイメージされているんじゃないかっていう話を聞いたこともあるので。あ、あくまでも僕のなかでのイメージですよ。

――では今後も、ウルトラ兄弟におけるエースと同様、後輩ウルトラマンがピンチになった時は……。

濱田　駆けつける気、満々です!

――新しくスタートした『ウルトラマンZ』には、まさにジードも登場しますね。

濱田　はい、僕も出演させていただくことになって、色々とお話も聞いたりしている最中です。ウルトラマンゼットがゼロの弟子ということなので、リクが同じゼロの後輩同士として、主人公とどう関わっていくのか……その辺りが、一番楽しみなところです。それと、映画で共演させていただいた青柳尊哉さんもレギュラー出演されるということで、そこも楽しみですね。ジャグラス ジャグラー以上の怪演が観られるのではないかと……(一同笑)。

――ジードもまた、パワーアップするそうですが。

濱田　ジード ギャラクシーライジ

最新作『ウルトラマンZ』より、ウルトラマンゼットことナツカワ ハルキ(演:平野宏周)との2ショット。後輩ウルトラマンとの共演とジードの活躍に乞うご期待！

ングですね。今回、新規の変身バンクを撮らせていただいたんですけど、それがすごく嬉しかったんですよ！『劇場版 ウルトラマンR／B セレクト！ 絆のクリスタル』の時は、『ジード』の時に撮った変身バンクを使っていたので、自分が少し幼いんですよね（笑）。映画本編と変身シーンを見比べると、もうリクが完全に子供というか……試写で観た時、ちょっと恥ずかしかったんですよ。今回はウルトラマンゼットへの変身にも使う、ゼットライザーというアイテムを持たせていただいたんですけど、『Z』の主人公とはちょっと違った動きをしていて、そこも僕のこだわりポイントになっています。どういう新しい変身ポーズになっているのか、『ジード』のファンのみなさんにも、楽しみにしておいてほしいなと思います。

――配信作品の『ウルトラギャラクシーファイト ニュージェネレーションヒーローズ』も含め、4年連続でウルトラ作品に出演し続けているジードですが、今後もゼロとジードは、シリーズになくてはならない存在になるんでしょうね。

濱田 そうなれたら、すごく嬉しいですね。これまでもジードとしては、後輩のウルトラマンタイガに力を預けたりとか、逆に先輩のゼロを助けてゼロ ビヨンドに変身させたりとか、色々なことをやっているんですが、あとは……ゼロみたいに、弟子をとる、ですかね？ リクって年上の後輩が多いウルトラマンなんですよね。後輩相手でも、ついつい敬語を使っちゃう（笑）。なので今後は、年下の後輩ウルトラマンの師匠になって、ゼロと一緒に厳しく鍛える！ それがジードの目標ですね！

はまだ・たつおみ：2000年8月27日生まれ、千葉県出身。子役としてテレビドラマやCMへの出演でキャリアを重ね、大河ドラマ『龍馬伝』（10年）で福山雅治が演じた主人公・坂本龍馬の幼少期を演じ、注目を集める。同年に映画『ウルトラマンゼロ THE MOVIE 超決戦！ベリアル銀河帝国』(10年)でナオ役に抜擢され、その7年後、テレビシリーズ『ウルトラマンジード』（17年）で、主人公の朝倉リク／ウルトラマンジード役を熱演。主な出演作に、ドラマ『怪物くん』（10年）、『モブサイコ100』（18年）、FBS開局50周年スペシャルドラマ『天国からのラブソング』（20年）、映画『HIGH&LOW THE RED RAIN』(16年)、『疾風ロンド』(16年)、『記憶にございません！』（19年）など多数。

Zero's Key Person Interview_02

青柳尊哉

[『ウルトラマンオーブ』ジャグラス・ジャグラー役]
[『ウルトラマンZ』ヘビクラ ショウタ役]

『ウルトラマンオーブ』のジャグラス ジャグラー役で強烈な存在感を見せた青柳尊哉。さらには、ウルトラマンゼロが深い関わりを持つ最新作『ウルトラマンZ』に、対怪獣ロボット部隊・ストレイジの隊長であるヘビクラ ショウタ役で出演。そんな青柳が、ゼロと共闘した『劇場版 ウルトラマンジード つなぐぜ！ 願い!!』も含め、各作品に対する思いを熱く語った。

取材・構成◎トヨタトモヒサ

視聴者の皆さんから嫌われても構わないし、それこそ子供たちから「見たくない!」と思われるくらいの悪役を目指そうと思っていましたね。

ジャグラー役を試行錯誤した日々

――『ウルトラマンオーブ』には、主人公のクレナイ ガイ役でオーディションを受けていたそうですね。

青柳 いえ、じつは遡ると最初は松戸シン役でオーディションに参加させていただきました。オーディションで作品の設定を見た際、ガイに惹かれるものがあったんですが、実際にガイ役で呼んでいただきまして。ガイのセリフを読む際、そこにジャグ(ジャグラス ジャグラー)のセリフも紐づいていたので、両方やる形になったんです。自分なりの野心で主人公のガイを狙ったつもりが、ちょっと違う形で結実したなと(笑)。

――当初、ジャグラーはどのような印象でしたか?

青柳 その時点では、視聴者の皆さんから嫌われても構わないし、それこそ子供たちから「見たくない!」と思われるくらいの悪役を目指そうと思っていましたね。

――今でこそ、子供たちからも大人気ですが、キャラを確立するまでは試行錯誤された?

青柳 そうですね。最終的にどう着地するかも決まっていなかったので、すごく悩みました。闇落ちか、それともガイと向き合い続けるか。ガイだけが絶対的な強さを持っているのであれば、彼を越えられないと分かったまま最終回に向かって行ったとして、はたしてそれが面白くなるのかな? って。このままピエロっぽく終わるのはもったいないと思っていたんですけど、途中途中で、メイン監督の田口清隆さんから方向性を指示していただけたし、各話の監督さんとも現場でディスカッションを重ねることが出来たのは、とても有難かったですね。

――田口監督から言われて大きかったのは?

青柳 悩んでいた僕に対して「青柳くんが思ったようにやってくれればいい」と言ってくださったことです。それであれば、監督に身を預けつつ「じゃあ、思ったことをやらせてもらいます!」と。その一言には本当に救われましたね。

――ジャグラーのセリフは、どこか皮肉めいていて、キャラ付けにも一役買っていたかと思いますが、お気に入りのセリフはありますか?

青柳 そうですねぇ……。ジャグって、どうとでも受け取れる、真意が分からないみたいな感じがありつつも、意外と確信を突いたことを言ってるんですよね。『ジード』の劇場版(『劇場版 ウルトラマンジード つなぐぜ! 願い!!』)になりますが、「何が正義かは人によって違う」は気に入っています。他にも、自分自身に痛烈に刺さるような、面白いセリフをいっぱいいただきましたね。

確信を得て演じた『オーブ』最終回

――ライバル関係にあるガイとジャグラーの対決シーンも、『オーブ』の見どころのひとつでした。

青柳 最初は確か第3話(「怪獣水域」)でしたか。2人で「ああしよう、こうしよう」みたいな細かな相談はなかったですね。ガイ役の石黒(英雄)くんが持っているパーソナルな部分に、上手く寄り添うことができたと思います。

――第3話といえば、戦闘中に突然ジャグラーが消えたかと思ったら、ガイの肩越しにふいに現れるとか、ちょっとした“気持ち悪さ”もポイントだったかと。

青柳 あれは石黒くんのアイデアなんですよ。ガイとジャグは宇宙人同士なので、人を越えた存在であることを見せられたらということが、石黒くんと話しているうちに決まったんですよね。

――第10話「ジャグラー死す!」は、ジャグラーの最初の山場となるエピソードだったかと思います。

青柳 あれは冨田(卓)監督の思いが詰まっていた回で、監督が狙っている画に対して、いかに僕が芝居で応えられるかが勝負でした。撮影の合間にかなり話し合いましたね。

――この回で魔人態が初登場しますが、スーツアクターの岡部暁さんとは撮影期間中、話し合うことは?

青柳 基本的にはお任せしていました。スーツの撮影は、助監督さんが横から仮の声を当てることが多いんですけど、魔人態は岡部くん自身がセリフも覚えてやってくれるスタイルだったので、アフレコでは岡部くんの心情も伝わって来るし、そこで広がった部分がありました。彼が「この役を演じられて誇りに思う」と言ってくれたことには感激しましたね。

――シリーズを通じ、ジャグラーを演じる上でターニングポイントとなった回はありますか?

青柳 ヒロインのナオミを裏切るシーンですね(第20話「復讐の引き金」)。あれは俳優として実に心地良かったというか……自分で演じながら「こいつは一筋縄ではいかないキャラだな」という手応えがありました。そうそう、あの回も冨田監督でしたね。

――巨大化した魔人態がオーブと激突する第23話「闇の刃」は、実質、最終回への序章とも言える位置付けでした。

青柳 ちょうどあの時、自分でメイクを濃くしてみたんですよ。それで気持ち悪く見えればいいなと思ったし、動きなんかも工夫して、人間との距離感を少しずつ壊して行ったところがありましたね。

――新たに必殺技を修得し、ガイへの鬱憤が炸裂するのも、この回の大きな要素だったかと思います。

青柳 主人公より努力するライバルですよね(笑)。僕自身がガイという主人公に抱くある種の羨望が、そのまま役に反映したところもあります。

――テレビシリーズの結末について、思われることはありますか?

青柳 ナオミの先祖・ナターシャを助けたのが、じつはジャグだったというシーンは「ガイとジャグの物語は、ここに結実するんだ」と、感慨深いものがありました。それと終盤は、『ウルトラマンオーブ THE ORIGIN SAGA』も同時に動かしていたので、最終回を視聴者に届ける上では、ある種、確信めいて撮っていたところもあったんですよ。

――『ORIGIN SAGA』は『オーブ』前日譚でしたが、撮影順としては逆であったわけですね。

青柳 そうです。撮影はテレビがクランクアップして、少しの準備期間を経て入った感じでしたが、撮影チームが総入れ替えとなり、テレビシリーズの経験者は僕と石黒くんしかいなかったので、本編との隙間をどう埋めていくかについては、けっこう戸惑いました。元々、僕は不器用なタイプで、自分のなかできちんと整理されてないと役には入れないんです。ただ、監督の小中和哉さんとおかひできさんのお2人は、歴代ウルトラマンシリーズを支えてきた方々でしたし、しっかり信頼関係を構築して撮影ができました。

――『ORIGIN SAGA』のジャグラーは、ガイの指南役的な立場であったり、彼のことを師匠と慕う弟子が登場したり、また違う一面が描かれていましたが、演じる上ではいかがでしたか？

青柳　まだ心があったころのジャグですね（一同笑）。あれでキャラクターに、さらなる深みを与えられたのかなと思っています。

『オーブ』『ジード』劇場版で見せた意外（?）な一面

――『オーブ』『ジード』と、それぞれの劇場版についてもうかがえればと思います。『劇場版 ウルトラマンオーブ 絆の力、おかりします！』では、変身バンクに笑わせていただきました。

青柳　あれは、クランクアップ当日に撮影したんですが、元々の予定にはなかったんです。テレビでは魔人態でゼッパンドンを召喚していたのですが、やっぱり変身前でもダークリングを手にしてやってみたいなと思っていて。確か製作発表の当日、田口監督に「俺も変身させてくださいよ～」とワガママを言いまして(笑)。

――変身バンクの撮影は、歴代主人公を演じたキャストの皆さんは、一様に大変だと口にします。実際に経験されてみての感想は？

青柳　まさに仰る通りの大変さでした(笑)。カードの見せ方ひとつ取っても、ちゃんと正面に向くようにしなくちゃいけないし、さらには腕の角度も決められた位置でピタッと止めないといけないんですよ。カッコよくやっている石黒くんの裏側にある苦労が、身に染みて分かりましたねぇ。

『劇場版 ウルトラマンジード つなぐぜ！願い!!』より、ゼロに変身する伊賀栗レイト（演:小澤雄太）との共演場面（まさかのアドリブについては本文にて！）

――『つなぐぜ！願い!!』は、『ジード』への客演というかたちになりますが、他作品の劇場版に参加されるのは、また違う心境でしたか？

青柳　あの作品は「ガイとジャグ」というかたちで出させていただき、『オーブ』をすごくリスペクトしてくださっていたので、それに恥じない気持ちを持った上で、撮影に挑みました。ちょうど沖縄ロケの1stカットが、レイト役の小澤雄太くんとの絡みで、アドリブでお尻を掴んでみたんです（一同笑）。『ジード』の面々はジャグを演じる僕と仕事をするのは初めてだったので、あれで「あっ、コイツはこういうことをするんだ」ということが提示できたんじゃないかと思います(笑)。坂本浩一監督にお世話になるのも初めてだったんですが、以後、ジャグ絡みの撮影では「よし、青柳くんの好きにやって！」と言ってくださるようになりました（一同笑）。

――坂本監督といえば、アクション演出に定評がありますが。

青柳　各方面からその話は聞いていたので、それも出演する上での楽しみのひとつでしたね。様々な手法や技法をお持ちで、引き出しの多さには驚かされたし、特に宇宙人バーでの乱闘シーンは勉強になりました。レイトとコンビで「Shall We Dance?」とダンスしながら戦う演出は、ダンスが得意な小澤くんが、どういう風に動けばいいのか決めてくれて。そういうところもまた、『ジード』の坂本組ならではでしたね。

――テレビでは神出鬼没だったジャグラーが、映画ではリクたちと終始行動を共にしているのも、ちょっとシュールな感じでしたね。

青柳　いやぁ、あれは意外と悩んだんですよ(笑)。瞬間移動できるジャグが走る場面を撮影するのとか、はじめてでしたから。食事シーンなんかも「これ……ジャグも一緒に食べて良いのか？」とか（一同笑）。

――劇中、戦う勇気を喪失したリクに「臆病者、引っ込んでろ！」とシビアな言葉を浴びせる場面は、かなりヒロイックな見せ場として印象に残りましたが。

青柳　あれは、もしかしたらガイにはできないかもしれないけど、ジャグなら言える、ということで与えられた場面だったんじゃないかと、自分なりに解釈しました。それも含めて『ジード』の映画では、ガイとジャグラーの関係性がしっかりと描かれていて、あの2人がテレビシリーズの最終回後、どういう道を歩んでいるのかを、またひとつ伝えることが出来たと思っています。

――『オーブ』以後のウルトラマンシリーズで、人間態の悪役が恒例となったように、ジャグラーの存在はとてもインパクトがありました。青柳さんご自身は人気のほどについて、どのように思われていらっしゃいますか？

青柳尊哉

青柳　ジャグラス ジャグラーは僕ひとりで作ったという感覚はなくて、ファンの皆さんも含めて、みんなが楽しんで作ってくれたからこそのキャラクターですよね。これから先、バルタン星人さん……とまではいかないにしても(笑)、一人歩きするようなキャラになって行ったら嬉しいです。

『Z』で演じるのは頼れる隊長役……!?

――最新作『ウルトラマンZ』についてもお聞かせください。

青柳　今回は、けっこう早い段階に、フワッとした感じでお話をいただいていたのですが、正直「実現しないだろうな」と思っていたんですよ。一度シリーズ別作品に出ているということもありますし、今回のヘビクラ ショウタという役は……まだ詳細は伝えられないんですが、そう簡単に通る設定の人物じゃないだろうと(笑)。正式に決まってからは『オーブ』でのジャグを越えられるのか?」というプレッシャーはありつつも、すぐに「やるしかない!」と決意を固めました。

――今回、田口監督はメイン監督とシリーズ構成を担当されていますね。

青柳　田口監督はじめ『オーブ』と同じスタッフと再び仕事ができることが、『Z』に参加する上での大きなフックになったことは間違いありません。

――本作では、ジャグラーから一変して、いわゆる防衛隊の隊長役なのですが……。

青柳　そうですね(笑)。僕が演じるヘビクラは、絶対的な隊長像を求められるわけではないので……匙加減がなかなか難しい。たとえば「出動!」みたいなことも言うわけですが、力を抜き過ぎると、ヤル気がなく見えてしまうし、前のめり過ぎても違う。撮りながら模索していますが、今の時代の、部下に寄り添った上司像というか、「こういう先輩がいたら楽しいだろうな」と感じてもらえるよう演じています。

――主演の平野宏周さんのお話では、まさに理想の上司として現場で青柳さんに接していたのに、『オーブ』でのジャグラーを観て、ギャップに驚いたそうです。

メンバーたちから親しまれているヘビクラ。だが、その真の正体は……?

青柳　ははは、それは「観なきゃいいのに!」と言っておいてください(笑)。

――対怪獣ロボット部隊ストレイジ隊員役の皆さんは、いかがですか?

青柳　平野くんをはじめ、それぞれに自分が何をどう表現するかをとても強く持っている人たちです。自分が彼らの年齢の頃には、考えられないくらいしっかりしていますね。

――現時点で、印象的なエピソードは何かありますか? ストーリーが進むにつれ、ヘビクラ周辺には変化が出てくるとはうかがってはいるのですが……。

青柳　うーん……まだ言えないことも多くて……。『Z』本編ではなく、撮影現場でのお話になるのですが、ヘビクラの机周りって、仕事道具よりも遊び道具が多いんですよ。そういうものを使いつつ、みんなの仲が深まっていくというか、共演者同士の絆が深まっていっているのは印象的ですね。オンとオフのバランスも絶妙なものがあり、『オーブ』とはまた違った、これまでにない新しい雰囲気を感じる現場です。

――今回、ウルトラマンゼロは『つなぐぜ! 願い!!』に続いて本作にも登場しますが、出演者から見た『Z』ならではのゼロの魅力をお聞かせください。

青柳　『Z』でもカッコいいゼロの活躍が見られるのはもちろんですが、従来のゼロと少し違うのは、ウルトラマンゼットという弟子を持ったことですよね。10年という歴史を経て、本来は表情が変わるはずのないゼロのマスクから、今までとはまた違う部分が見られると思うので、『Z』のなかでゼロの新たな一面を見つけてもらえれば嬉しいですね。

――では最後に、改めて『Z』についてのアピールをお願いできればと思います。

青柳　ウルトラマンシリーズはこれまでに積み上げて来た長い歴史がありますが、『Z』はそのいいとこ取りというか、それこそ玉手箱のような作品になると思っています。ファンの皆さんにも、間違いなく楽しんでもらえるはずです。応援よろしくお願いします!

あおやぎ・たかや：1985年2月6日生まれ、佐賀県出身。映画『怒り』(16年)が転機となって各界から注目を集め、さらに同年に『ウルトラマンオーブ』(16年)でジャグラス ジャグラー役に抜擢される。これまでの主な出演作に、ドラマ『マイ☆ボス マイ☆ヒーロー』(06年)、『仮面ライダードライブ』(15年)、映画『さよならくちびる』(19年)、『影踏み』(19年)、『美しすぎる議員』(19年)、舞台『旗揚げ公演 ねじらない。』(10年)、『受取人不明』(19年)など多数。2020年は、映画『クローゼット』と『燃えよ剣』の公開が予定されている。

Zero's Key Person Interview_03

平野宏周

[『ウルトラマンZ』ナツカワ ハルキ/ウルトラマンゼット役]

**放送を開始した最新作『ウルトラマンZ』で、
ゼロの(自称)弟子にあたるウルトラマンゼットに変身する主人公
ナツカワ ハルキ役を演じる平野宏周。
かつてスポーツに打ち込んだ自慢の体力でオーディションを見事勝ち抜き、
新たなヒーローの座をその手に掴んだナイスガイが、
日々全力で挑む撮影現場でのエピソード、そして自らが演じるキャラクターへの想いを語る!**

取材・構成◎齋藤貴義

ウルトラマン役の合格に枕に顔をうずめ歓喜した夜

――『ウルトラマンZ』の放送がスタートしましたが、今はどんな心境ですか?

平野　ようやく実感が湧いてきたかなって感じですね。ただ、緊急事態宣言下で、一時的に撮影がストップしてしまった時間が長くて……そういう意味では、すごく力が有り余っています(笑)。

――これまでウルトラマンシリーズとは、どんな風に接してこられましたか?

平野　正直に言うと、すごく印象に残っているわけではないんですよ。かなり小さな時、兄と一緒にビデオかDVDを借りて観ていた程度なので、なんとなく記憶にあるのは『ウルトラマンティガ』『ウルトラマンダイナ』『ウルトラマンガイア』の3作品くらいです。

――それでも、ウルトラマンの出演には憧れがあった?

平野　やっぱり子供たちのヒーローですからね。ウルトラマンへの変身って、男子の夢みたいなものじゃないですか!(笑) ですので、そういう役をやってみたいという気持ちは自分にもありました。事務所から「ウルトラマンのオーディションに出てみないか?」と言われたのがきっかけで、子供のころの思いが、この歳になって蘇ってきた感じですね。

――オーディション現場はいかがでしたか?

平野　最初は自信満々で行きましたね。「次のウルトラマンをやるんだったら、自分しかいないだろう!」ぐらいの気持ちで(苦笑)。でも合格した時には、自分では理由がわからなくなっていて……。撮影が始まってからも、合格の理由は監督さんたちに聞きそびれているんです。ただ、演じるナツカワハルキというキャラクターが、自分に近い部分はあったのかもしれません。ハルキと同じで、ちょっと暑苦しいキャラですからね(笑)。

――オーディションで、なにかインパクトに残ることをされたとかは?

平野　特別なパフォーマンスというわけではないんですけど、監督さんから「上半身を脱いで、腕立て伏せをやってみて」というリクエストがあって。

――なんだかオーディションというより体力検査みたいですね!

平野　オーディションに参加した人たちは、みんなやっていたんじゃないかな?　もともと自分は野球とアメフトをやってたので、体力的な自信はあったし「他の人たちには負けたくない!」っていう気持ちも強かったです。だから、内心はすごくドキドキしていたし、腕もプルプルしてたんですけど、そこは余裕の表情で(一同笑)。オーディションで腕立てをやるとは思っていなかったので、「うわあ!　やっぱりウルトラマンは体を使う役なんだなぁ!」と、その後からすぐにジムに通い始めたんですよ(笑)。

――対怪獣ロボット部隊ストレイジの新人パイロットですから、多少の体力は必要ですよね。

平野　そうなんです。ストレイジって精鋭部隊みたいなところがありますからね。これまでもアクションシーンは撮影してきましたが、今後ますます、体を動かすシーンは多くなってくると思っています。

――オーディション合格は、すぐ伝えられたのでしょうか?

平野　合格の連絡が来るまで一週間ぐらいなので、実際はそれほど時間がかかったわけではないんでしょうけど、僕にとっては連絡待ちの1日1日が、すごく長く感じて……本当に夜も眠れないぐらいでした。ある日の夜、マネージャーさんからの電話で「合格です」と伝えられた時は、ベッドに飛び乗ったあと、枕に顔をうずめて「よっしゃあぁぁー!!」って叫びましたから、本当に!(一同笑)

「ゼットのなかに自分がいる」という感情の高ぶり

――ハルキを演じるにあたって、演技プランは当初からありましたか?

平野　最初に田口(清隆)監督が「もしキャラクター作りに迷ったら、自分に近づけていいよ」って言ってくださって、すごくやりやすくなりました。なので、感情のベースというのは自分のなかから引き出していこうというつもりでいました。なにしろ僕、顔からして、こういう暑苦しい感じですので……(笑)。実際に撮影が始まってからも、すごくいろんな表情のパターンを試されている感じがしたんですよ。そうなると、もう変顔のオンパレードになっているんですけど。

――感情を誇張していく感じなのでしょうか。

平野　そうですね。ギャップは意識しました。ただ最初、思いっきりオーバーに演ろうと思ったら、田口監督に「ちょっと大げさすぎる、もっとナチュラルでいいよ」って言われたりして。

――ちょっとやりすぎてしまったんですね(笑)。

平野　なので、徐々に調整していったという感じですね。序盤のハルキは、かなり力が入っているんじゃないかと思います(笑)。

――初となる特撮作品の現場は、いかがですか?

平野　まず、スケジュールからして、今までのやったことのあるドラマの仕事とは、全然違いますよね。撮影スケジュールが半年という長い期間に渡るなか、自分のなかで役をキープしなくちゃいけない。特に今回は、緊急事態宣言の影響で撮影が出来ない期間がありましたから、その間もハルキを忘れちゃいけなかったのは難しかったですね。特撮班だけで撮影するシーンもあって、その仕組みも面白いと思いました。

――特撮の現場は見に行かれましたか?

平野　はい、やっぱりすごかったですよ!　周囲から「ウルトラマンの特撮現場はすごいよ」と聞いていましたけど、想像以上でした。それに、特撮の現場はスタッフたちのウルトラマンに対しての愛みたいなものがすごく伝わってくるんです。見ていて楽しいですし、作品に愛がある方たちと一緒に仕事が出来るって幸せだなあと思いましたね。

――ウルトラマンゼットのスーツを初めて見た時のことは覚えておりますでしょうか?

平野　もう、めちゃくちゃかっこよ

不良っぽいというか、ちょっとやんちゃというか、“俺様気質”というか……。そういうウルトラマンって、今までなかったと思うんですけど、男の子はやっぱり絶対好きになりますよ。

くて泣きそうになりました。最初は単純に「かっこいいな」と思って眺めていたんですけど、スタッフさんに「あのなかには君がいるんだよ」って言われて、改めてハッと鳥肌が立ったというか……。その時の感情の高ぶりはすごかったですね。鳥肌が立った後、あったかい気持ちにもなりました。

――ちなみに、個人的に一番お好きなゼットの姿は?

平野 うわー、悩むなぁ……。オリジナルの姿か……いや、やっぱりガンマフューチャーですかね。じつは最初に見たゼットのスーツがガンマフューチャーだったんですけど、いや、本当に初対面からかっこよかったんですよね。エッジが効いているボディに、あの紫っぽいラインが入るという……本当にかっこいいデザインだと思います！ ウルトラマンティガ、ウルトラマンダイナ、ウルトラマンガイアという、僕が子供の頃に観た記憶が残っているウルトラヒーローの力を借りた姿というのも、大きいです。

――変身シーンの撮影はいかがでしたか?

平野 すごく難しかったです。過去作の先輩方からも「変身バンクの撮影が一番難しいよ」って聞かされていたんですけど……本当でしたね。変身のポーズ自体は始まる前に監督やアクション部の方と話し合って決まっていきました。アクション部の方たちは、やっぱり変身ポーズがすごく上手なんですよ。それを見よう見まねで、なんとか自分流に落とし込んでいった感じです。しっかり考えて撮影に挑んだんですけど、現場では「やっぱりこうした方がいいかも……」みたいな思いが出てきたりして、随分テイクは重ねちゃいました。ハルキは空手をやっているという設定なので、「シンプルかつ大胆」を意識したポーズになっています。

――アフレコで印象に残っていることありますか?

平野 そのシーンの雰囲気を頭に思い浮かべながらやっていきました。目の前にゼットがいるって思い浮かべて。ゼットの声を演じている畠中(祐)さんの収録が、ちょうど僕のアフレコの直前だったことがあって。それで僕はちょっと前に入らせてもらって、畠中さんがゼットとして喋るシーンを見せていただいたんです。その時、一気に自分のなかにゼットのイメージが落とし込まれました。畠中さんの声を聞いた途端に「ウルトラマンゼットはこれだ！」って思えて、それ以降はすごくやりやすくなりましたね。

――その際、畠中さんとなにかお話はされたんでしょうか?

平野 ほんの一言、「一生涯の付き合いになると思うけどよろしく」と声をかけられて。僕は「は、はい！」っていう感じでした(笑)。

トラウマの女ヤプールと『Z』で対戦希望!?

――『Z』には『ウルトラマンジード』の主人公だった、朝倉リク／ウルトラマンジードも登場します。ジードもゼットと同じく、ゼロの弟子筋にあたるウルトラマンです。リクを演じる濱田龍臣さんとのお芝居はいかがですか?

平野 龍臣くんは役者の先輩ですし、ウルトラマンとしても先輩なんですけど、歳は僕のひとつ下なんです。僕は現場では、龍臣くんに後輩としてめちゃめちゃ頼っているんですが、龍臣くんの立場からすると、僕はちょっと扱いにくいんじゃないかと心配に思っていて……(笑)。

――なるほど(笑)。『Z』登場キャラクターというと他には、ストレイジのセブンガーやウインダムを筆頭に、懐かしのウルトラ怪獣も多く出てくるようですね。

平野 僕は怪獣、昔から怖くて……。

――なにかトラウマのようなものがあるのですか?

平野 子供のころ、ヒーローショーに行ったことがあるんですけど、その時に『ウルトラマンA』に出てきた女ヤプールっていう怪獣……怪人? が出てきて、それがすごく怖かった記憶があるんですよ。

――確かに、女ヤプールは子供には怖いかもしれません。渋いヒーローショーだったんですね(笑)。

平野 だから、それ以来ヒーローショーは苦手になっちゃって。ヒーローショーの怪獣って、向こうから子供に触れ合ってくるじゃないですか。めちゃめちゃ触れ合ってくるのが、本当に怖くて……。だから、もし『Z』にもあんな怪獣が出てきたら、子供時代の恨みを晴らしたいとは思っているんです(一同笑)。

――そして『Z』登場キャラといえば、ゼットの師匠・ウルトラマンゼロですね。ゼロについては、どんな印象を持っていたのでしょうか?

平野 ハルキを演じるにあたって過去の作品を色々と観るなかで、とにかくゼロさんはかっこいいなって思うようになりました。いや、ゼロは

平野宏周

男でも惚れますよね～。不良っぽいというか、ちょっとやんちゃというか、〝俺様気質〟というか……。そういうウルトラマンって、今までなかったと思うんですけど、男の子はやっぱり絶対好きになりますよ。僕、子供だったら絶対に一番好きなウルトラマンになっていたと思います。

――ゼロはゼットにとって、作中でどんな存在なんでしょう？

平野　師匠という以前に、やっぱり〝憧れ〟だと思うんですよ。僕が「ゼロ、かっこいいな!」って思っているのと同じように、ハルキとゼットもそう思ってるはずです。ただ、憧れの先輩ではあるんですが、ハルキのなかでは〝メダルのなかの存在〟ではあるんですよ。そういう意味では〝伝説〟みたいな感じでしょうね。ハルキからしたらゼットでさえ、宇宙人という異質な存在なわけで、その上にさらに、その異質な存在が尊敬している師匠となると……もう歴史上の偉人みたいな感覚で捉えているんだと思います。

ゼットとハルキ 相棒の関係性に注目を

――これから激しい戦いが繰り広げられるであろう『Z』のなかで、平野さんがやってみたいことはありますか？

平野　リクくん先輩の「ジーッとしてても、ドーにもならねえ!」とか、ゼロさんの「2万年早いぜ!」とか、みんな決めゼリフみたいなものがありますよね。ゼットにも「ご唱和ください!」があるんですけど、今のところハルキ自身には、特にないんです。だから何か、バシッと決まるセリフを自信満々に言ってみたいとは思っています。

――今後の『Z』で注目してもらいたい点は？

平野　まずは、ゼットとハルキの関係性。回を重ねていくうちに仲良くなったり揉めたりなどがありますので。それからハルキ以外のストレイジのメンバーたち個々の活躍も見て欲しいなと思います。あとはストレイジでいえば、やっぱり僕が持っている〝少年心〟として、ロボット部隊に期待していますね。セブンガーとウインダムに加えて、さらに新しいロボットの登場はあるのかとか……そこは僕も個人的に楽しみにしています!

――ストレイジといえば、隊長役で『ウルトラマンオーブ』にも出演されていた青柳尊哉さんが参加されていますね。

平野　青柳さんは現場の雰囲気に慣れてらっしゃるので、いろんな場面でみんなを盛り上げてくれるんです。本当は主役の僕がやらなくちゃいけないようなことまで、自然とやってくださって、頼り切っています。とはいえ、やっぱり昔、あのジャグラスジャグラーを演っていた方じゃないですか。僕は『オーブ』を観た時に、「ああ……観なきゃよかった!」っていう気持ちになりましたから(笑)。今は憧れの隊長として接していきたいのに、ジャグラーを見ちゃうと……やりづらいです!(笑)　隊長は存在感もすごいし、少しずつ明かされる秘密もあるようですから、主人公の座を取られそうだなっていう不安もありますよ。隊長とハルキの関係も、じっくり観ていただければと思います。

――今後エピソードを重ねるにつれ、ゼットもかつてのウルトラマンゼロのように、ヒーローとして、どんどん成長していくと思います。平野さんとしては、どんな姿のゼットが見たいですか？

平野　本当はゼロさんみたいに、やんちゃな感じは残りつつ、みんなに憧れられるかっこいい先輩になって欲しいんですけど……ゼットにはゼットの良さがありますからね。ウルトラマンたちが集まった時に、その場をかき乱してくれる存在になってくれればいいかなって思っています。

――賑やかし系のキャラクターでしょうか？

平野　ええ、どこか天然で、抜けたところもあるんだけれど憎めない、親しみやすいヒーローでいてほしいですね。ゼットって、本当に男子高校生みたいな感じなんですよ。でも、すごくかっこいいセリフも多くて。これまでのウルトラマンのなかで一番親しみやすくて憎めないキャラクター。でもやっぱり、決めるところは決める、かっこいいヒーローとして、人気になってほしいです。

ひらの・こうしゅう：1999年4月1日生まれ、神奈川県出身。サンミュージック所属の男性俳優ユニット・SUNPLUSメンバー。CMやバラエティ番組の出演のほか、人気漫画の舞台化作品『黒子のバスケ』では、早川充洋を演じる。2020年、『ウルトラマンZ』で主人公・ナツカワ ハルキ／ウルトラマンゼット役に抜擢される。テレビドラマで主演を務めるのは、本作が初。今後が注目される若手俳優のひとりである。

Z's Voice Actor Interview

畠中 祐

［ウルトラマンゼットの声］

新番組『ウルトラマンZ』で、主役ヒーロー＝ウルトラマンゼットの声を担当する畠中祐。ハルキ役・平野宏周とともに、“三分の一人前”のヒーローを全力で演じる、その意気込みに迫る

取材・構成◎四海鏡・富士見大

ハルキとゼットが必死に頑張る姿に、きっとパワーをもらえるはずです!!

――新番組『ウルトラマンZ』で、畠中さんが主人公ウルトラマンゼットを演じることが決まりました。初の特撮作品への出演となるかと思うのですが、アニメ作品や洋画などの吹き替えと、また違った独自の難しさ・楽しさをお聞かせください。

畠中　ウルトラマンが喋るってどんな感じなんだろうかと、テンション感とか、デフォルトの仕方などが、確かにアニメや吹き替えとは違っていて、難しさは感じました。でも、ハルキ役の平野（宏周）さんが真っ直ぐ投げかけてくださる言葉に、そのまま真っ直ぐ返していくということに徹していたら、スッとゼットになれる気がします。ハルキに助けられてますね。

――幼少期に観ていたウルトラマンシリーズは？

畠中　やっぱり『ウルトラマンティガ』ですね。『ティガ』は映画も観に行きました。ウルトラマンショーにも行って、それがきっかけで、他のウルトラマンシリーズも見始めました。好きな怪獣は、キングジョーですかね。見た目がたまりません。

――ウルトラマンゼットのビジュアルに対する第一印象は？　アルファエッジとベータスマッシュとガンマフューチャー、そしてオリジナル、どの姿がお気に入りですか？

畠中　無茶苦茶悩みますが……オリジナル、かっこいいですね。全部かっこいいですが、シンプルなイケメンフェイスがたまりません。

――「ご唱和ください、我の名を！」と並んでの「新ヒーローはゼロの弟子！」というコピーは強烈でした。ウルトラマンゼロが登場した過去作はご覧になられていましたか？

畠中　正直、ゼロが活躍していた時は、もう高校生で、しっかりは観れていなかったのですが、その当時でも、ウルトラマンが喋って、あんなに気持ちを出すというのは衝撃的でした。高校でも話題になっていたと思います。

――ゼロ役の宮野真守さんから、劇中のゼロとゼットの関係性のように、ウルトラマンを演じる上でのアドバイスなどを伝えられたりということはありましたか？

畠中　ウルトラマンの声をやっているというより、ウルトラマンの心を一番近くで理解して、それを代弁する人間なんだっていう意識で、宮野さんが芝居をしていたという話を聞きまして、僕もその姿勢で演じられたらと思っています。

――劇中でのゼットは、主人公であるハルキとのやり取りも多いと思いますが、アフレコ前、ハルキを演じる平野さんと演技プランなどについてお話する機会はありましたか？

畠中　最初の収録の時にお会いしたんですが、それ以降はまだお会いできていないので、そこまで深くはお話できていません。いつかじっくりお話しをしてみたいですね。

――では最後に、畠中さんが『Z』のなかで、特に「ここに注目して欲しい！」という箇所があれば、意気込みとともにお聞かせください。

畠中　ハルキもゼットも、まだまだ半人前……いや、三分の一人前かもしれません。でもそんな彼らが必死に頑張る姿に、きっとパワーをもらえるはずです!!　そんな2人を、これからも是非ぜひ応援してくださると嬉しいです!!　よろしくお願いします！！！

はたなか・たすく：1994年8月17日生まれ、神奈川県出身。2006年、映画『ナルニア国物語／第1章：ライオンと魔女』の主人公であるエドマンド・ペベンシーの吹き替えオーディションに合格、小学5年生にして声優デビューをはたし話題となる。2011年に『遊☆戯☆王ZEXAL』でテレビアニメ初主演。2017年にはソロアーティストとして、音楽活動も本格的に開始している。今もっとも注目される若手声優のひとりとして、精力的に活動中。代表作に、アニメ『うしおととら』（15年）、『甲鉄城のカバネリ』（16年）、『バッテリー』（16年）、『僕のヒーローアカデミア』（16年）、『川柳少女』（19年）、『KING OF PRISM -Shiny Seven Stars-』（19年）、『ダイヤのA actII』（19年）、洋画『スパイダーマン：ホームカミング』（17年）、『パシフィック・リム：アップライジング』（18年）、『ミュータント・タートルズ』シリーズの吹き替えなど。

Zero's Suit Actor Interview

大西雅樹

［ウルトラマンゼロ役］

映画『大怪獣バトル ウルトラ銀河伝説 THE MOVIE』にて、ウルトラマンゼロを演じた初代スーツアクターが、撮影当時を振り返りゼロ誕生秘話を語る!

取材・構成◎富士見大・四海鏡

おおにし・まさき：1978年生まれ、愛知県出身。2005年、『牙狼〈GARO〉』のオーディションに合格し、主役の黄金騎士・牙狼のスーツアクターを担当。2006年から、日本のスーパー戦隊シリーズを海外用にローカライズした『パワーレンジャー』シリーズに参加。2011年の『パワーレンジャー・サムライ』以降は、アクション監督とセカンド・ユニット・ディレクターも務める。主な参加作品に、映画『アイアムアヒーロー』（16年）、『るろうに剣心』シリーズ、『GANTZ』二部作など。

——『大怪獣バトル ウルトラ銀河伝説 THE MOVIE』で、ゼロを演じることとなった経緯は?

大西　坂本（浩一）監督と一緒に仕事をしていた時、ウルトラマンベリアルを演じた岩上（弘数）さんも同じ現場にいて、一緒に新作についての話を聞いた覚えがあります。最初は岩上さんがヒーローで僕が悪者だと聞いていたのですが、企画が進んでいくなかで僕がゼロ、岩上さんがベリアルを演じることになりました。

——ゼロを演じるにあたり、どのような部分に重点を置かれましたか?

大西　大胆で型破りなゼロというキャラクターを演じるうえで、今までのウルトラヒーロー像からどれだけ遠くまで離れられるかは考えました。ゼロのベースを作る段階では〝ウルトラヒーロー〟とは考えず、台本のなかで感じた人格を、自分のなかにあるヒーロー像で表現することを意識しています。長い時間をかけてシリーズのなかで積み上げられてきたウルトラヒーローの象徴的な所作などは、できるだけ排除しようとしていたのは記憶しています。

——最初にゼロのビジュアルを目にした際の、率直な感想は?

大西　ただ純粋に「カッコいい」と。かなり攻撃的な見た目で、それがゼロのキャラクターの方向性に、大きく作用したのは間違いありません。

——代表作のひとつ『牙狼〈GARO〉』で演じられたヒーローと比べて、ゼロのスーツはいかがでしたか?

大西　動きやすかったです。とはいえ、やはりウェットスーツ生地の衣裳は息苦しかったり、また良好とは言えない視界のなかでの全編グリーンバック撮影でしたので、たまに周囲を見失ったりはしました。

——完成映像を観て「ここは上手くいった!」と思えるシーンは?

大西　アクションで言えば、後半のゼロ無双は、やはり気持ちよかったです。ゼロではないのですが、僕が演じたウルトラの父VSベリアルも、個人的に好きなアクションシーンのひとつです。

——アクションなどで師匠のウルトラマンレオを意識した箇所は?

大西　レオはかなり意識しました。構え方や技、戦い方などにレオを感じられるよう、坂本監督とも色々と話をして作り上げていきました。ただ……きっとゼロは優等生ではなかったはずなので(笑)、模範生というよりは、少しはみ出した感じも意識して、最終的にあのようなスタイルになりました。

——撮影中、坂本監督とのやり取りで印象に残っていることは?

大西　坂本監督は特撮ヒーローに対する造詣がとても深く、その愛情や熱量などに毎回圧倒されるのですが、『ウルトラ銀河伝説』でも作中の様々な場面で、愛あるゆえの難しいオーダーが多かったです。ただ最初に、坂本監督とゼロの方向性の話をした時、ほんの短いやり取りのなかで決まったのには少し驚きました。こちらの考えが監督のイメージに近かったのか、またある程度こちらに任せていただけたのか。もちろん随所に監督の演出が入りましたので、その結果、ゼロというキャラクターがこれほど愛されるものになったのは間違いありません。

——宿敵のベリアルを演じた岩上弘数さんとのエピソードは?

大西　岩上さんとはゼロVSベリアルとしてずっと戦っていましたが、他にも先ほどお話したウルトラの父VSベリアルや、レオとテクターギア・ゼロの師弟関係、セブンとゼロの親子関係など、色々な関係性のなかでお互いにキャラクターを演じており、それぞれに思い入れがあります。印象に残るシーンは、ラストでのゼロとセブンが抱き合う場面ですが、じつはあれ、初日に撮影されたもので、まだ少しフワッとした気持ちで最初のテイクを撮った覚えがあります。あとは……とにかく岩上さんとは戦いましたね、イヤというくらい(笑)。テクターギアの時なんか、師匠に暴言吐きまくりで(笑)、思い出すだけでも息があがります。

——ゼロ以外にも多くのキャラを演じたほか、太古のウルトラ一族として顔出し出演もされていますよね?

大西　今作品では本当に色々なキャラクターをやらせていただきました。ウルトラマンメビウスは『ウルトラマンメビウス外伝 ゴーストリバース』からの流れもあるので、思い入れは強いですね。顔出し出演は……まぁ思い出ということで(笑)。基本的にゼロとメビウスを演じているので、あまり怪獣や星人を演る機会はなかったのですが、怪獣墓場でのレイモン戦の時のマグマ星人役は、楽しかった記憶があります。現場で他の星人仲間とワイワイやっていたのを覚えていますね。あとは、カプセル怪獣のウインダム。僕があの映画で演った怪獣は、それくらいでしょうか。

——声を担当された宮野真守さんについては?

大西　最初にゼロの声を聞いたのは完成試写の時で、想像以上にカッコよかったです。ゼロに対して撮影中はまだ「自身が演じているゼロ」という感覚が少し残っているのですが、宮野さんの声のゼロを見て「目の前にゼロが本当にいる」という衝撃を受けました。

——ウルトラマンゼロは、どんな位置付けの存在ですか?

大西　色々な作品に関わってきましたが、ゼロのように、何もないところから作り上げていくという機会は、あまりありません。長いウルトラ作品の歴史の一部にゼロとして関われたことは、大きな自信にもなりましたし、今後ヒーローを演じる上で、自分のなかのひとつの指針となっていくことに間違いはありませんね。

Zero's Suit Actor Interview

岩田栄慶

［ウルトラマンゼロ役］

『ウルトラマンギンガS』のウルトラマンビクトリー以降、ニュージェレネーションを様々なアプローチで演じ注目を集めているスーツアクターの岩田栄慶。その前史として、長く演じてきたウルトラマンゼロの存在もまた忘れることができない。多彩な引き出しと役柄への思いを込めて演じ切ったウルトラマンゼロについて、10年を経た今、出演した作品の数々を回顧する——。

取材・構成◎トヨタトモヒサ

ゼロに命を吹き込み育て発展させていく

——岩田さんはウルトラマンゼロのデビュー作『大怪獣バトル ウルトラ銀河伝説 THE MOVIE』にも出演されていますね。

岩田　現場に行ったのは1日だけで、内容も知らないまま、与えられたシーンを演っただけなんですけど、それまでのミニチュアセットから全編グリーンバック撮影になり、まぁカルチャーショックでした（笑）。当日はベリアルと大勢のウルトラマンが戦う場面で、自分もそのなかの1体を演じたのですが、その時点でゼロの姿は見ていなかったし、まさか自分が後に演じるとは、当時は思ってもみませんでした。

——ゼロのオファーを受けた際のお気持ちは？

岩田　まず、映像で演じる前にアトラクションステージでゼロをやったんですよ。『ウルトラマンネクサス』からのキャリアを通じ、自分のなかである程度ウルトラマンが固まっていただけに、ゼロはかなり異質の存在でした。ゼロのキャラを踏襲しつつ、自分が抱くウルトラマンの魅力を吹き込もうと考えました。

——ステージを経て演じることとなった、『ウルトラ銀河伝説外伝 ウルトラマンゼロVSダークロプスゼロ』と『ウルトラマンゼロ THE MOVIE 超決戦！ベリアル銀河帝国』でのエピソードをお聞かせください。

岩田　撮影は『VSダークロプスゼロ』が先で、最初のカットは今でも鮮明ですね。メカゴモラに飛び蹴りを食らわしてから着地して「お前の相手はこの俺だ！」と言って立ち上がり、自分の顔を親指で差すカットです。撮影の前に、おか（ひでき）監督からは「岩田ゼロはどうするのか、見せてくれ」と言われたんですけど、面白がって僕を焚きつけたんでしょうね（笑）。あれがゼロに命を吹き込んだ瞬間でした。

——ゼロのスーツについては？

岩田　ちょうど、この前後からスーツの造形スタッフさんに変更があったのですが、やはりノウハウがどこにもないものなので、視界、可動、スーツを着た状態での痛み……全てにおいてキツいものでした。しかも『VSダークロプスゼロ』は採寸したスーツが間に合わず、『ウルトラ銀河伝説』に使用したスーツで撮影していたんです。今も造形スタッフさんたちに意見を求められる時は、当時のゼロのスーツの話をするくらいです（笑）。ニュージェネレーションヒーローズのスーツは、だいぶ良くなりましたからね。

——冒頭、ニセウルトラ兄弟とのバトルでは、連続バク転が華麗に披露されていたので、とてもそんな風には思いませんでした。

岩田　あれはテストで上手くいかず、当初の予定から変更のあったシーンなんです。スーツなしで試すと、当初のアクションも上手くいったんですけどねぇ。

——ウルトラマンレオとの共闘シーンでは、片手側転蹴りを披露されています。

岩田　ブレイクダンスで言うところのマックスというトリッキーな技ですね。ゼロがああいうアクションをやり出した走りだったんじゃないでしょうか。レオと色分けしたほうがお互い魅力的に映ると思い、僕から殺陣師の岡野弘之さんに提案したんです。宇宙ではなく、周囲にミニチュアセットがある地球が舞台だったら、やっていなかったと思います。

——ゼロのキャラクターを体現できたと思うシーンはありますか？

岩田　ニセウルトラマンとニセウルトラセブンとの戦いですね。巨大な岩壁を背にして追い詰められたゼロが、余裕ぶる仕草を入れた後、地面をバーンと叩きつけて、土砂が巻き上がった瞬間、飛んで逃げるくだりがありましたが、これは当日の朝、おか監督から「追い詰められて空中戦に至るまでに、何かきっかけが欲しい」と言われて、ニセ側を演じていた寺井大介さんと福田大助さんの3人で話し合い、いくつかアイデアを出し、実際に演じてプレゼンしたんですよ。僕たちアクターからの提案でシーンが生まれることって、従来のウルトラにはなかった作り方で、こういうフットワークの軽さは、後の『ウルトラマンR／B』にも繋がっていきました。

——お馴染みの決めポーズを踏襲する上では、いかがでしたか？

岩田　『ウルトラ銀河伝説』で大西（雅樹）さんがやられていたポーズと『VSダークロプスゼロ』からのゼロでは、少し構えが違うんです。大西さんは突き出した二本指を立てた感じで、レオのイメージが入っていたけど、自分は中国武術に寄せています。エメリウムスラッシュを撃つ際の左手も、ウルトラセブンのエメリウム光線と同じ脇の下から、腰元まで下げるようにしていて、それも中国武術のイメージですね。

——『ベリアル銀河帝国』は映画ということもあり、意気込みも大きかったのでは？

岩田　『VSダークロプスゼロ』が弾みになったのは間違いないのですが、「自分なら（ゼロは）こう演る」というカウンターとしてのイメージが強くありました。自分のなかでゼロが決定的に確立したのは、やっぱり『ベリアル銀河帝国』ですね。自分専用のスーツもできて、ここからゼロを育て発展させていくという風に意識が大きく変わりました。

——初めての人間の姿である、ラン役の小柳友さんと擦り合わせた部分などは？

岩田　ゼロが口元を拭う仕草が僕のなかで完成していて、小柳くんには

自分自身の物語を超えて、「先輩」として成長していく。僕が演じたゼロの集大成は『ゼロファイト』になります。

「タイミングがあれば、やってみたほうがいいかも」と伝えました。僕と宮野真守さんとの間で既に出来上がっていたなかに小柳くんが入るのは難しかったと思います。でも彼はすごく気のいいヤツで、「ゼロが選びたくなる男」の雰囲気を持っていましたよね。

――グレンファイヤー、ミラーナイト、ジャンボットと、ゼロが新たな仲間と出会いました。

岩田　面白かったですね。グレンの寺井さんは先輩、ミラーナイトの力丸佳大とジャンボットの福島龍成は後輩と、実際に演じたのも気心の知れた仲間だったので、役柄とアクターのバランスが上手い具合に出たと思います。

――アークベリアルとのクライマックス前、カイザーベリアルとの戦闘シーンがありましたが。

岩田　僕がベリアルと正式に戦った、初めての場面です。因縁に終止符を打つ、という思いで撮影に臨みました。ベリアルのアクターの末永（博志）は、本当に周囲から愛されるタイプで（笑）、役柄と役者の立ち位置が真逆みたいなところがあるんですよ。撮影では末永が恐怖や脅威を表現するけど、逆に現実では僕のほうが暴れん坊で好き勝手にやるタイプ（一同笑）。面白いものですよね。でも、だからこそ噛み合ったと思うんです。現在、彼は現役を退いたけど、末永にしかないベリアルだったし、彼と演じた戦いはすごく好きなシーンですね。

――本作もグリーンバック撮影がかなりのウエイトを占めていましたが、戸惑うことはありませんでしたか？

岩田　特撮って、ミニチュアだろうがグリーンバックだろうが、基本的にはイメージ芝居になるので。実際に手から光線が出るわけでもないし、シュワッチと飛べるわけでもないという意味では、困惑はありませんでした。ただ、こういった作品が作られるのは、ゼロが主役の間だけだろうなとは、当時から思っていました。もし地球が舞台のミニチュア特撮作品だったら、ゼロというキャラクターは誕生し得なかったとも思いますしね。

インナースペースにおける ゼロの魅力の抽出

――続く『ウルトラマンゼロ外伝 キラー ザ ビートスター』と『ウルトラマンサーガ』でも、岩田さんがゼロを演じています。

岩田　『キラー ザ ビートスター』は、いくら撮っても終わりが見えない、僕のキャリアのなかでも、かなり長丁場になりました。逆にああなると、お祭り騒ぎじゃないけど、どこか楽しんでいた自分がいましたね（笑）。

――ビートスターとの一騎打ちでは、パワー押しでゼロが苦戦する様が描かれていました。

岩田　ビートスターは憎むべき絶対悪じゃないと思ったんです。最後に「怖かった」と恐怖心に駆られて行動していたことが描かれていましたよね。ゼロがそんなビートスターを一切の迷いなく倒すかといったら、しないだろうし、分かりあえるなら許してあげたかっただろう。その思いをアベ（ユーイチ）監督に話したら、完成映像ではカットとなったんですが、最後に片腕を持ってゼロが「バカヤロー！」と叫ぶシーンを撮ってくれたんですよ。

――『サーガ』ではDAIGOさんが演じたタイガ・ノゾムとの、コミカルな掛け合いが見どころのひとつでしたね。

岩田　クライマックスで新ヒーローのウルトラマンサーガ登場が控えているぶん、前半でゼロの魅力を出せると思ったし、ニュージェネ以降でいうインナースペースの場面は、特に遊びましたね。タイガに「俺と戦え」とウルトラゼロアイを出したものの、すぐ拒否されてしまい、「うそーっ!?」と言う場面があったと思いますが、じつは撮影では僕がアドリブで「ええっ!?」と言っていまして、そこにアフレコで宮野くんが「うそーっ!?」を入れてくれたんです。撮影ではおか監督が「ええっ!?」を面白がってくれて「〝ええっ!?〟のパターンをいくつかください」と言われて、色々とやりましたね。そういう演技も、ゼロならではだと思います。

――インナースペースの場面ですと、コミカルな掛け合いばかりでなく、過去のトラウマで取り乱したタイガに対し、ゼロが腕を組んだまま、じっと見守るのも、とても良いシーンでした。

岩田　絶対に迷わないゼロだけど、葛藤するタイガのことも理解していて、そこは押すわけでも引くわけでもなく、見守るスタンスなんですよね。もともとタイガが自らの命を投げ捨てて子供を助けようとする瞬間を目の当たりしていて、ゼロは彼を見出したわけだから、タイガには強さがあるはずだと信じている。だから彼が立ち直るのを、ずっと待っていたわけです。あそこは2人の関係性を考え、必然的にああいう芝居になりました。

――クライマックスで登場するサーガは、ゼロにウルトラマンダイナとウルトラマンコスモスが融合した戦士ですが、こちらも岩田さんが演じられていますね。

岩田　サーガは、今でもとても好きなウルトラマンです。劇中、トラメガを持ったヒロインが「聞こえる？ー」「左へ走れ、ウルトラマン！ー」と言うと、サーガがその通りに走り、彼女が喜ぶじゃないですか。

――秋元才加さん演じるアンナが、爆弾を仕掛けた箇所にハイパーゼットンを誘導するくだりですよね。

岩田　あれ、ゼロだったら「おお、分かったぜ！」と、簡単ですよ（笑）。あのシーンは人間とウルトラマンが繋がること自体の感動があるわけです。サーガは掴みどころがない外見だし、思考も分からないけど、それこそがウルトラマンの魅力だと思うんです。

――神秘的かつ威厳があり、ウルトラマンとしての原点回帰が感じられましたね。

岩田　正直、再登場の機会も少ないため、あまり印象に残っていない方も多いかもしれませんが、それはそれで構わないと思うんです。10年経って忘れられても、当時、観てくれた人がいるのは事実だし、自分のなかには確かな信念の元、戦った記憶がある。僕のなかでは完結しているし、実際、今後もそうそう登場することはないと思うけど、大事なウルトラマンのひとりですね。

『ウルトラゼロファイト』第二部より、ゼロの絶望を表現する精神世界の撮影現場スチール。

ゼロとしての代表作は『ゼロファイト』！

――続いての映像作品は『ウルトラゼロファイト』です。

岩田　ここに来て言いますけど、あれこそがゼロ、ですね。『ベリアル銀河帝国』は、ウルティメイトフォースゼロも含めてのゼロだったし、『サーガ』はダイナとコスモスのいる物語だし、ゼロ自身が看板を背負った作品と言えば、やっぱり『ゼロファイト』だと思うんです。特に第二部（「輝きのゼロ」）が印象的で、死んで魂と化したベリアルが、アーマードダークネスを借りて登場しましたが、最初からゼロの体を乗っ取るのが目的だったわけですよね。ゼロの肉体にベリアルの魂が入り、最強の敵として立ちはだかり、ウルティメイトフォースゼロの仲間たちを皆殺しに……。いや、あれはベリアルも考えたなって思いました。

――そのゼロダークネスも岩田さんが演じられていますね。

岩田　魂がベリアルなわけですから、完全にゼロを忘れて演じました。逆に末永に「今度、僕がベリアルをやることになったんだけど、話を聞かせ欲しい」と言ったのを覚えています。あと、グレンファイヤーを斬った後、物珍しそうに手にしていたゼロスラッガーを見るという芝居をやったんですが、あそこはアベ監督と「切った後、どうする?」と、小1時間くらい話して決めました。ベリアルにとってゼロの体は初めて使うわけだから「面白いな」と興味を持っただろうなと考え、あのように演じてみたんです。

――ゼロダークネスを演じる一方、精神世界でのゼロの場面は?

岩田　あれがゼロの歴史のなかで、唯一の絶望ですよね。背後にウルティメイトフォースゼロが現れて、グレンファイヤーが「俺たちはお前を信じて託せるから先に行けるんだぜ」と言うくだりがありましたが、あそこがいいんですよ。最後、4人が「すすめ！ウルトラマンゼロ」と言って去って行くのも、5人の関係性を象徴していたと思います。すべてを乗り越えて登場するシャイニングゼロは、自分のなかでも特別な存在ですね。それまでのゼロは「自分自身の物語」を突き進んでいました。ですが彼は、この戦いで仲間を失い、その思いを背負って戦い抜くことを覚悟し、そして絶望の淵から立ち上がりました。この経験を通して、これまでの「自分自身の物語」から一人立ちし、本当の戦士に成長することができたのだと思います。そして今度は先輩格として、後輩を引っ張っていく。そういう意味でも、僕が演じたゼロの集大成、代表作は『ゼロファイト』になります。

――『ウルトラマンX』以降、岩田さんは主役ウルトラマン役にシフトします。

岩田　『劇場版 ウルトラマンギンガS 決戦！ウルトラ10勇士!!』や、『X』のゲスト回（第5話「イージス光る時」）では、半分以上、僕がゼロを演じたけど、あれが最後になるのかな。

――『ウルトラマンジード』など、近年は岡部暁さんがゼロを演じていますが、何かご助言などは?

岩田　本人が内面から作り出す部分が大事だし、ゼロ ビヨンドも含め、彼のゼロなので、特に僕からアドバイスするようなことはありません。逆に一緒に芝居をする上で、僕の隣にゼロがいるわけですよね。そこで常に意識しているのは、「ゼロは何を言おうとしているのか?」ということです。彼の声を聞く感度、アンテナは強く持っているつもりで、自分でも「ゼロの声はホントによく聞こえるな」って思っています。

――最新作の『ウルトラマンZ』にもゼロが登場します。10年以上も続くゼロ人気、どう思われますか?

岩田　ゼロは口や態度は悪いし、軽口を叩いたりするけど、そういうところに自己投影している人もいるんじゃないかと思うんですよ。ゼロはある意味〝ロックスター〟のような存在なので、彼はロックスターって本当は、ファンがそれぞれ欲しているものに応えているだけなんですよ。ゼロも別に自分を主張しているわけではなく、みんなが待ち望んでいるから出て行くだけ。そこに時代が映し出されているような気がします。人それぞれに悩みや葛藤があるなか、ゼロはみんなの声を聞いて代弁してあげているんじゃないかなって。

――最後に今一度、ウルトラマンゼロへのメッセージを。

岩田　僕のキャリアを語る上で欠かせない男ですよね。「ゼロを見ていると貴方に見える」「貴方を見るとゼロに見える」と言われるくらい、近しい存在でしたから。ゼロには自分を見るような思いがある、とても愛しい存在です。これからも変わらずに生き続けてほしいと思います。

いわた ひでよし:1980年8月28日生まれ、山形県出身。円谷プロ専属アクションチームであるキャスタッフに所属。ヒーローショーでの活動を経て、寺井大介と共に『ウルトラマンネクサス』『ウルトラマンマックス』で主役ウルトラマンを演じて以降、テレビシリーズ、映画、ステージを問わず、様々なキャラクターを演じている。また『ウルトラマンジード』でのシャドー星人ゼナなど、顔出しでの出演作品も。最新作は2020年放送スタートの『ウルトラマンZ』。

CREATION of ZERO
ゼロを創りし者たち

Zero's Staff Interview_01

坂本浩一

［監督］

『大怪獣バトル ウルトラ銀河伝説 THE MOVIE』の監督として、ウルトラマンゼロとウルトラマンベリアルの登場第1作を演出した坂本浩一。それから10年――様々な作品でゼロの成長に関わり、かつ『ウルトラマンジード』ではベリアルの最期を描き切った。そして、最新作『ウルトラマンZ』においてもゼロの登場回を担当。まさにゼロの歴史を作り上げてきた立役者が、その担当作を振り返り、稀代のヒーロー・ウルトラマンゼロの魅力を紐解く。

取材・構成◎ガイガン山崎　協力◎三浦大輔

とにかく強い！ちょい不良ヒーロー ゼロの誕生秘話

――ウルトラマンゼロがデビュー10周年を迎えたんですが、つまり坂本監督の日本での活動もまた10周年ということになりますね。

坂本　ええ。1989年に日本を出て以降、たまに帰ってきて、Vシネとかのお手伝いをすることはありましたけどね。特に監督としての活動はしていなかったので、まさに『大怪獣バトル ウルトラ銀河伝説 THE MOVIE』が、日本でほぼ初めて担当した監督作みたいな感じになると思います。ホントに感慨深いですね……。

――「新しいヒーローはウルトラセブンの息子らしい」という話が出たとき、大抵のファンは「じゃあ、母親は誰なんだ!?」となったと思うんです。当時、プロデューサーの岡部淳也さんと、ゼロの母親について話されたことは？

坂本　特に決まってなかったと思います。『ウルトラ銀河伝説』にはウルトラマンの赤ちゃん（ウルトラベビー）が出てきますし、光の国では彼らも普通の生活を送ってるんでしょうけど、そこを見せすぎるとウルトラマン特有の神格化された部分が少し薄まってしまう。例外としてウルトラマンタロウがいますけど、その息子のウルトラマンタイガにしたって、母親は明かされていませんよね。だからゼロの母親に関しても、当時から深く掘り下げる予定はなかったんじゃないかなと。

――では、自分が父親であることをセブンが黙っていた理由は？

坂本　最初に書かれたホンでは、ゼロは自分がセブンの息子であることを知ってたんですよ。でも岡部さんが、やっぱり後半で劇的に発表するのがいいんじゃないかということで、セブンとの関係を知らされずに育てられたという設定を提案されたんです。まあ、「獅子は我が子を千尋の谷に落とす」じゃないけど、セブンはゼロに精神的にも肉体的にも強くなってもらいたいと考えていたのかもしれませんね。それに、セブンの息子だと分かったうえで、ゼロがあんな風にやんちゃをしてたとすると、ちょっとドラ息子感も出てしまうじゃないですか（笑）。

――確かに。タロウとセブンでは、子育ての方針も違うんでしょうね。

坂本　タロウとタイガはね、やっぱりロイヤルファミリーみたいなものですから。ウルトラマンレオに対する修行もそうですけど、セブンって身内に対してはすごく厳しくなるタイプなのかもしれません（笑）。

――ゼロの第一印象についてもうかがえますか？

坂本　当初は「ウルトラセブンアックス」という名前で、父親と同じように身体の色も赤一色だったんですよね。ただ、2本のアイスラッガーと鋭い目つきは一貫していて、すごく斬新なデザインだなと驚きましたよ。やっぱりウルトラマンには優等生っぽいイメージがあったので、あんなふうに尖ったウルトラマンという雰囲気は新鮮でしたし、『あしたのジョー』の矢吹丈や『デビルマン』の不動明なんかの印象が重なりました。ちょっと不良っぽいんだけど、すごく熱い心を持っていて、メチャクチャ強いという。岡部さんと、ゼロもそんな感じですよねっていう話をした記憶があります。あと、イメージとして挙がっていたのが『マジンガーZ対暗黒大将軍』ですね。

――最後にメチャクチャ強い新ヒーローがやってきて、そいつがひとりで怪獣軍団を一掃してしまう流れがそっくりですね。

坂本　ウルトラマンメビウス以来の新しい主役ウルトラマンだったので、どういう出し方をすればインパクトを残せるかを考えたとき、あの映画のグレートマジンガーみたいに、ゼロの登場は溜めに溜めて、最後に出てきて美味しいところを全部持っていくような感じがいいんじゃないかということになったんです。だから、（直前までテクターギアをつけていためため）実際に素顔のゼロが画面に映ってる時間って、意外と短いんですよ。

――それにしても圧倒的な強さでした。なぜゼロは、あそこまで突出した力を手に入れられたんでしょう？

坂本　たとえば体操の世界では、昔はすごく難しいとされていた技が、今ではそれほどでもないレベルの技になっていて、もっともっと難度の高い技が編み出されてたりしてるじゃないですか。ウルトラの歴史においても、ウルトラ兄弟の時代よりもトレーニング方法や戦い方が進化してるんじゃないかと思うんです。

――別に滝の水とか切らせなくてもいいんだな、みたいなことが分かってきたと（笑）。

坂本　そうそう。いろいろと研究を重ねるうちに、ジープで追いかけ回すよりもテクターギアをつけて組手とかやったほうが効率がいいみたいだぞってことが分かってきたんじゃないかな（笑）。

――そのテクターギア自体、坂本監督が提案されたものだったと聞いたことがあります。

坂本　『巨人の星』の大リーグボール養成ギプスとか『リングにかけろ』のパワーリストやパワーアンクルじゃないですけど、そういう足かせを加えることで強くなるのが面白いと思ったんです。あと、師匠としてレオ兄弟が出てくるというのも僕の提案ですね。当初は、光の国を追放されたあと、どこかの星の砂嵐のなかひとり修行してる感じでした。ちなみにセブンの息子であるレオが、セブンの息子を鍛え上げるというのは、僕の大好きなカンフー映画の王道パ

いつまでも不良なだけではいられない。それでもどこか野性味を失わないのがゼロの魅力だと思います。

ターンをなぞったものです。

――今となっては弟子みたいな後輩が大勢いるゼロですけど、それもこれもレオとの師弟関係があったからこその展開ですよね。

坂本　僕の隠れた計画ではあったんですけど（笑）、きっちり体育会系ウルトラマンの系譜ができあがってしまいました。なんか、今の感覚で観直してみると、『ウルトラ銀河伝説』のころのゼロは、本当に口も態度も悪いんですよね（笑）。でもそれが『ウルトラマンゼロ THE MOVIE 超決戦！ベリアル銀河帝国』や『ウルトラマンサーガ』、『ウルトラゼロファイト』などを経て成長してきた。いろんな人間との交流を通して学び、変わってきてるんです。やっぱりいつまでも不良なだけではいられない。矢吹丈だって、最初こそ少年院とかに入れられてましたけど、世界タイトルマッチに挑むころには、ある程度の社会性も出てきたわけで、ゼロだって大人になってきてるのかな。ただ、それでもどこか野性味を失わないところがゼロの魅力でもあると思うので、僕が撮るときは昔の不良っぽさが少し戻ってる瞬間があるかもしれません（笑）。

――矢吹丈も野性味がなくなってきたら、本物の野生児ハリマオと戦わされたりしてましたからね。

坂本　だからゼロにとって、僕はハリマオを連れてきた白木葉子みたいな存在ですね（笑）。やっぱり『サーガ』のときにユーモラスなシーンがいっぱい出てきて、お子さんに親近感を持ってもらいやすくなったような気がします。強くて怖いだけじゃなく、楽しいところもあるんだなと。あと、『ウルトラマン列伝』でナビゲーターを務めていたのも大きかったでしょうね。僕も観ていて、段々とゼロというキャラクターが浸透してきて、みんなから憧れてもらえるお兄さん的な存在になっていくのが嬉しかったですよ。

特訓、特訓、特訓！ 頼れる兄貴分のゼロ

――久しぶりにゼロを撮られたのが、『劇場版 ウルトラマンギンガS 決戦！ウルトラ10勇士!!』です。主役はウルトラマンギンガなのに、それでも最強戦士の座は譲ってないというところがゼロらしいなと。

坂本　ゼロが助けに来ると、ちょっと安心する部分がありますよね。彼がいれば大丈夫だ、みたいな雰囲気がある。またカンフー映画の話になっちゃいますが、ジャッキー・チェンやユン・ピョウが単独主演してる映画でも、兄弟子のサモ・ハン・キンポーがいいポジションで出てきたりするじゃないですか。サモ・ハンがいると安心するし、彼がグンッと構えているからこそ落ち着いて観ていられる。ゼロにも、そういうポジションが与えられたらいいなと思ったんです。それに『ウルトラマンギンガS』の映画ではあるけれど、やっぱり玩具のセールスも含めて、強くてカッコいいゼロというのは重要なポイントで、円谷プロさんの方針としても、彼の登場と活躍を大きな目玉にしたいという感じはありました。そこでゼロを師匠ポジションにすれば、主役の出番を食いすぎることなく、強さも維持することができるんじゃないかと考えたわけです。新人をビシビシ鍛えつつ、最後の一番美味しいところは譲るという。

――とはいえ、エタルダミーであるウルトラマンベリアルとの再対決が用意されていて、さらにタイプチェンジに次ぐタイプチェンジというゴージャスな見せ場もありました。

坂本　タイプチェンジは、平成ウルトラマンの大きな魅力のひとつですからね。僕の場合、ほかのヒーロー番組でも結構やりがちですが（笑）、やっぱりあれがあるとアクションの構成にバラエティ感が出ますし、お子さんたちもフレッシュな気持ちで観続けることができるので、もう出し惜しみなく思いっきりやりたいと考えてます。もちろん、現場は大変ですよ。次から次へとスーツチェンジしないといけないから、ファッションショーみたいなことになっています（笑）。

『大怪獣バトル ウルトラ銀河伝説 THE MOVIE』にて、雌雄を決するゼロとベリアル。すべてはここから始まった。

――坂本監督作品といえば連続チェンジ！　という印象を抱いている特撮ファンも多いかと思いますが、『ウルトラ銀河伝説』のときのウルトラマンダイナは、チェンジしなかったですよね。

坂本　彼だけ別次元からやってきてる設定なので、その特徴をチェンジで見せるという選択肢もあったとは思うんですけど、当時はゼロとベリアルの描写に重点を置くべきだなと考えたんです。あと、どうしても使い続けていないとスーツは縮んできてしまうものなので、基本のタイプ以外は用意できないことが多いんですよ。やっぱりひとつの作品のためだけに作り直すことはできないので、「これはもう使えないよ」なんて言われたものを無理やり引っ張り出してきて、ほんの短いシーンだけ撮らせてもらったりしてたんですね。ただ、『ウルトラ10勇士』のときに連続チェンジをやらせていただいたお陰で、昔のスーツをまた使うっていう流れができあがって、これ以降は結構やらせていただけるようになりました。おそらくまた使うことになるから取っておこう、みたいな雰囲気になってるのかもしれない(笑)。そういう意味では、10年前とはまた現場の考え方も少し変わってきてますね。

――ギンガ繋がりですと、『ウルトラファイトビクトリー』も撮られてますよね。こちらにゼロは登場しないんですが、『ファイトビクトリー』の開始と同時に、『新ウルトラマン列伝』のオープニングが切り替わります。こちらの新撮映像などにも関わってらっしゃるんですか？

坂本　いえ、『列伝』には『列伝』のスタッフがいて、彼らが新撮映像も担当しています。VISTAという制作会社で、そこの村上（裕介）さんという優秀なディレクターが撮っていたはずですよ。

――そうでしたか。レギオノイド相手に、ゼロが寸勁を決めるカットがあって、その技のチョイスに坂本監督の考えが反映されてるのかなと思ったんです。

『劇場版 ウルトラマンギンガS 決戦！ウルトラ10勇士!!』で超時空魔神エタルガーと戦うウルティメイトゼロ。

坂本　なるほど（笑）。村上さんは、この間のユニクロとのコラボCMも撮られてるんですが、「坂本監督の真似してるって言われちゃいましたよ」と苦笑してました。彼は『ファイト』系の作品でも演出補佐や編集を担当してくれていて、それだけいつも一緒にやってたら、どこか似てきちゃいますよね（笑）。あと、『列伝』の新撮映像に関しては、プロデューサーの岡崎（聖）さんの意向も強く反映されてると思います。

――そして、『ウルトラマンX』にもゼロがゲスト出演します。敵はナックル星人とブラックキングでしたが、どうしてこの2体を？

坂本　新規怪獣のスーツを作れる回数は決まっているので、そうじゃない回のときには、怪獣倉庫に眠っている怪獣リストを見せてもらって、そこから話に合うものを選ぶんです。このときはウルトラマンエックスに加えてゼロもいるので、怪獣が2体は必要だなと。で、『帰ってきたウルトラマン』でブラックキングが出てきたときの夕陽の戦いがすごく好きなんですよ。夕焼けはシチュエーション的にもカッコいいですし、当時以来のタッグを組ませて戦わせてみたいなと思ったんです。今のナックル星人のスーツは、当時のものとは少しデザインが違ってるんですが、そこはこだわりで元の顔に戻してもらいました（笑）。そのくらいの改造ならと承諾してもらったんですよ。まあ、要するに自分の好みと諸々の条件を含めて、彼らがピッタリ合ったという感じですかね。

――ナックル星人バンデロは、西部劇の悪役っぽい味付けが面白かったです。

坂本　夕陽の決闘から逆算してのウエスタンキャラですね。『夕陽のガンマン』じゃないですけど、ウエスタンといえば夕陽じゃないですか。ゼロスラッガーで斬られた際のシルエットも、サム・ライミの『クイック&デッド』でジーン・ハックマンが撃たれた時、自分の影に穴が空いていたシーンのオマージュで（笑）。

――横っ跳びしながらのエメリウムスラッシュと光線銃の撃ち合いとか、ウルトラマンシリーズではなかなかお目にかかれない画ですよね。

坂本　ほかのヒーロー番組でもご一緒してる日本映像クリエイティブさんが合成を担当されてるんですが、彼らとは色々な地球の平和を一緒に守ってきた仲ですから、今までのウルトラマンではできなかった、やらなかったカットを増やしていきたいですねという話をよくするんです。合成関連でいえばデジタルで背景を作って動かしたりするのもそうですし、それ以外にもオープン撮影で格闘戦やナパーム爆破を多用するというのも、これまでにない画をやろうという発想から出てきたものです。

――ウルトラヒーローや怪獣よりも大きな爆発は、坂本監督ならではの画という感じがします。

坂本　ハハハ。でも実際のコンビナートで起きた事故とか戦争の映像を観たりすると、とんでもなくデカい爆発をしてたりするじゃないですか。

――まあ、怪獣の身体には火炎ぶくろとかオイルぶくろも入ってますしね（笑）。

坂本　それにあれだけの質量のものだから、爆発の規模も大きくなるんじゃないかと思うんですよ。まあ、あれだけ大きい爆破となると、確かに僕しかやってないかもしれませんが（笑）。

――あと、この回はルイルイ（防衛隊Xioの高田ルイ）の「ゼロ様～！」も印象的です。現実でもゼロは、女性人気が高いですよね。

坂本　そうなんですよ。宮野（真守）くんのお陰もあって、女性のファンがすごく増えてきてるんです。僕も毎年、ウルトラマンフェスティバルやウルトラヒーローズEXPOには行くようにしてるんですが、「ウルトラショット」でゼロが出てくると女性ファンからの声援がすごくて、いつも長い列ができるんですよ。それに影響されてか、このあたりからゼロのイケメンキャラが定着してきた気がします。

――イケメンキャラ、最強キャラ、特訓キャラと、ゼロにはいろんな顔がありますね。『ウルトラファイトオーブ』では、元祖特訓キャラのセブンとふたり掛かりでウルトラマンオーブを特訓します。

坂本　もともと『ファイトオーブ』は、オーブ エメリウムスラッガーとライトニングアタッカーを映像に初めて出すというところから始まった企画だったんです。で、エメリウムスラッガーをやるならば、やっぱりゼロとセブンは欠かせないだろうと。そこにはもちろん、人気キャラを出して盛り上げようという円谷プロさんやバンダイさんの思いもあります。『ウルトラマンオーブ』本編には、ゼロの出番がなかったものの、これでギンガ、ウルトラマンビクトリー、エックス、オーブと、ニュージェネレーション全員の成長に一役買っていることになり、ゼロの先輩としての立ち位置が継続できてよかったなと思いましたね。

――『ファイトオーブ』のラスト、オーブとの戦いに敗れたレイバトスがウルトラマンジードにとどめを刺されますが、『ウルトラマンジード』本編では、ベリアルがとどめを刺したことになっていました。『ファイトオーブ』のとき、ベリアルがとどめを刺すバージョンも撮っていたということでしょうか?

坂本　いえ、あれは改めて撮ったものですね。実は『ファイト』シリーズの映像は、テレビシリーズ本編には使えないし、逆にテレビシリーズの映像も『ファイト』シリーズに使えないんですよ。似たような事情で、『ジード』最終回に出てくるベリアルの過去……プラズマスパーク・エネルギーコアを盗むくだりとか、レイブラッド星人に乗っ取られるくだりも、『ウルトラ銀河伝説』のものじゃなくて、再度撮り直したものなんです。これは製作上の足かせといえば足かせなんですが、僕的には『あしたのジョー2』で（すでに前作『あしたのジョー』で描かれている）力石徹やカーロス・リベラとの戦いを改めて描き直したのと同じような気持ちで、楽しんで撮りました（笑）。

ジードとゼロの成長 そしてベリアルとの決着

――『ジード』は、ゼロとともにウルトラマンシリーズを盛り上げてきたベリアルが、ついに引導を渡される物語でもありました。因縁の相手であるゼロではなく、主人公のジードがとどめを刺すというのは、当然の展開でありながら、非常に難しい部分でもありますね。

坂本　どういう流れならば、ファンの皆さんを納得させることができるか、そこがいちばん頭を悩ませたところでしたね。僕自身、やっぱり納得したかったですから。ただ、ベリアルが生き残るという展開は、最初からなかったです。ジードの成長物語である以上、きちんと親父は乗り越えなくちゃいけない。だから円谷プロさんにも「ここで一旦、ベリアルの物語を終わらせたいんです」という話をして、快く了承していただきました。

――地球にやってきたゼロが、気弱なサラリーマンの身体を借りるというアイデアは、シリーズ構成の安達寛高（乙一）さんから出たものだったとか?

坂本　はい。ゼロと同じような性格の人間と合体しても話の膨らみが減ってしまうし、レイトみたいに真逆の人間と組ませたほうが面白いだろうなと僕も思いましたしね。

――『スーパーマン』に先祖返りしたような設定ですよね。クラーク・ケントの頼りなさは演技、レイトの場合は天然というところが違いますけど。

坂本　メガネを取ると強くなるっていうのも、まさにクラーク・ケントですよね。あと、僕は作品の終わりをなんとなく見据えて、そこから逆算して話を作っていくのが好きなんですけど、ゼロが家族持ちに乗り移ることが決まった時点で、最終回の1コ前の遊園地でお別れするシーンが思い浮かんだんです。要するに『ジード』って、ゼロとレイトが一緒に成長する物語でもあるんですよ。最初は情けなかったレイトが、ゼロの影響を受けて、自分で家族を支えていく強い男になっていくと同時に、ずっと硬派で生きてきたゼロも家族の温かみを知るという。人間と一体化して、その温かみに触れるっていう展開は、昭和ウルトラマンシリーズからの王道ですし、今回はそんなふうにゼロを一回り成長させてみたかったんです。そして成長したからこそ、ジードこそがベリアルと決着を付けるべきだと、彼をサポートする役目に回る。昔のゼロだったら、ジードのことなんかほっぽって、自分でベリアルを倒そうとしてたはずです（笑）。

――伊賀栗家は、ベリアル親子との対比になっていて、物語の構造としても美しかったですね。

『ウルトラマンジード』はゼロの成長を大きく促した作品だが、ジードとの親子関係においてベリアルの最期が描かれた物語でもある。

人間と一体化して、その温かみに触れる。そんなふうにゼロを一回り成長させてみたかったんです。

坂本　ジードとベリアルの血縁関係は少し捻じくれてますけど、まさに家族の物語なんですよね。そういう意味では、自分にも家族が……奥さんや子供たちがいるからこそ撮れた作品だったような気がします。

——ちなみに新たな形態、ゼロ ビヨンドの4本スラッガーは、坂本監督の要望とのことですが。

坂本　エメリウムスラッガーが3本だったので、それよりも多い4本にしていただきました(笑)。『ジード』に登場するウルトラマンは、自分の担当回以外に初登場するタイプも含めて、どんなデザインにするのか、どのウルトラマンとフュージョンして生まれるものなのか、すべて僕のほうで監修させてもらってます。

——ジードの各タイプは、わりとストレートにカッコいいデザインが多かったと思うんですが、ゼロビヨンドに関しては大胆に振り切りましたね。

坂本　ストロングコロナゼロ、ルナミラクルゼロ、シャイニングゼロ、それにウルティメイトゼロと、これまでいろんなタイプになってきたので、今さら少し色を変えたり、鎧を着せてもインパクトがないだろうなと。だから、目のアイデンティティとかは残したいけど、ほかは全部変えたほうがいいんじゃないかと思ったんです。あと、これまでのタイプチェンジは、力の大元になってるウルトラマンの意匠や雰囲気を残したものが多かったので、敢えて今回はまったく違う形にしてもらいました。4人のウルトラマンの力を得て、さらに先を行く新しい姿に生まれ変わるというイメージです。

『ウルトラマンジード』より、ゼロ ビヨンドとベリアル アトロシアスの死闘。ベリアルの最終形態がシャープにデザイン・造形されたことで、より激しいアクションが描かれた。

——これまで手を貸してきた後輩たちの力でパワーアップするという流れもよかったですね。

坂本　今度は彼らのほうがゼロに力を貸す番だろうという考えが強くありました。師匠から教わった技を、弟子たちが発展させて次に繋いでいくっていうのもカンフー映画の王道ですからね。『ジード』におけるゼロは、『ウルトラマンレオ』のときのセブンと被って見えるんです。怪我を負って、本調子じゃない状態で弟子と一緒に戦う。やっぱり親父と同じ運命を辿ってるんだなと。本当に美しい構図になったと思います。それに『レオ』当時のセブンって、一番人気と言っていいくらいファンからものすごく愛されてるキャラクターだったわけじゃないですか。ゼロもそんな存在になってくれたのかな。

10周年から先にある
ゼロの向かう未来

——『ウルトラギャラクシーファイト ニュージェネレーションヒーローズ』でのゼロは、いきなり囚われの身になってしまいます。ゼロを出すときは、いつも全力で戦えない理由を考えなきゃいけないから大変ですね。

坂本　ゼロがアクティブに行動できてしまうと、いろいろなことが結構解決できてしまいますからね（笑）。『ギャラクシーファイト』に関しては、ニュージェネレーション勢揃い映画みたいな感じがありつつ、ゼロ10周年に向けての作品でもあったので、どうしてもゼロは出さなきゃいけない。それなら一緒に捕まったウルトラウーマングリージョを守るイケメンキャラで通しつつ、これまで世話してきたニュージェネのメンバーが助けに来るという物語にすれば、熱く燃える感じもあっていいんじゃないかなと。

——ニュージェネ勢が、ゼロの力を使ったタイプに一斉チェンジするくだりを観たとき、「ゼロ、こんなに力を貸してたんだっけ!?」と思わず笑ってしまいました。

坂本　実はそうなんです(笑)。あの流れは、この企画の話を始めた時からやりたいなと思ってたところなんですよ。ゼロの力でゼロを救うっていう展開は、なんだかグッとくるじゃないですか。もちろん、最終的にはゼロも美味しいところがないと可哀想なので、その相手としてゼロダークネスを持ってきました。ゼロにとって、ウルティメイトフォースゼロを一度全滅させてしまったトラウ

坂本浩一

『ウルトラギャラクシーファイト ニュージェネレーションヒーローズ』より、ゼロとニュージェネレーション勢の豪華共演！

マの姿ですから、最終決戦の相手にふさわしいんじゃないかなと。結果、ニュージェネのみんなとゼロの活躍をうまく融合させた話にすることができたし、すごくいい機会をいただけましたね。

——しかし、坂本監督が演出されてないウルトラヒーローって、本当に片手で数えるほどしか残ってないですよね？

坂本　元々、ニュージェネレーション全員が集まった作品をやりたいとは言ってたんですが、これで『ウルトラマンR／B』のキャラクターにも関わることができましたからね。そういえば、『ギャラクシーファイト』は国内だけじゃなく、世界配信だったんですよ。日本以外の国では、ちょうど1年くらい遅れて展開されていて、まさに『R／B』が最新作として放映・配信されてる感じなので、そちらの国々では最新ウルトラマンとゼロの共演作品という部分が話題性のひとつになっていたみたいです。

——最新作といえば、『ウルトラマンZ』についても教えてください。彼はゼロの弟子なんですよね。

坂本　弟子というか、弟子を自称してるというか……(笑)。ゼロに憧れて宇宙警備隊に入って、ゼロの弟子になりたいとずっと付きまとってるウルトラマンなんです。まあ、そういう意味では、今度はゼロが自分の弟子を救う話と見ることもできるかもしれません。それにジードも出てきますよ。ただ、ジードにしろゼロにしろ、ずっと地球にいるわけじゃないんです。今回はデビルスプリンターっていう……まあゼロたちとも因縁のある〝悪の因子〟みたいなものが、宇宙中に散らばっているという設定で、宇宙警備隊が手分けして捜索・消去してるんですね。

——また随分とスケールの大きな話ですね。

坂本　で、その騒動における地球にフォーカスを当てた作品が『Z』ということになります。だから、デビルスプリンターの調査の一環で、地球にゼロやジードが訪れることもある。ゼロとジードがメインで登場する話は、僕が担当させてもらっています。

——作品の雰囲気的には、どんな感じのものになりそうですか？

坂本　基本的には、ちょっと熱血系の明るいウルトラマンを狙ってやってますね。『R／B』がコメディ系に振って、『ウルトラマンタイガ』のほうはかなりシリアスなトーンだったので、それらとはまた違う方向性を探ってる感じです。ゼットも、ゼットに変身する主人公も、バリバリ体育会系の熱血漢なので、ゼロとは相性のいい世界観だと思いますね。

——ゼロは、まだまだ活躍してくれそうですね。

坂本　これだけ人気の続くキャラクターになったというのは、本当に驚きだし、嬉しい話です。ちょっと前に宮野くんと会ったとき、「もう10年経つんだよ」「早いですよねぇ」なんて話をしましたけど、10年間でこんなに沢山の作品に出てきたウルトラマンもいないでしょう。で、そのたびに成長してきたゼロですから、今後のゼロがどんなふうに変わっていくのか、僕にもまったく分からないんです。たぶん、大人になったゼロっていうのも、今とはまた違った魅力があると思うんですよ。いつかまた、ゼロ主体の作品ができたらなと。それこそ10年後、20年後のゼロが、セブンやタロウに匹敵するような歴史的キャラクターになれるよう、彼の新しいチャレンジに自分も関わっていけたら嬉しいですね。

さかもと・こういち：1970年9月29日生まれ、東京都出身。高校卒業後に渡米、スタントマンを経て『パワーレンジャー』シリーズの主要スタッフとして長年に渡って活躍する。2009年に『大怪獣バトル ウルトラ銀河伝説 THE MOVIE』の監督を務めたのを皮切りに、日本でも精力的に活動開始。ウルトラマンシリーズだけでなく、平成ライダーシリーズ、スーパー戦隊シリーズ、宇宙刑事 NEXT GENERATIONシリーズなど、多くのヒーロー作品を手掛ける。近作に、ドラマ『モブサイコ100』（18年）、『BLACKFOX: Age of the Ninja』（19年）、『SEDAI WARS』（20年）、映画『破裏拳ポリマー』（17年）、オリジナルビデオ『スペース・スクワッド ギャバンVSデカレンジャー』（17年）など。

Zero's Staff Interview_02

アベユーイチ

［監督・脚本］

**ウルトラマンゼロの本格的な冒険第一歩ともいえる
映画『ウルトラマンゼロ THE MOVIE 超決戦！ ベリアル銀河帝国』を
手掛けた、アベユーイチ監督。ここでは『ウルトラマンゼロ外伝 キラー ザ ビートスター』と
『ウルトラゼロファイト』第二部「輝きのゼロ」という2作品を含め、
アベ監督が描いたウルティメイトフォースゼロの
キャラクターたちや、時代とともにゼロが歩んだ軌跡、
そして個々の作品の裏側に迫る。**

取材・構成◎トヨタトモヒサ

ゼロが人間を理解していく姿を描きたかった

――『ウルトラマンゼロ THE MOVIE 超決戦！ ベリアル銀河帝国』についてのお話をうかがう前に、ウルトラマンゼロのデビュー作である『大怪獣バトル ウルトラ銀河伝説 THE MOVIE』を初めて観た際の、アベ監督のご感想をお聞かせください。

アベ　今までのウルトラマンシリーズとは、まるで違う作品で衝撃的でしたね。坂本浩一さんが米国から招聘されて監督したわけですが、巨大ヒーローが等身大の人間のようなアクションをやっている印象を受けました。これが、いわゆるウルトラマンの魅力とどう繋がるのか悩んだ部分はありますが、映画自体はとても面白かったので、こういうのもアリなんだな、と。そもそもウルトラマンって、他の特撮ヒーロー作品と違って、昔から監督ごとのカラーが強く出るシリーズなので、『ウルトラ銀河伝説』はアクション要素が前面に出た作品、というわけですね。うちの妻が『ウルトラ銀河伝説』について「面白かった！」と言っていて、なんだか嫉妬しちゃいましたよ（笑）。

――その続編映画を、監督が手掛けることになった経緯は？

アベ　『ウルトラマンネクサス』でお世話になった渋谷（浩康）プロデューサーからご連絡をいただいたんです。それこそ『ネクサス』風に言うなら〝絆〟……ですよね（笑）。今までテレビシリーズに関わってきて、いずれは映画も監督したい気持ちがあったので、これはありがたいチャンスを貰えたと思いました。

――本作では、監督はもちろん、脚本も手掛けられています。

アベ　当初は別の方に書いてもらう想定で進めていました。ただ、前作と違って全編グリーンバックではなく、ロケーション撮影も前提にお話を作ることになっていて、そうなると、脚本家さんが書いて、ロケハンをして、それをまたフィードバックして……となると、時間的に間に合わないなって。それで「俺が書きますか」となったんです。ホンで全エネルギーを使い果たし、さらに撮影、そして仕上げ作業と、3つの命を削って作ったようなところがありました（笑）。

――新たなゼロの物語を構築する上ではいかがでしたか？

アベ　まずは主人公のゼロがどういうやつなのかを理解する必要があったけど、『ウルトラ銀河伝説』って思いのほか、ゼロの出番が少ない映画なんですよ。なので「ゼロを育てていくんだぞ」というのが出発点としてありました。一方、ウルトラマンベリアルは『ウルトラ銀河伝説』で一度敗北して、いかに一段上の敵として君臨するのかを探って行った感じです。

――光の国からゼロが旅立ち、様々な出会いが描かれました。

アベ　前作では人間との絡みがあまりなかったけど、ウルトラマンが我々のヒーローである以上、そこはやっぱり絡ませる必要があるだろうと思いました。ゼロと人間の出会いを描き、ゼロが人間をどう思うか、そして人間に段々と近付いて行く。それがこの作品の大きなテーマです。

――ゼロと人間の青年との融合は、前作になかった要素ですね。

アベ　人間に憑依する初代ウルトラマンタイプなのか、姿をコピーするウルトラセブンタイプなのか、どっちにするか迷ったんですよ。設定上はセブンの息子だから、モロボシ・ダンと薩摩次郎のようなバージョンも考えてはみたんですけど、最終的に初代マンタイプにしました。憑依のほうが、人間をより理解できるだろうし、ドラマチックに描けると考えまして。

――ゼロが憑依したランを演じた、小柳友さんについては？

アベ　オーディションを経て、無骨で頼れる感がありつつも、繊細なお芝居も出来る、彼に辿り着いたんですけど、まぁラン役は難しかったと思いますよ。ラン本人を演じる分には問題なかったでしょうけど、初めて人間に憑依して、徐々に人間を知って行く宇宙人なんて、普通の役柄ではまずあり得ないですから、最初は苦戦していましたね。ただ、九州ロケで、ゼロに憑依され、ナオを連れて洞窟の奥へ逃げていくという場面の撮影で、初めて彼がゼロっぽく見えたんですよ。それで俺が「ゼロだ！　ゼロだ!!」と言ったら、とても喜んでくれました。あそこがターニングポイントとなるシーンだったと思います。

――ゼロが憑依したランと弟のナオ、そしてヒロインのエメラナ姫という、3人が主軸になって物語が進みます。

アベ　異世界を描くに当たり、『火星のプリンセス』（エドガー・ライス・バローズの古典SF冒険小説）とか、昔読んで自分に染みついたSFの影響が出ていますね。『スター・ウォーズ』や『宇宙からのメッセージ』にしてもそうですが、スペースオペラ的な世界観となると、必然的にお姫様が必要になりますし、貧しいけれど頑張って何かを成し遂げる少年も加わって、エンターテイメントとして分かりやすい人間関係で、王道の物語を目指しました。

――少年といえば、ナオの存在に顕著ですが、前作に比べると、対象年齢を本来のファン層に戻した感があります。エメラナ姫も『火星のプリンセス』のような、成人した美女ではなく少女です。そこは意図していたのでしょうか？

アベ　それは『ネクサス』の経験が大きかったんです。あの作品は、割と大人向けの内容で、もちろんウルトラマンシリーズには大人のファン

も大勢いるわけですが、根本では子供のための作品でなくてはいけないんですよ。ヒーローショーを観に行くと、子どもたちが「頑張れ〜！」と応援していますよね。これは絶対に大事にしなくちゃいけないなって。それで『ネクサス』の最終回は、子供たちの目線で終わらせているんですけど、僕のなかで『ベリアル銀河帝国』は、あそこから繋がっている部分がありますね。

——現在の物語に落ち着くまでに変遷はあったのでしょうか？

アベ　先日、当時のアイデアノートを読み返したら、もともとは『ウルトラギャラクシー大怪獣バトル』シリーズの世界観がベースで、親を探して旅立った少年が女性と出会い、さらに人間態のゼロが加わり、女性がじつはベリアルの妹だった……という構想などが書かれていました。

——子供の視点と冒険譚といった部分は、完成作品にも反映されていますね。

アベ　震災前だったけれど、当時の日本はちょうどリーマンショック後で、生き方も含めて、この先が見えない、どこか悶々とした雰囲気が漂っていたんです。そんな迷走していた時期だからこそ、夢やロマンを持ち、日本から世界に出て、大きな幸せを形にしていく生き方を子供たちに提示したいという思いを投影した部分がありました。だから、光の国から旅立ったゼロが、別宇宙で問題を解決する、その生き方がカッコいいぞ、という描き方になっているんです。

『ウルトラマンゼロ THE MOVIE 超決戦！ベリアル銀河帝国』より、ウルトラセブン・ゼロ親子の2ショット。本作はグリーンバック撮影による合成主体の画作りで進められた。

全能力を傾けて作った作品でシリーズに残せたもの

——ロケを交えつつ、グリーンバック主体という前作の撮影スタイルも踏襲されていますね。

アベ　最初は『ウルトラ銀河伝説』みたいにワイヤーアクションにも挑戦したいと思ったけど、これは坂本さんじゃなければ無理だなと（笑）。翌年の『ウルトラマンサーガ』ではミニチュア特撮をやれたんだけど、当時はまだ体制が整っていなかったので、そこは少々悔やまれます。アナログの特撮には、現場での爆破などで、イレギュラーな奇跡のカットが生まれる醍醐味がありますので。やれる範囲で自分のテイストをどう構築するかを考えた結果ですね。ただ、その時点で使える、最先端の技術を導入した新しい映像は見せたいと思っていて、ゼロが別宇宙に突入する場面では、マルチバースという概念を映像化したんですが、あれは世界でも初めての試みではないでしょうか？　今観ても、クオリティが高い映像に仕上がっているし、ひとつ新しいテイストを提示できたと自負しています。

——ゼロの装備として、その後も欠かせないものになった、ウルティメイトイージスの扱いについては？

アベ　弓矢の必殺技は『ネクサス』でも、ネクサス ジュネッスブルーのアローレイ・シュトロームがあったけど、ウルティメイトゼロが放つファイナルウルティメイトゼロは、射る前にエネルギーをチャージさせることで、その間に仲間たちによる時間稼ぎという描写が入り、アイテムと物語の盛り上げを上手くシンクロさせることが出来たと思っています。

——本作でゼロを演じた、岩田栄慶さんはいかがでしたか？

アベ　ウルトラマンはご存知の通り、体幹、筋肉の流れ、ポーズの取り方などなど、アクターの動きの生理がそのまま表れるので、まさに岩田くん自身がウルトラマンゼロなんですよ。本人はすごく真面目でストイックな人物なんですが、そこにゼロのちょっとヤンキーチックな性格がブレンドされて、これがまたじつにいいオーラを放っている。だから、ゼロが微妙にふざけているような場面でも、絶対に裏切らない安心感が出るんですよね。自分も初代ウルトラマンを演じた古谷敏さんにお目にかかった際、「本当にウルトラマンだ！」って思いましたが、岩田くんとゼロもそういう関係になっていますね。

——完成した作品について、振り返って思われることは？

アベ　正直、映画で描けたのは、やりたかったことの半分くらいなんですが、自分の能力はもちろん、予算や時間、様々な要素を加味して、限界までやったつもりです。それこそ3度の命を削ったことで、確実に白髪は増えましたが（笑）、自分の全能力を傾けて作った作品だと自信を持って言うことができます。マルチバースという設定やウルティメイトフォースゼロは、その後のシリーズにも影響を与えることが出来たと思いますしね。俺の監督人生史上、頂点ともいえる作品です。

ゼロが初めて味わう完全な挫折からの復活劇

——続く『ウルトラマンゼロ外伝 キラー ザ ビートスター』は、冒頭のビートスター表面すれすれで戦うウルティメイトフォースゼロなど、ダイナミックな演出に引き込まれるものがありました。

アベ　CGの使い方も含め、おか（ひでき）さんの『ウルトラ銀河伝説外伝 ウルトラマンゼロVSダークロプスゼロ』に大きく影響を受けています。あのスピード感に魅了されたんですよ。ウルトラマンシリーズにアニメチックなテイストをあそこまで大胆に取り入れたのは、おかさんが初めてじゃないですかね。従来のウルトラマンシリーズの持ち味に、アクションをメインに据えた坂本さんのテイストと、アニメ的なおかさんのテイスト。そのなかで、自分なりのカラーを模索したのがこの作品です。

――模索した結果、本作で結実した部分を挙げるとすれば？

アベ　セットを大きくは組めないし、合成も限られているなかで、今回は煙を使ってみることにしたんです。煙を焚いてライティングすることで、ホリゾントのバックだけにせず、飽きさせない画作りを試みました。

――敵ロボットのジャンキラーがジャンナインとなり、ウルティメイトフォースゼロに新たな仲間が加わる展開も本作の大きな要素だったかと思います。

アベ　ジャンキラーが正義に目覚めるくだりでは、ミニチュアセット的な撮影の面白みも出せました。自分は生まれが山形県酒田市という田舎の港町なんですけど、映画という未知の世界に入った時点では、周囲に誰一人として理解者なんていなかったんですよ。だけど、この道を進んでいくなか、大勢の仲間を得ることができて、そういう意味では自分の人生が、そのままゼロとウルティメイトフォースゼロたちに反映されているようなところがありますね。

『ウルトラゼロファイト』第二部より、ウルティメイトフォースゼロ勢揃いのメイキングカット。

――『ウルトラゼロファイト』は、『ウルトラマン列伝』内で放送された久々の新作でしたが、監督は第二部「輝きのゼロ」を手掛けていらっしゃいますね。

アベ　まずは第一部を監督したおかさんの演出能力のすごさに感服しました。おかさんに話を聞いたら、合成もそれほど使えなかったので背景の問題が一番大きかったと。それで色々と考えていたなか、「プロジェクターの品質が向上してきている」と聞いて導入を決めたのですが、この判断は上手くいきました。たとえば、ベリアル再登場の場面では、ベリアルの前に火の粉がバーッと散るんですけど、合成バックが前提なら、火の粉も合成になります。それが実際に現場でやれば、ベリアルの立体面に沿って風の流れが生まれ、それに乗って火の粉が漂うのですごくリアルな表現になるわけですよ。もう撮っていてシビれまくりです（笑）。ただ、難しかったのがプロジェクターの輝度。くすんでいたら使えないし、実際にライティングするより、ちょっと輝度が弱い。そこはカラコレ（色彩補正）でクリアしました。背景が宇宙で、右上に星々が集まる星雲があるとしたら、その辺りだけ明るくするとか、全カットの輝度を調整していく。新しい技術への挑戦でしたね。

――第4話でピンチのゼロの前に、ウルティメイトフォースゼロが登場する場面は、ゼロ視点で360度カメラを振る演出が印象に残りました。

アベ　あのカットは大変でした。全員を台車の上に乗せて回す必要があるけど、だいたい普通の回転台って、1mくらいで一人用なんです。なので、新しい装置を作るしかない。まずは真ん中に回転台を置いて、十字方向に平台を並べた先に円形レールを敷き、それぞれの先には台車を置いて、それらを全部繋いで一枚板にして全員が乗れる大きさの回転台を用意したんです。みんなで手作りしてね（笑）。四カ所に台車を回す人を配置して、同じタイミングでやらないと上手く回ってくれないですし、まさにスタッフ全員の知恵と努力が結集して生まれたカットです。セットの範囲で撮るという制約に縛られているなか、なんとかそれを解き放ちたいと思っていて。プロジェクターの導入と巨大回転台、それが『ゼロファイト』では大きかったですね。

――ファンの間で話題になったゼロの〝闇堕ち〟については？

アベ　若者を成長させるには、恋と友情と挫折が定番なんですが、ゼロに恋をさせるのは「さすがにちょっと……」と却下され（一同笑）、ではゼロの青春譚を描く上で、ウルティメイトフォースゼロたちの死によって心が折れる、挫折に踏み込んでみようとなりました。今まで勝ち試合しかやってこなかったゼロが、生まれてはじめて経験した完全なる挫折、敗北なわけです。撮っている自分でさえ「本当に立ち直れるのか？」と思うほど追い込んだつもりです。だけど、それでも立ち上がるヒーローがウルトラマンだし、それによって

アベユーイチ

マルチバースという設定やウルティメイトフォースゼロは、その後のシリーズに影響を与えたと思います。

ゼロの強さは、確実に一段増したと思いますよ。

――ゼロ役の宮野真守さんの話では、挫折を描いた第12～14話の精神世界で雨に打たれる場面が、とても印象深かったそうです。

アベ　ウルティメイトフォースゼロの連中を殺してしまって、視聴者の皆さんは怒るだろうなぁ……と思いつつ、ゼロのためあそこまで踏み込んだのですが、それを宮野さんが気に入ってくれたのであれば、とても嬉しく思いますね。絶望から立ち上がり「守るべきものがある、俺はウルトラマンだ!」とシャイニングゼロになるわけですが、あのセリフは前半の撮影中、控室で次の展開を考えていた際、自分で書いたんですよ。

――精神世界を雨で表現し、クライマックスで、青空に突き抜けるのは、物語の展開と相まって、観ていてテンションがあがりますね。

アベ　精神世界は、単に暗いなかにいるだけじゃ面白くないし、どういう表現にするかは考えました。何かしら独特の雰囲気を欲していて、あまりやっていなかった「雨降らし」をやろうと。ただ、雨のシーンは撮影が大変なんですよ。この時も漏電して、ゼロのスーツの電飾が光らなくなるアクシデントがありました。『ウルトラマンジード』で坂本さんが再現してくださったんですが、よくやったなぁと。たぶん現場的には「ええっ、また雨やるんですか!?」となったと思います(笑)。雨の後で晴れた場所に突き抜けるのは、ビジュアル的に明確ですよね。飛行機に乗っていて、雲海から青空に出た際の感覚って分かります？　地上では雨が降っていても、その上は晴れている……それが地球の根幹というか。観ている人に、そういう感じが伝わればいいなと思って演出しました。

――シャイニングゼロがシャイニングスタードライヴを発動して、ウルティメイトフォースゼロを生き返らせる展開となりました。

アベ　前半（第1～8話）を撮り始めた頃には、まだ後半の詳細は決まっていなかったんですが、当然、彼らを生き返らせることだけは確定していました(笑)。ゼロが時間を戻したとしたら、同時にベリアルも復活させられるので、そういう物語の構造に落とし込みました。ただ、時間を操る技って、これまでウルトラマンにはほぼなかった、それこそ「やっていいんだろうか？」と思う部類の技でしたから、使用時の記憶をなくして、もう使うことができないという独特の設定を設けて。それくらい縛りがないと、ゼロは何でも出来るようになっちゃいますからね。

――ラスト、蘇ったウルティメイトフォースゼロとゼロたちの会話も印象的です。

アベ　あそこは声優さんたちにアドリブを駆使してもらいました。ピグモンの名前を決めるくだりとかは、ほぼアドリブ。しかも、あのシーンは全員別々に録ってるんですよ。最初が関智一さんだったかな？　言いたい放題やって、次の人に丸投げして(笑)、最後を宮野くんが締めてくれるんですけど、俺も最初は「ホントに大丈夫かな？」ってドキドキでした。現場で仮のセリフはありましたけど、こういうシーンはシナリオ上では、ちょっと硬くなるので、気心の知れた何でも言い合える仲間たちというウルティメイトフォースゼロの雰囲気が表現されて、うまい具合に締め括ることができました。

現実世界とともに成長し続けて欲しいゼロ

――『ベリアル銀河帝国』から10年、今も活躍し続けているゼロについて、どう思われますか？

アベ　坂本さんのゼロ、おかさんのゼロ、俺のゼロ、他の監督たちのゼロと、微妙にテイストが違っているけど、それも含めてのゼロだと思うし、僕らの意向を受け止めて、岩田くんが体現し、さらに宮野くんが声で命を吹き込んで、これまで活躍してきたわけですよね。シリアスからコメディまで幅が出てきて、最近のゼロは〝頼れる兄貴〟的な存在としてキャラが確立した感がありますが、自分としては、まだまだ完成してないところがあると思います。また挫折することもあるだろうし、その上で成長できる。それは、今の若いニュージェネレーションのウルトラマンたちにはできないし、逆にウルトラ兄弟たちレジェンドのヒーローにもできないことです。今の立場で完結することなく、これから様々な経験を積み重ねて行って欲しいですね。様々な荒波を乗り越えてきたゼロですが、彼を撮ってきた僕からすると、自分と重ねている部分もあるんです。「ゼロから見て人間はどう思うのか？」とか「ゼロから見て、新型ウイルスで苦しむ現在の世界の状況は？」とか、〝ゼロから見た〟というのが、ひとつもの見方のベースになっていくんじゃないかと思っています。

――『サーガ』は震災のメタファーといえる作品でしたし、世界の現状を踏まえ、ゼロの視点を現代社会に仮託した作品というのも、今後あり得そうですね。

アベ　きっとゼロは今の苦境をも越えて行くんでしょうね。そういう風に、社会とシンクロしつつ、疫病、災害、大事件、人類、日本人……様々なものを抱えて、人間が生き続ける限り、ゼロにも成長し続けて欲しいと願っています。

――お話をうかがっていると、是非またアベ監督に、ゼロを撮っていただきたいという思いが強くなります。

アベ　機会があれば撮りたいですね。子供に人気のゼロだけど、お父さんや女性のファンも多いじゃないですか。そんな層の心をグッと揺さぶり、何かを伝えるような物語を作る余地があるはずなんです。恋愛要素はまだ、他の監督もやっていませんしね（一同笑）。ゼロをまた撮ってみたい……生誕10周年を迎えた今は、余計にそう思いますね。

あべ・ゆーいち：1964年2月6日生まれ、山形県出身。円谷プロ作品では『ウルトラマンゼアス2 超人大戦・光と影』（97年）のビジュアルエフェクトコーディネーターを経て、『ウルトラマンネクサス』より監督として参加。近年も『ウルトラマンギンガ』を皮切りに、『ウルトラマンX』、『ウルトラマンオーブ』と、多くの作品で手腕を振るっている。他に、映画『テニスの王子様』（実写版／06年）、『脳漿炸裂ガール』（15年）、テレビアニメ『あかねさす少女』（18年）、『超次元革命アニメ Dimensionハイスクール』（19年）など、実写・アニメーションを問わず、幅広く活躍中。

Zero's Staff Interview_03

おかひでき

［監督］

ビデオ作品『ウルトラ銀河伝説外伝 ウルトラマンゼロVSダークロプスゼロ』、そして劇場公開大作『ウルトラマンサーガ』で監督を務め、ウルトラマンゼロの活躍を描いた監督・おかひでき。ゼロ衝撃の誕生作『ウルトラ銀河伝説』の後を受け、どのようにゼロを描こうとしたのか？そして『サーガ』で何を伝えようとしたのか？ここに改めて担当作を振り返り、ゼロへの思いを語る。

取材・構成◎和智正喜

ゼロと出会った『銀河伝説』の衝撃

——まずは、おか監督が最初にゼロと出会った際の印象をお願いします。当時はいち観客として、ゼロのデビュー作『大怪獣バトル ウルトラ銀河伝説 THE MOVIE』をご覧になったとか。

おか あの頃は円谷プロさんから少し離れていた時期だったんですが、『ウルトラ銀河伝説』は気になっていました。最初に噂で「ウルトラセブンの息子が出るらしい」と聞いて「じゃあ奥さんは誰？」とか思ったり（一同笑）。雑誌でゼロの姿を見て「アイスラッガーが2つあるんだ、しかし目つき悪いなぁ……上半身に青が多くて目の落ち着きどころもないしなぁ」とか、まぁ色々と思いながら劇場に行ったんですよ。そしたらもう……度肝を抜かれましたね。動いているゼロを見たら、すぐ「あぁ、カッコいい」と（笑）。『ウルトラ銀河伝説』はよく「巨大感がない」と言われることがあると思うんですが、余りある斬新さがありましたよね。「俺もこれを作りたかった！」と歯噛みする名ショットがたくさんありましたねぇ。

——具体的におか監督が「作りたかった」と思われたのは、『ウルトラ銀河伝説』のなかの、どのシーンだったのでしょうか？

おか 冒頭のウルトラマンメビウス対ベムラー戦ですね。あれは自分がずっと考えていたウルトラマンのアクションです。それが頭のなかのイメージよりも遥かに高いクオリティで表現されていました。それに、『ウルトラマン』の黒部進さんや『ウルトラセブン』の森次晃嗣さんたち、歴代の俳優さんたちの使い方もよかったですよね。

——歴代ウルトラマンシリーズとの出会いは？

おか 物心ついたころが昭和45年ですから、ウルトラマンとセブンは「すでに存在している、確固たるヒーロー」でした。とは言っても、当時は番組を（自由に）観る手段はなくて、雑誌や怪獣図鑑で知識を整えるのが精いっぱい。そんな4歳から5歳のころに『ウルトラファイト』が来たんです。雑誌で知っていたウルトラマンやセブンが実際に動くところを初めて観たのは『ファイト』でした。燃えましたねえ。怪獣熱、ウルトラ熱が自分の中でどんどん高まるなかで、遂に現れたのが『帰ってきたウルトラマン』。幼稚園年長のころですか。ウルトラマンたちは、自分の成長スピードに合わせてやって来てくれたという感じですね。『仮面ライダー』も『スペクトルマン』も、楽しんで観ていましたけど、やっぱりウルトラマンシリーズがいちばん〝高級〟だと思っていました（笑）。いちばん期待値が高かった、始まるのを楽しみにしていたのは『ウルトラマンA』で、『ウルトラマンタロウ』の時期になると、もう「あるのが当たり前」のシリーズになっていたというか……。

——映像作家を志したのはいつごろからだったのでしょう？

おか 小学5年の頃、一度、特撮番組を卒業しかけたんですが、そのあたりで「ファンタスティックコレクション」（当時は朝日ソノラマ刊）が刊行されて、『ウルトラマン』や『セブン』の再評価ブームが来て、劇場には『惑星大戦争』が来て……そうこうしているうちに本命の『スター・ウォーズ』と出会ったのが決定的でしたね。『スター・ウォーズ』は劇場で4回続けて観て、忘れないように帰ってから自分で漫画に描いたりしたくらいで。当時、「スターログ」という雑誌に「8ミリ映画を撮ってみよう！」というような記事があったんですが、それを見て中学2年の頃から自分で8ミリを撮り始めて、高校時代も続けたんです。怪獣映画を撮りたかったんですが、巨大特撮は難しいと思って、自分たちの学校が舞台の等身大の変身ヒーロー作品を撮りました。『学園セブン』という作品です。まぁ、好きだった宇宙刑事みたいなもので、ちょっとだけ巨大特撮もありますね（笑）。昔から「好きなものを真似たい」と思うほうで、その気質が後々、ウルトラマンシリーズに参加する際の基本になっています。

仕事として向き合ったウルトラマンシリーズ

——その後、お仕事としてウルトラマンシリーズに関わるようになった経緯は？

おか 高校を卒業後、大阪芸術大学の映像計画学科というところに入学したんですね。映画・テレビで総合的に仕事をできる人材を育てる、というところです。大学を出た後、東京のCM制作会社に就職したんですが、なにもかも消化不良で、一年半ほどで辞めてしまいました。平成元年（1989年）のことです。

——その頃から、映像作品の監督になりたかった？

おか そうですね。監督として作品のすべて、つまり〝世界観〟を作れる人間になりたいと思っていました。ただ簡単には行かなくて、その後、Vシネの企画を出したりしているうちに数年が過ぎて。やはりプロの制作現場に身を置かねばと、26歳の時にやっと助監督になろうと決めたんです。遅いですよね（笑）。それで二時間ドラマの現場に入ったんですが、その仕事が終わってすぐ、東宝の川北（紘一）監督に会いに行けと言われまして。

——平成ゴジラシリーズの現場だったのですか？

おか 『ゴジラvsメカゴジラ』の直後で、サンリオピューロランド用の

3D作品『怪獣プラネット ゴジラ』の特撮現場でした。そこから特撮作品の助監督の仕事が始まります。さらにそこからいろいろあって、ある日、先輩助監督だった近藤（孔明）さんから、『ウルトラマンダイナ』の現場に誘われたんです。

――それも本編（ドラマパート）ではなく、特撮の現場だったのでしょうか？

おか　そうです。前作『ウルトラマンティガ』の最終編を本来のチームがやっていたので、新番組『ダイナ』の1話から4話までは、いわゆる別班を立てて撮影していたんですね。僕はそこの特撮班に潜り込むことになりました。ひと月ほどで『ダイナ』の仕事は終わるんですが、今度は映画の『ウルトラマンティガ&ウルトラマンダイナ 光の星の戦士たち』に呼ばれるんです。これはテレビシリーズと違って、本編・特撮を共通のスタッフで撮る一班体制だったので、ドラマと特撮、両方の現場を経験することができました。その直後、今度はテレビシリーズ『ダイナ』後半に呼ばれ、ドラマパートのサード助監督に……という流れです。

――おか監督はその後、円谷プロの仕事を多く手がけられています。テレビシリーズは『ウルトラマンガイア』、『ウルトラマンコスモス』、それと『ウルトラQ dark fantasy』。映画は『ウルトラマンティガ THE FINAL ODYSSEY』、『ウルトラマンコスモス THE FIRST CONTACT』、『ULTRAMAN』と、かなり長く続きましたが。

おか　足掛け7年くらいですか。映画の『ULTRAMAN』までやって、円谷プロさんを離れました。

――どうして離れることになったんですか？

おか　居心地がよすぎて（笑）。いや、真面目にそれが不安になって円谷を離れたんです。このままだと、ここでしか仕事ができなくなりそうだと思って。ところが、培われた人間関係というものは切れがたく（笑）、原田昌樹監督がメインを務められた『魔弾戦記リュウケンドー』に呼ばれて、わずか数年で特撮復帰となりました。

――『リュウケンドー』は本格的な監督デビュー作ですよね？

おか　若い頃には一度、Vシネマ（1996年『はぐれ記者 ～こちら大阪社会部～』／「なをろ秀樹」名義）で監督デビューはしていましたが、それがもう散々な体験で（笑）。修行のやり直しのつもりで、その後の十年近く助監督をやった挙句の再デビューでした。

――『リュウケンドー』からの流れで『トミカヒーロー レスキューフォース』では、正式に監督としてローテーションに入るようになりました。

おか　そうですね。続編の『トミカヒーロー レスキューファイアー』も監督をしていたのですが、途中で離れて。それから少しして、円谷プロの渋谷浩康プロデューサーから連絡をいただいて、ある作品の説明を受けたんです。それが後の『ウルトラ銀河伝説外伝 ウルトラマンゼロVSダークロプスゼロ』でした。僕は最初、てっきり助監督として誘われたんだと思っていたんですが、監督をやれと言われて驚きました。じつはそれより以前、テレビシリーズの『ウルトラギャラクシー大怪獣バトル』にも誘われたこともあったんですよ。渋谷さんはずっと「おかを監督にしないと」って考えてくださっていたそうで……。

――衝撃を受けたという『ウルトラ銀河伝説』の後日譚のオリジナルビデオを監督することとなって、当時の率直な感想は？

おか　『ウルトラ銀河伝説』を劇場で観て思ったのは「大変な時代になった、ここまでのことをやらないといけないのか」ということでした。テレビシリーズと映画のクオリティの違いは肌感覚で身についていて、「いつかは辿り着かなければいけない」と思っていた基準は自分のなかにあったんですが、あの作品はそんな基準なんか簡単に飛び越えて、遙か遙か、遠くの空で燦然と輝いていたわけです。「誰がやるのか知らないけど、次にウルトラマンを撮る人はたいへんだ」と心底思っていたんです。それがまさか自分だったとは……（苦笑）。

『ウルトラ銀河伝説外伝 ウルトラマンゼロVSダークロプスゼロ』で、ゼロとダークロプスの死闘を演出した。

『VSダークロプスゼロ』から『サーガ』始動、そして3・11

――そんな『VSダークロプスゼロ』には、どのような思いで撮影に臨まれたのでしょう？

おか　『ウルトラ銀河伝説』が、シリーズにもたらした可能性を壊さない……それが一番でした。『銀河伝説』を作ったスタッフたちの多くは、もういなかったですからね。ノウハウが残されていない。そんななかで、どうやって『ウルトラ銀河伝説』の財産を傷つけずにやれるのか。本当に、それがすべてでした。

――企画時から実際の映像で、大きく変わった部分などは？

おか　最初に呼ばれた時には、ニセウルトラ兄弟たちが出る予定はなかったんです。サロメ星人操るニセウルトラセブンが割と地味目に登場するくらいだったかな。それがある日、「どうせならウルトラ兄弟をみんな偽のロボットで出そう」となりました。円谷プロに当時在籍されていた岡崎（聖）プロデューサーが言い出したんですね。予算と時間に見合ってない大胆過ぎる提案だと思いましたが、「兄弟全部ニセロボット」と言われるとこっちも高ぶりが抑えられない（笑）。まんまと乗せられました。あの作品では、とにかくゼロのことを第一に考えていました。「ゼロとは何か？」を考え続ける日々でしたね。ゼロはウルトラマン同士では宮野真守さんの声で喋るけれど、人間相手には「ヘアッ」としか発声しないとか、ひとつずつ〝ゼロのルール〟を決めていきました。

『ウルトラマンサーガ』で再びゼロを演出。今回の取材でも、ゼロに対する並々ならぬ想いがうかがえた。

――オリジナルビデオ作品だった『VSダークロプスゼロ』に続いて、おか監督としては初の劇場公開作品『ウルトラマンサーガ』を担当されるわけですが、その経緯は？

おか　『VSダークロプスゼロ』のイベント上映が2010年10月にあったんですが、ちょうどその時期に渋谷さんから、来年のビデオ作品も監督してくれ、という依頼があったんです。つまり現在『ウルトラマンゼロ外伝 キラー ザ ビートスター』としてリリースされている作品だったんですが、その時点では『ウルトラマンコスモスVSウルトラマンゼロ』というタイトルの企画だったんですよ。脚本は荒木憲一さんで、『VSダークロプスゼロ』と同じ座組みでした。ところが年明けの2011年1月10日、企画にストップがかかったんですね。オリジナルビデオは新作映画との連動企画なわけですけれど、その映画の内容が変わるということで。

――その映画は、後々『サーガ』になる企画ですよね？

おか　そうです。「初代ウルトラマンがゼットンに倒され、その復活のために人間たちが奮闘する」という企画案を検討していたようです。『サーガ』の敵がゼットンだったのは、この時点での企画内容の名残りですね。この映画にもゼロは登場する予定でした。2011年の2月末に、新たな内容で映画の再スタートが決まり、オリジナルビデオではなく映画のほうの監督として、改めてオファーを受けました。

――その時点で決まっていた内容はどのようなものでしたか？

おか　脚本は長谷川圭一さんが担当することになって、いろいろなキャラクターが多数登場するオールスター作品のプロットを長谷川さんはほぼ一晩で書き上げ、僕が合流したのはその翌日です。できたてほやほやのプロットは面白かったけれど、あまりに登場キャラが多すぎたので、まずはそれを整理するということからスタートしていきましたね。プロットは「侵略者の猛攻で敗走状況にあった地球人が、ウルトラマンの協力を得て反撃する」というものでした。

――既に完成した『サーガ』に繋がる筋書きだったんですね。

おか　そうです。もちろん細かいところは違っていて、チームUは当初、防衛隊のエリートでした。でも、若い女の子たちが揃ってスーパーエリートは無理があるので、練習生のほうがいいんじゃないか、とか。

――完成した『サーガ』と同じ設定は？

おか　新しくゼロの人間の姿を登場させるということになっていて、希望のキャストとして、既にDAIGOさんの名前は出ていました。あと、ウルトラマンダイナとウルトラマンコスモスが出るという点ですね。

――ダイナとコスモスが選ばれた理由というのは？

おか　単純に、人気のあるウルトラマンということだと思います。変身前の役者さんお2人（つるの剛士と杉浦太陽）の人気も含めて、ですね。あとは、〝合体ウルトラマン〟の案も既に出ていて、名前が「ウルトラマンサーガ」になるということも決まっていたんですが、その時点ではゼロとダイナが一体化して誕生する設定でした。

――コスモスは？

おか　って思いますよね？　最終的に見送られましたが、最初期の長谷川さんのプランでは、ウルトラマンジャスティスも出ていたんです。つまり、コスモスとジャスティスが一体化して、以前のようにウルトラマンレジェンドになる。サーガとレジェンド、2人の合体ウルトラマンがハイパーゼットンとの最終決戦に挑むという内容でした。ただ、自分も

おかひでき

自分の宇宙のなかには、中学高校を一緒に過ごした友達みたいにゼロが〝存在〟しています。

特技監督の三池敏夫さんも、合体ウルトラマンでのクライマックスはもういいんじゃないかと思っていたんですよ。「大艦巨砲主義になってしまう」と反対していた時期がありました。合体するより、3人のウルトラマンが知恵を尽くしてそのまま巨大なゼットンと戦ったほうがいいよね、と。ただ、そこで岡崎さんが「いや、やはり合体すべきだ」と。「観客が心から合体を願う展開になればいいんだよ」と言われて……まぁ、それは正論なので、翻意しました(笑)。その後、一週間かけて長谷川さんとのやり取りを重ね、ストーリーの概要も終わり方も見えてきました。バット星人の侵略を受け太平洋の底が完全に露出した赤茶けた地球に、戦いのはて、青い海が戻ってくる。その夜明けの海には、宇宙での戦いを終えたウルトラマンたちが疲れ果てて倒れ込んでいる。そこに大勢の、本当に大勢の人間たちが駆け寄ってくる——。人間たちとウルトラマンが連携して戦う話の象徴になるだろう、これで長谷川さんに初稿に入ってもらえると思って安心したのが……2011年の3月10日深夜だったんですよ。

——あぁ……3・11の前日……。あの大震災の被害を受けて、企画はどうなったんでしょう?

おか 今まさに東北の各地に押し寄せている津波の映像を見て、「ウルトラマンは、もう作れない」とはっきり思いました。ビルが倒壊し、街が吹き飛ぶ。特撮の華はやはり破壊です。それが「空想特撮シリーズ」の醍醐味でしたよね。でも、現実が空想特撮を瞬間で追い抜いてしまった。どれほど多くの人が傷つき、大切なものを奪われたのか想像すら追いつかないこの状況で、ウルトラマンの映画の話は全く無力だ……そんな風に感じました。数日が経過し、架空の惑星やスペースコロニーに舞台を変更して企画を進められないかという話も出ました。余震も続き、スタッフが集まっての本格的な会議もできない状況で、自宅待機は続きました。そうした時間のなかで、みんな腹を括ることができたんです。「震災と向き合うものを作ろう」という意見にまとまって、反対する者はいなかったですね。当時を思い出すと、泣けてきます。

『サーガ』のゼロと これから先の未来のゼロ

——震災被害を受け、『サーガ』のストーリーに変更は出たりしたのでしょうか?

おか ストーリーは大きく変わってはいないです。けれど、心持ちが変わりました。当時の気持ちを一言で言うと「使命感」ですよね。45年間、日本の社会に愛されたウルトラマンだからこそ伝えられる作品にしなければやる意味がない。誰もが同じ気持ちだったような気がします。

——『サーガ』以前の企画案の時点から、それまでのスペースオペラ的な世界観から、地球を舞台に、かなりテイストが変わっていましたが。

おか 円谷プロさんのなかでも、舞台を地球に戻したことは歓迎されていたようですね。そもそも自分が参加する前段階が、初代ウルトラマンを地球人たちが助けるという企画案だったので、そのまま自然に地球が舞台になったんですが。

——異次元の惑星で戦った『VSダークロプスゼロ』から、舞台が地球になった『サーガ』で、どんな変化がありましたか?

おか 地球が舞台とはいっても、「ビルの特撮セットで戦うゼロを見たいか?」という意見はあって、確かにそうだと僕も思いました。ゼロというキャラクターに、せせこましい舞台は似合わないかもしれない。だからビル街の戦いは最後までとっておいて、最初のゼットン(ハイパーゼットン ギガント)戦は、敢えて対比物のないところに戦場を設定しました。

——『サーガ』でゼロを演出する上で、注意された点は?

おか まずは宮野真守の力を信じて、ですね(笑)。三枚目路線で笑わせて、肝心なところはしっかり締める。『ウルトラ銀河伝説』の坂本(浩一)監督は、ゼロを『あしたのジョー』の矢吹丈と認識していたと聞きましたが、僕も似たようなもので、『男一匹ガキ大将』や『硬派銀次郎』といった本宮ひろ志さんの漫画の主人公をイメージしていました。顔で笑って心で泣いて、ですね。

——おか監督のなかで、ゼロというヒーローの一番のポイントは?

おか 人間味、ですよね。人間の価値観に共鳴してくれるというか、こういう男になりたい、こういう男に傍にいて欲しい。『サーガ』では、そう思えるキャラクターとして、特技監督の三池さんと一緒になってゼロを描きました。結果的に二枚目半路線となりましたが、後続の作品でもそれを活かしてくれているのは、とても嬉しいです。皆さん、世代ごとに思い入れの深いウルトラマンがいると思うし、僕もそうです。ただ、僕のなかでゼロは、やっぱり別格です。自分の宇宙のなかには、中学高校を一緒に過ごした友達みたいに、ゼロが〝存在〟しているんですね。ゼロに関わったスタッフ、出演者の想いを受けて、ゼロ自身、そして僕たちとゼロの関係も、この先また変化し続けるでしょうけど、ゼロが生きている証拠だと思います。人間と同じですよね。僕はそれを、ずっと見つめ続けていたいです。

——この先、またゼロを撮ってみたいでしょうか?

おか そうですね……。成長して満たされたゼロが、揺り戻される瞬間。何かが起きて、再び〝やさぐれたゼロ〟に戻ったところから、さらに一段階上の価値観を得る成長を、ゼロの完全な主役映画でやってみたいですね。ゼロは可能性が広いので、コメディもシリアスなドラマもできる。挑戦しがいがあると思っています。

おか・ひでき：1966年生まれ、広島県出身。大阪芸術大学映像計画学科卒業後、様々な映像作品に従事。『ウルトラマンダイナ』(97年) 以降、円谷プロ作品にも多数参加。他の監督作に、『ウルトラマンサーガ』の後日譚を描いたミニシリーズ『ウルトラゼロファイト』第一部「新たなる力」の他に、テレビドラマ『魔弾戦記リュウケンドー』(06年)、『トミカヒーローレスキューフォース』(08年)、『トミカヒーロー レスキューファイアー』(09年)、インドネシアで放映された『ガルーダの戦士ビマ』シリーズなど。アニメーション映画『宇宙戦艦ヤマト2202 愛の戦士たち』(17年) の脚本など、現在は「岡秀樹」名義でも活動している。

Zero's Staff Interview_04

長谷川圭一

［脚本］

『ウルトラマンサーガ』の脚本を担当し、DAIGOが演じたタイガ・ノゾムというキャラクターを通してウルトラマンゼロの新たな魅力を生み出した脚本家・長谷川圭一が、その創造プロセスや作品に込めた想いをここに語る。

取材・構成◎四海鏡・山田幸彦

『サーガ』で新たに人間味が加わったゼロ

——『ウルトラマンサーガ』は、別内容の映画企画案を経たのち、新たに脚本で長谷川さんがご参加されたと聞いています。長谷川さんが企画に参加された時点では、作品の骨子はどの程度まで固まっていたのでしょうか?

長谷川　自分が参加した時点で決まっていたのは、今回の映画はウルトラマンゼロ、ウルトラマンダイナ、ウルトラマンコスモスという3体のウルトラマンを共演させること。つるの剛士さんと杉浦太陽さんに、新たなゼロの人間の姿としてDAIGOさん、さらにAKB48からも何人かが出演するということでした。そのころはAKBには全く詳しくなくて、まずメンバーを覚えるために本を買いました(笑)。脚本の内容に関しては、特に前の企画から引き継いだものはなかったと思います。自由に書かせてもらいました。

——今までのウルトラヒーローにはなかったキャラクター性と設定を持つゼロですが、当時、どのような印象をお持ちでしたか?

長谷川　一番ゼロで面白いと思った設定は、変身する人間が固定されていないことでした。今回はDAIGOさんがゼロに変身すると決まっていたので、さて、どんなゼロになるのか、どんなゼロなら新しい魅力を出せるのか、そこが悩みどころであり、楽しみでもありました。

——ウルトラマンゼロの初登場作品『大怪獣バトル ウルトラ銀河伝説 THE MOVIE』の感想は?

長谷川　何もかもが、今まで携わってきた平成ウルトラマンの映画と大きく違い、斬新で、こんな描き方があるのかと。なんといっても光の国がいきなり全滅ですから。あと金髪で登場したアスカ、暴走したレイモンを鉄拳で正気に戻すボス(ヒュウガ)の超人ぶりに、驚かされっぱなしの作品でした。

——その続編である『ウルトラマンゼロ THE MOVIE 超決戦!ベリアル銀河帝国』、そして『サーガ』を担当するおかひでき監督の『ウルトラ銀河伝説外伝 ウルトラマンゼロVSダークロプスゼロ』は、ご覧になっていかがでしたか?

長谷川　『ベリアル銀河帝国』は、前作とはまた違う、スペースファンタジーの傑作だと思いました。この作品においてマルチバースの設定が確立し、のちの作品で別世界のウルトラマンたちが共演しやすくなりました。大発明です。あと、ウルトラマンノアが重要な役割で登場したのは驚きましたし、素直に嬉しかったですね。『VSダークロプスゼロ』は、荒木(憲一)さんの大好きな『スタートレック』的な脚本と、おか監督のアニメ的な演出センスに唸りました。とにかく独特の画作りとテンポが気持ちよく、制約された時間と予算のなかで、ここまで尖ったものを作れるのかと感心しました。

——『サーガ』の脚本執筆後に、ゼロの印象が変わった部分はありましたか?

長谷川　『サーガ』でDAIGOさんに出演してもらったことで、かなりコミカルさが加わり、いい意味で人間味が出たというか、より親しみやすいキャラになったと思います。

——本作に登場するアスカ・シンことウルトラマンダイナ、春野ムサシことウルトラマンコスモスは、長谷川さんがテレビシリーズでも書かれていたキャラクターです。彼らがゼロと共演するなかで、面白さを感じた部分、または難しかった部分をお聞かせください。

長谷川　まったく個性や世界観が異なる、3体のウルトラマンの共演。それが面白さであり、難しさでもありました。さて、どうしたものかと、スタッフ一同、色々と知恵を絞りました。

——テレビシリーズ最終回後のアスカとムサシの姿が描かれた作品として、『サーガ』を観たファンの方もいたのではないかと思います。

長谷川　アスカのその後ということで、スーパーGUTSのメンバーを再び描けたこと。さらにムサシのその後ということで、遊星ジュランで共存する人間と怪獣たちを描けたこと。これもマルチバースならではの醍醐味だと感じました。ダイナのテレビシリーズ当時よりCG技術が進歩して、火星でのガッツイーグルα号とスフィアとの空中バトルは圧巻でしたね。

舞台は破滅した星から無人の街へ……

——DAIGOさん演じるタイガ・ノゾムとゼロとのコミカルな掛け合いは、本作の象徴的なシーンのひとつかと思いますが、執筆はスムーズに進みましたか?

長谷川　DAIGOさんの明るくユニークなキャラに寄せる形でタイガを描きましたので、割とスムーズだったと思います。

——幼少時のトラウマからウルトラマンを信じることができない……というタイガのキャラクターは、どのように生まれたのでしょうか?

長谷川　タイガのキャラを明るくコミカルに描こうと思っていましたが、それだけだと物足りないと感じて、過去の設定を作りました。難しいニュアンスをDAIGOさんが、じつに上手く演じてくれました。

——ゼロが半強制的にタイガを変身させるも、意志が統一できず、中途半端なサイズに変身してしまう……というシーンには、劇場で思わず笑ってしまいました。

長谷川　確か、おか監督と話し合って決めたシーンだったと思います。

どんなゼロなら新しい魅力を出せるのか、そこが悩みどころであり、楽しみでもありました。

——チームUは、ひょんなことから地球最後の砦となってしまった少女たちという、今までにない設定でしたが。

長谷川　あの当時、東日本大震災が起き、未来が見えない大きな閉塞感のなかにありました。そんな時だからこそ希望を捨てず、決して諦めずに頑張る少女たちの姿を描き、映画を見てくれた人たちに、少しでも勇気を与えたいと思いました。

——震災を経て、セリフ回しやキャラクターの動かし方、あるいは根本的なストーリーに至るまで、プロット構想時の想定から変化した部分はありましたか？

新キャラのタイガ・ノゾムはもちろん、かつてテレビシリーズで執筆したアスカ・シンと春野ムサシのその後を描けたことも、長谷川曰く「マルチバースならではの醍醐味」とのこと。

長谷川　偶然にも震災前のプロットも、破滅した世界のなか、侵略者とレジスタンスとして戦う少女たちという設定でした。大きく変わったのは、破壊され荒廃した世界ではなく、突如として人が消えてしまった無人の街にしたことです。大切な人が消える、そのつらさや悲しみ、それでも前を向いて生き抜こうとする少女たちや幼い子供たち。その笑顔に明日への希望を託しました。

——『サーガ』は前作までのウルトラマンベリアルではなく、バット星人とハイパーゼットンが、ゼロを苦しめる敵となりました。ウルトラマンシリーズを代表する敵怪獣・ゼットンと、それを操るバット星人を描く上で、こだわった点などあればお聞かせください。

長谷川　ゼットンは歴代怪獣のなかでも最強ランク。下手な描き方はできないという思いはありました。今までは超巨大な怪獣がラスボスというパターンでしたが、今回はその真逆で行こうと提案してハイパーゼットン（イマーゴ）が生まれました。『ドラゴンボール』のフリーザ最終形態のような展開です(笑)。バット星人は、オリジナルのあの独特なデザインをどこまで残し、どう進化させるのか、決定するまで時間がかかりました。絶妙なバランスのデザインになったなと思います。

——ゼロとダイナとコスモスが融合して、奇跡の戦士であるウルトラマンサーガが誕生するという終盤のラストバトルですが、おか監督がインタビューにて、長谷川さんは当初、コスモスはサーガにはせずウルトラマンレジェンドとして登場させようと考えていたと語っていました。その意図やこだわりについてお聞かせください。

長谷川　初期のプロットですね。ゼロ、ダイナ、コスモスのピンチに、ウルトラマンティガやウルトラマンメビウス、そしてウルトラマンジャスティスら、多くのウルトラヒーローが駆けつけ、過去の映画に出た合体ウルトラマン総出演という、あまりに無謀なアイデアを考え、却下されました（笑）。

——完成した映像でのハイパーゼットンおよびバット星人、そしてウルトラマンサーガのデザインと活躍はいかがでしたか？

長谷川　ハイパーゼットン（ギガント）はフルCGでしたが、それゆえの巨大感と躍動感が存分に描かれ大満足でした。イマーゴのほうもゼットンらしさと新しさが見事に融合していて、最高にカッコよかった。サーガは光り輝く神秘的で大胆なデザインをうまく表現できていて、感動しました。あと印象的なのは、チームUが操縦するUローダー。走る姿が可愛く、地面を横滑りするアクションとか、素晴らしかったです。

——今後、もし再びウルトラマンゼロの登場する作品に参加されるとしたら、どのような物語を描いてみたいですか？

長谷川　じつは今、模型誌（『月刊ホビージャパン』）で、『ULTRAMAN SUIT ANOTHER UNIVERSE』という連載小説を谷崎あきらさんと2人で書いていまして、ウルトラマンゼロスーツも登場します。かなり今までとは違うイメージのゼロに挑戦していますので、ぜひチェックしてみてください。

はせがわ・けいいち：1962年2月1日生まれ、静岡県出身。映像作品の助監督・美術スタッフとしての活動を経て、1997年に『ウルトラマンティガ』で脚本家デビュー。翌年の『ウルトラマンダイナ』ではメインライターを務め、平成ウルトラマンには欠かせないスタッフのひとりとして活躍する。近年の円谷プロ作品では、『電光超人グリッドマン』をもとにした2018年のアニメ作品『SSSS.GRIDMAN』で全話の脚本を担当し、その続編として制作が決定している『SSSS.DYNAZENON』にも参加予定。代表作に、ドラマ『仮面ライダーW』（09年）、『マジすか学園3』（12年）、アニメ『デビルマンレディー』（98年）、『アストロボーイ・鉄腕アトム』（03年）、『ゲゲゲの鬼太郎』第5期（07年）、『神撃のバハムート GENESIS』（14年）、『ゲゲゲの鬼太郎』第6期（18年）ほか多数。

Zero's Staff Interview_05

安達寛高（乙一）

［脚本］

作家として活躍する乙一がシリーズ構成を担当し、本名の安達寛高名義で脚本を手がけた『ウルトラマンジード』。ベリアルの息子＝ジードが主人公で、ゼロが人間体のレイトを通じ、大きく成長を遂げる本作の物語がいかにして生み出されたのか？　その誕生の軌跡と作劇のポイントに迫る。

取材・構成◎四海鏡・齋藤貴義

未知の世界だったヒーロー作品への参加

——子供時代のウルトラマンシリーズに関する思い出は、どのようなものがありますか？　印象に残っているエピソードなどあれば、お聞かせください。

安達　保育園児だったころ、テレビで再放送の『ウルトラセブン』を観ていた記憶があります。当時、子供向けのウルトラマン関連の本を持っており、繰り返し読んでいました。「カラータイマーをとられるとぺしゃんこになってしまう」という豆知識がその本に書いてあり、友達にその知識を披露したのですが、信じてもらえませんでした。

——特に好きなウルトラヒーローやウルトラ怪獣は？

安達　ウルトラマンエックスに思い入れがあります。子供と一緒に楽しみました。好きなウルトラ怪獣は、エレキングです。人形を持っていたのですが、その色味やデザインが好きでした。

——小説家デビュー後、平成ウルトラマンシリーズを筆頭に、現行の特撮ヒーロー作品に関しては、どのような印象をお持ちでしたか？

安達　平成ウルトラマンシリーズが放映されていることは知っていたのですが、子供が生まれるまでは触れる機会がなく、未知の世界でした。特撮好きの人々を題材とする漫画などを読み、「こんな濃い世界があるんだなあ」などと思っていました。

——そんな安達さんが『ウルトラマンジード』のシリーズ構成と脚本を担当されることになった経緯をお聞かせください。

安達　リアルコーヒーという事務所で仕事をさせていただいているのですが、まずはそちらに円谷プロのプロデューサーさんから依頼がありました。当時、僕はＴｗｉｔｔｅｒで『ウルトラマンX』のことをつぶやいていたので、それを見て依頼をしてくださったのかなと思いました。「乙一さんにウルトラマンシリーズのシナリオに関わってほしい」という依頼だったのですが、自分はヒーロー作品への知識がないため、お引き受けするべきか悩みました。しかし、お断りすれば二度とウルトラマンに関わるチャンスがないだろうと思い、参加することに決めました。

——『ジード』への参加がある程度まで決まった時点で、「自分が参加するなら、こういうウルトラマンをやってみたい」という個人的な思い（構想）はありましたか？

安達　宇宙人と地球人が共存している世界を提案させていただきました。買い物袋をぶら下げたバルタン星人が、地球人といっしょにバスを下りてきたりするイメージです。ハサミの手だから、買い物袋の取っ手が切れてぶちまけるといった、宇宙人の〝日常あるある〟をできないかと想像していました。

——参加段階で決まっていた条件（基本設定など）や要望はあったのでしょうか？

安達　「防衛隊を出さない方向性でお願いします」と言われました。真実味を持って防衛隊を描く予算がなかったようです。また、「明るいテイストの作品にしてほしい」と念を押されました。暗いテイストになり、子どもたちが離れることを懸念されていました。

——特撮作品の脚本を担当していくなかで、他の映像作品の脚本や小説などと大きく違った部分、悩まれた部分などは？

安達　演出に関わる部分をどこまでト書きに記して良いのかわかりませんでした。例えば、怪獣の重量感を出すために「電線がゆれる」などの描写をト書きに入れていました。しかし、そこは演出家の領分なのかなと思い、（実際の脚本からは）削除しました。また、シナリオ執筆時は玩具が完成しておらず、どんなアイテムでどのように変身するのかも不明で、すべてが曖昧な状態で書かなくてはならず、不安でした。

——ご自身の小説家としての特性などは意識されましたか？　当時、乙一作品のファンの皆さんのなかには、ＳＮＳなどにて、安達さんの参加が発表された次のウルトラマン（『ジード』）にダークな作風などを期待している声を見かけたのが印象的でした。

安達　自分の特性としては、短編作品のような、単発回の方が得意なんだろうなと思っていました。しかし『ジード』では、シリーズの要となるような、長編的要素の強い回を担当することになり、自分にとっての挑戦となりました。ダークな作風を期待されていたことは、当時は知りませんでした。むしろ、明るいものを作ってほしいという円谷プロ側からの強い要望があり、できるだけギャグをはさむように心がけていました。

——前作『ウルトラマンオーブ』も人気の高い作品でしたが、『オーブ』から『ジード』という流れで、意識した箇所はありましたか？

安達　ＳＦ要素を盛り込めたらいいなと思っていました。また、主人公のライバル的存在をどうすべきか、という部分も意識しました。『オーブ』に登場するジャグラスジャグラーが当時、視聴者に大好評でした。そこで『ジード』にもライバルキャラを出してほしいとの依頼があったのですが、ジャグラーを越えるキャラクターはなかなか思いつかず、スタッフ全員で悩みましたね。

偶然が生んだ〝子供〟としてのリクの設定

——主人公がウルトラマンベリアルの息子という設定は、ファンに衝撃を与えました。

安達　偶然ですが、主人公をベリアルの息子にしてはどうだろうというアイデアは、『ジード』の依頼を受けた時から、少し考えていたんです。こちらが提案するより先に、円谷プロさん側から逆提案されて驚きました。ベリアル人気はすごかったので、誰かがいつかは思いつくアイデアだったのかもしれません。自分がウルトラマンシリーズに関わる年に、こんな特別な設定が提案されたことは大変な幸運です！　ただし、プレッシャーもすごかったです……。

——主役であるウルトラマンジードのデザイン画（あるいはスーツ）などを最初に見た時の印象はいかがでしたか？　ベリアルの息子ということで、今までにないデザインだったかと思いますが。

安達　目の尖り具合がショッキングでした。しかも青色！　ベリアル要素を含みながらも、ヒーローとしての存在感があり、カッコよかったです。デザイン完成よりも先に脚本を書いていたのですが、「ジードの顔つきを見て世間の人々がヒーローなのかどうかわからなくて戸惑う」というような描写を入れていました。デザイン次第では、その部分を書き直す必要があるかもなと思っていたのですが、杞憂で済みました。

第1話におけるリクとペガッサ星人ペガの日常シーン。このキャラクター配置には、子どもの視聴者に対する安達の周到な意図と計算があった。

——ゼロとベリアルのデビュー作『大怪獣バトル ウルトラ銀河伝説 THE MOVIE』を撮った坂本浩一監督が、『ジード』でもメイン監督を担当されました。打ち合わせなどでの印象的なエピソードがあれば、教えてください。

安達　坂本監督が打ち合わせの場にいつも駄菓子を持ってきていたのが印象的です(笑)。話をする時、いつも目をきらきらさせて少年のようでした。その坂本監督のイメージがあったから、主人公のリクは、どんな運命にも負けない明るさが備わったのだと思います。世間話の際、アメリカの映画産業の話などをしてくださったのも記憶に残っています。また「スポンサーとの兼ね合いで、できるだけ頻繁にジードライザーを画面に登場させなくてはならない。そのためジードライザーに通信機器としての機能があることにしたい。そうすれば画面への登場回数も増えるはず」と坂本監督からのご意見があり、「なるほど！」と目からウロコが落ちました。

——『ジード』のメインターゲットは、今まで発表された小説や映像作品などの乙一作品よりも、低年齢層だったと思われます。それを強く意識された部分はありますか？

安達　子供と一緒に作品を見ていると、長い会話の場面で退屈しているんじゃないかと心配になることがあります。『ジード』では、できるだけそうならないようにしたいな、と思っていました。リクのそばにペガッサ星人ペガを配置したのは、そうした理由からでした。画面の中にペガという非日常的存在を登場させて子供の興味が持続することを期待していました。また、リクの影に潜むペガという存在は、内面吐露の装置としての意味合いもあります。ペガに心情を話すことによって、子どもたちにリクの内面が伝わるようにしました。リクがカップ麺を食べたりするのも工夫のひとつです。何かを食べるシーンは、本能的に子供を引きつけるからです。

——劇中のヒーロー作品『爆裂戦記ドンシャイン』はもちろん、『知りたいワイド』などのニュース番組など含め、物語のなかに積極的にメディアを取り入れていたと感じたのですが。

安達　「ウルトラマン」と「世間」の関係性を描くために、ニュース番組を出しました。セットを作り、アナウンサー役の人を雇った場合、一回限りで使わなくなるのはもったいないため、積極的に作中に取り入れることになりました。『ドンシャイン』に関しては、半ば偶然の産物だったと思います。『ジード』の全体的な流れとして、最終的に父であるベリアルを乗り越える話になるだろうという予想がありました。そのためリクには、父親を乗り越える前段階として、〝子供〟という性質を備えたかったのです。そこで、できるだけリクを子供らしく見せるため、「子供が好きなもの」をリクの趣味に設定したいと考えました。

——それがヒーロー作品なんですね。

安達　当初、それはゲームになるはずでした。リクは「ゲームが好きな少年」という設定だったんです。しかし、『ジード』が放映された当時、テレビゲームを題材にした等身大の特撮ヒーロー番組が始まっていたため、急遽、競合しない別の設定を探すことになりました。話し合いの結果、リクは「特撮ヒーロー好きの少年」という属性に修正されました。既存の特撮ヒーローを出すわけにいかないため、『ドンシャイン』という架空のヒーローを作ることになったわけです。「第12話（「僕の名前」）でリクがゲームをしていたけど、あれはいいの？」と思われた方は鋭いです。シナリオ開発時、12話の放映日を確認したところ、ゲームを題材にしている特撮ヒーロー番組は、その数週前に最終回をむかえていることが判明しました（第12話の放送は2017年9月23日）。そのため12

話では競合を気にせず、ゲームの描写が可能だったのです。

――第12話は、それまでの陽性なストーリー展開をシリアスに変える転換になった回でもあります。

安達　基本的には明るい作風を目指していました。しかし「ベリアルの息子」という題材もあって、リクの出自にまつわる12話あたりから、物語が緊張を帯びた気がします。シリーズ後半はベリアル自身も登場しますし、コメディ要素をはさみ辛くなっていましたね。

――AIBの組織概要や、第16話「世界の終わりがはじまる日」でのカレラン分子やリトルスターの解説など、SF的なディティールを入念に描いていたところも『ジード』の特徴だと思います。

安達　自分がウルトラマンシリーズに求めているのはSFでした。大人になってから、改めて『ウルトラマン』や『ウルトラセブン』を見直して、SF要素の凄みに感動した記憶がありました。そこで『ジード』では、〝SF子供向け特撮番組〟のようなテイストのものができないかなと思っていました。

ジードとゼロは両方とも主役のつもりで

――『ジード』にはレギュラーキャラクターとして、ウルトラマンゼロが登場します。過去の主役ウルトラマンがバディ的に登場することは、なかなか珍しい作品構造だと思いますが、これは事前に決まっていた設定なのでしょうか？

安達　ゼロを出すことは決まっていました。ベリアルの息子という題材のため、出ることは必然だったように思います。ゼロとベリアルの神話に連なる作品であることを自覚し、プレッシャーで何度も逃げ出したくなりました。

――当初、ウルトラマンゼロの今までにない（少しやんちゃにも思える）キャラクターについて、どのような印象を持たれましたか？

安達　不良漫画の主人公のような印象を抱いていました。学ランを着てヤンチャなことをやっているけど、正義感に熱く、みんなから兄貴と慕われているような存在です。

――坂本監督による『ウルトラ銀河伝説』を最初に観た際の感想は？

安達　日本の映画でこんなアクションシーンが見れるなんて！　と驚きました。光の国の描写も美しかったです。神話が始まったな、という特別な凄みを感じました。

――『ウルトラ銀河伝説』以降のゼロ登場作品で、印象に残っているものがあれば感想をお聞かせください。

安達　『ウルトラマンゼロ THE MOVIE 超決戦！ベリアル銀河帝国』が記憶に残っています。ゼロがアナザースペースに向かう神秘的な場面が好きです。無数の宇宙が泡状に連なっている描写など、ウルトラマンシリーズでしか描けないビジュアルですよね。

――『ジード』のなかで、ゼロをどのような存在にしていこうと考えていたのでしょうか。

安達　リクを導く兄貴的なポジションにできたらいいなと思っていました。やんちゃなイメージがあったので、地球に来てジードを見た瞬間、（ベリアルに似た姿の）敵だと思って殴りにかかるんじゃないかと想像していました。しかし坂本監督から「ゼロは成長したから、すぐには殴りに行かない。様子見をしてジードが敵かどうかを見定める展開にしてほしい」というリクエストがありました。

――物語が展開していくなか、ゼロが先輩あるいは父親として変化していく流れは、どのように意識されましたか？

安達　リクの〝子供〟という性質と対になるように、ゼロには〝大人〟の性質が備わるといいなと思っていました。リクを導いてくれる正しい大人としての役割です。かつてやんちゃだったゼロも成長し、今度は誰かを導く存在になるという流れが理想でした。

――伊賀栗レイトを、ゼロとはギャップを感じる「お父さんキャラ」に設定された理由は？

安達　明るい作風にしてほしいとのリクエストを受けたので、コメディ要素が膨らむような設定にしました。でも、最初に「サラリーマン×ゼロ」を提案した時は冗談半分で、却下されるものと思っていました。予想に反してこの設定がOKになったのは、『ジード』におけるゼロの立ち位置が、サブで登場するウルトラマンだったからだと思います。ゼロが主人公の作品だったら実現しなかったかもしれません。

――レイトを演じた小澤雄太さんは、一人二役の芝居が大変そうでしたね。

安達　見事としか言いようがありません。表情の変化、体の動き、さすがです。

――メインとなるリク＝ジードの成長の物語と並行して、レイトの家族の物語も重要な要素として描かれていました。レイトの家族の物語を『ジード』に入れ込んだ意図をお教えください。

安達　レイトは家庭を支える父親です。家族のいなかったリクが、レイトを間近で見ることによって、「父親ってこういう存在なんだ」と認識してほしいと思いました。そのことが後に、ベリアルと対峙した時に心の支えとなるような気がしたからです。また、レイトの家族は一般市民の代表としての役割があった気がします。秘密基地にいるリクたちは、社会から外れた存在なので、一般市民の目線を保証できませんでした。ゼロがレイトとして家族を得て、情を抱くことで、ウルトラマンという存在がいつも何を守るために戦っているのかが明確にできたと思います。

――主役であるジードの物語を動かすゼロを描き終えた際の、率直なご感想をお聞かせください。

安達　ゼロは書いていて楽しかったです。言動のなかに、コメディ要素をちりばめられることができてありがたかったですね。それが許容される存在でした。自分のなかでは、ジードとゼロは両方とも主役のつもりで書いていました。主役を食ってしまうような活躍をしてしまうのが、ゼロなのだと思っています。

ジードが愛されることがベリアルへの追悼

――『ジード』ではゼロと同時に、ベリアルについても掘り下げて描く必要があったかと思われますが。

安達　カリスマ性のある帝王として描けたらいいなと思っていました。シナリオ執筆時、プレッシャーがひどくて、ベリアルにどんなセリフを言わせたらいいのかわからなかった思い出があります。

――最終決戦では、ゼロの宿敵であったベリアルを倒す役目が、ジードに託されました。同時に『ウルトラ銀河伝説』からのライバルであったゼロにも見せ場を与えなければならず、苦労されたのではないかと思われますが。

安達　本来ならゼロがベリアルを倒

安達寛高（乙一）

ウルトラマンという存在がいつも何を守るために戦っているのかが明確にできたと思います。

すべきだったのかもしれませんが、『ジード』という番組上、ジード自身がベリアルを倒す流れになります。そのためゼロには、勝利のための道を切り開くという見せ場を与え、決着をジードに託すことにしました。ゼロは最強の存在だと思います。そのまま登場したら、ジードの活躍のないまま地球を救っていたかもしれません。だから、力を一時的に失っている状態にしなければいけませんでした。また、ジードがピンチに陥っている時、ゼロが助けに来られないという状況を作り出すため、頭を悩ませた回もありました。ゼロは、すぐに世界を救ってしまいますから（笑）、脚本家泣かせですね。

最終回で、レイトたちに明るく別れを告げ、去っていくゼロ。レイトを通じてゼロが父親の心情を知り、大きく成長するところが『ジード』の見どころのひとつだ。

——テレビシリーズ終了後に公開された『劇場版 ウルトラマンジード つなぐぜ！ 願い!!』に、安達さんは「脚本協力」としてクレジットされていますが。

安達　シナリオ開発の会議に参加して、時折、提案などをさせていただきました。当時、劇場版の脚本執筆も自分が引き受けるかどうかで悩みました。しかしスケジュールの都合上、劇場版の脚本執筆をする場合は、テレビシリーズの脚本をプロットの段階で他の人に任せなくてはならないという状況になっていました。そこで自分はテレビシリーズを最後まで担当し、劇場版には脚本協力としての参加になりました。

——『ジード』でやり遂げられ満足したこと、あるいはやりたかったけれど尺の問題などで手がつけられなかったことなどがあれば、お聞かせください。

安達　『ジード』で心残りだったのは、後半に登場する石刈アリエ登場回を書けなかったことです。自分の担当回の直後からアリエは登場し、その次の自分の担当回の時点では、既に物語から退場していましたから。また、縦軸要素の強い、シリアスな回ばかり担当していたのも心残りでした。気楽な単発回を書けたら良かったなぁと思っていたら、『ウルトラマンR／B』で単発回の依頼が来てうれしかったです。やり遂げて満足したことは、ベリアルの物語を何とか着地させられたことです。ベリアルはこれまでに何度も倒され、復活してきましたが、今回は本当の〝終わった感〟が出せた気がします。いつかまた、復活するのかもしれませんが、ひとまずホッとしました。

——ジードはその後も『劇場版ウルトラマンR／B セレクト 絆のクリスタル』、『ウルトラギャラクシーファイト ニュージェネレーションヒーローズ』、そして新番組『ウルトラマンZ』に登場しています。今後、ウルトラマンシリーズにおけるジードの成長に関して、どんな期待がありますか？

安達　これからも大勢の子供たちに希望をもたらしてほしいです。ジードが愛される存在になることが、ベリアルへの追悼になるような気もします。

——ウルトラマンシリーズに参加されたことで、その後の小説などの執筆活動において、影響はあったでしょうか？

安達　特撮ヒーローというジャンルを書けたことは、自信に繋がりました。また、父と子というテーマの面白みを再発見し、また同じテーマで作品を執筆してみたいな、と思っています。

——今後も続くであろうゼロとジードの活躍に、再びスタッフとして関われるとしたら、どのようなことを試してみたいでしょうか？

安達　日常的な話を書いてみたいです。また、生命体としての怪獣を描いてみたいです。『ジード』における怪獣は、兵器として呼び出される側面が強かったと思うので、そうではない世界観のものを書いてみたいですね。

あだち・ひろたか（おついち）：1978年10月21日生まれ、福岡県出身。1996年に「乙一」名義で応募し、第6回ジャンプ小説大賞を受賞したホラー小説『夏と花火と私の死体』（集英社）で小説家デビュー。2003年、前年に刊行した『GOTH リストカット事件』（角川書店）で第3回本格ミステリ大賞を受賞。「中田永一」や「山白朝子」名義でも作品を発表しているほか、映像作品の監督・脚本は、実名の「安達寛高」名義で担当することが多い。代表作に、『死にぞこないの青』（幻冬舎）、『ZOO』（集英社）、『銃とチョコレート』（講談社）、中田永一名義による『くちびるに歌を』（小学館）、『私は存在が空気』（祥伝社）、乙一・中田永一・山白朝子・安達寛高らの名義によるアンソロジー『メアリー・スーを殺して』（朝日新聞出版）、荒木飛呂彦の人気コミック『ジョジョの奇妙な冒険』第4部の後日談を描いた『“The Book” jojo's bizarre adventure 4th another day』ほか多数。

『ウルトラマンZ』より、シリーズを代表する名怪獣ネロンガとウルトラマンゼットのバトル！

**『ウルトラマンZ』のメイン監督&シリーズ構成を担当する田口清隆。
ウルトラマンゼロの弟子を自称するニューヒーローが主人公の本作は、
果たしていかなるキャラクターと物語を描いていくのか？
そして、そこにゼロはいかなる形で関わっていくのか？
放送が開始して間もない『ウルトラマンZ』が目指すものと、
本作にゼロがもたらすものを監督の証言から読み解いていこう。**

取材・構成◎齋藤貴義・四海鏡

Zero & Z Staff Interview

田口清隆

［監督］

「防衛隊を出したい！」という『Z』のプラン

――今回、3年ぶりのメイン監督となる『ウルトラマンZ』を担当されることになった経緯は？

田口　去年の夏、北浦嗣巳チーフプロデューサーに近所のファミレスへ呼び出されて、ラーメンをご馳走になりまして（笑）。そこで「来年のウルトラマンをやらないか」と誘われて、円谷プロさんのほうで作られた企画書を見せてもらいました。ただ、僕は「やるのだったら、まずは最初から自分で考えて、それを改めて提案させてくれ」というお願いをしたんです。もちろん、その時の円谷さんサイドの企画書にあった要素が、今の『Z』に入ってきている部分もあります。後藤（正行）さんによるアルファエッジの元となるデザインも、その時点で存在していて「これ、かっこいいですね！」と言った記憶がありますから。

――故・吹原幸太さん（取材日の約一カ月前、2020年5月17日永眠）とともに、田口監督が「シリーズ構成」としてクレジットされているのは、そういう流れがあったのですね。

田口　はい。吹原さんとは、その少し前から、プライベートで「ウルトラマンの脚本、書いてみない？」という話はしていたんですよ。僕が全話監督を担当した『ゆうべはお楽し

みでしたね』というドラマで、やはり全話の脚本を書いてくださったのが吹原さんで、とにかく上手な方だったんです。しかも特撮作品も好きで、実際にお仕事としても、深夜ドラマの『怪獣倶楽部』を書いていたし、東京ドームのシアターGロッソでのヒーローショーでは、演出までやられていました。吹原さんが主宰されていた劇団（ポップンマッシュルームチキン野郎）の舞台を観に行かせてもらったこともあったのですが、本当に構成がしっかりしている。序盤、ただの冗談だと思っていたネタが、ちゃんと伏線として機能しているような、緻密な脚本と演出でした。忙しい方だったので、「ウルトラマンの脚本を〜」という話は僕の提案だけで終わってしまうかと思っていたんですが、ちょうど『Z』のオファーがあったタイミングで、仕事がひと通り片付いた瞬間があったんです。それで北浦さんに紹介しようと、やはり近所のファミレスに吹原さんを連れて行きました。

――『Z』の企画は、吹原さんとどのように作り上げていったのでしょうか?

田口　北浦さんの前で、2人で雑談形式でアイデアを出し合っていたことが、今の『Z』の骨子になっていますね。北浦さんに「どうですか? このスピードで、新しいウルトラマンのネタを次々と出してくれる人、他にいますか?」とプレゼンをした感じです（笑）。

――田口監督が最初に構想していた『Z』のプランで、実際に反映されたものをお聞かせください。

田口　まず『Z』は「防衛隊を出したい!」という部分ですね。ここ何年か、ウルトラマンシリーズに、なかなか防衛隊が出せないでいましたよね。それは隊員服から始まって、戦闘機のCGやミニチュア、それに専用車を作らなきゃいけないという、やはり予算面の問題が大きいんですが。でも、防衛隊がいないと、いつも同じ町内のお話になりがちなんですよね。遠いところに怪獣が出てくると、その現場に主人公たちが駆け付ける過程と理由を考えなくてはいけなくなってしまう。面白いストーリーを思いついても、それが枷になって実現できないこともある。世界中に怪獣が出現するっていう展開は無理でも、せめて町内を出て戦えるようにしようよ、ということでした。

――そのためにクリアしていったことというのは?

田口　まず「ここ数年の登場人物たちは、ウルトラマンに変身する主人公なら一張羅で問題ないと思いますが、ヒロインは毎週毎週、着る服を変えていたので、衣装合わせも含めて大変でしたよね?　隊員服を作ったほうが、リーズナブルな部分はあるんじゃないですか?」という説得から(笑)。そして、もっとも大変な戦闘機についての打開策として僕が提案したのが、ロボットを操縦する部隊にしちゃおうっていうことだったんです。ウインダムの着ぐるみが残っていたのは知っていたので、「ウインダムを操縦して怪獣と戦う防衛隊を出しましょう!」と。このアイデアは、僕が平成ゴジラ世代だから出たものかもしれません。人間が操縦する対ゴジラ兵器としてのメカゴジラやモゲラは、僕より上の世代の人たちには抵抗があるかもしれないけれど、僕としては“燃えどころ”だったりするので。

――そうしてストレイジの基本設定が生まれたんですね。

田口　ロボット部隊のなかで、僕の隠し玉がセブンガーでした。ここ数年、ノーバとか（ペガッサ星人）ペガとかブースカとか、可愛い系のキャラクターがウケてますよね。ああいうキャラクターがウケる土壌が今あるのならば、セブンガーをリメイクすればイケるだろうっていう確信がありまして(笑)。ただし、セブンガーはアトラクション用も含めて、着ぐるみが現存していなかった……。

――先ほどの予算のお話と、ちょっと矛盾しちゃいます（笑）。

田口　そうなんですよ。そこは必死にプレゼンしましたね(笑)。バンダイさんの担当の方に会うたび、本当にしつこく「セブンガーのソフビ、絶対に売れますよ!」って言い続けました(一同笑)。本音で言えば、あのシワシワ感が愛らしいところではあるんですが、周囲には「かっこよくしますから!　あのシワは金属部分の合わせ目という解釈でリデザインしましょう!」と語って。それでバンダイさんも「あれ、もしかして『パシフィック・リム』のロボットみたいになるのかな?」と思い始めてくれたみたいで(一同笑)。僕は以前、2005年の実写版『鉄人28号』にも関わっていたんですけれど、『Z』のセブンガーのイメージソースは、鉄人28号と『ゴジラvsスペースゴジラ』のモゲラ、それと『パシフィック・リム』のチェルノ・アルファですね。

――おかげでバンダイさんから発売されたソフビは、とってもいい出来ですよね。

田口　入荷されたら即売り切れだったという噂は聞いてます。先日、僕も初めて触りましたけど、なかなかいいんですよ。10個ぐらい買ってセブンガー大隊を作りたいと思っています（笑）。

ほとばしる怪獣愛と最終話まで考え抜いた展開

――これまで田口監督の担当された作品は、旧作の怪獣ファンにとって嬉しい演出が多々ありました。

田口　実際、今年は怪獣メインで行こうよっていう流れはあったんです。円谷プロさんから「怪獣を推していきましょう」と言われて、僕としては望むところなので、旧作の人気怪獣の演出プランなども、いろいろ考えました。担当じゃない回でも「そんなことしちゃうんだ!」みたいなサプライズがありますね。ちなみに僕の担当回で言うと、第2話に念願のネロンガを出せることが決まりまして。大好きな怪獣だったので、「怪獣が出ました」「それに対して防衛隊が出動します」「さあ、どうする?」という基本フォーマットを使って、怪獣が出る理由と倒す方法を、しっかり考えたエピソードになっていると思います。再登場する旧作怪獣は、まず着ぐるみがあるかどうかが前提ではあるんですが、やっぱり初代『ウルトラマン』の怪獣に偏る部分はあって。幅広い世代に知名度があるというのもありますが、根底にあるのは、やはり成田亨さんによる怪獣のデザインのすごさです。自分も新怪獣を出す時、成田さんの怪獣みたいにしたい気持ちはあるんですが……でもやっぱりテレスドンみたいな怪獣を出そうとすると「新怪獣なのに、こんなにシンプルで大丈夫かな?」って不安になっちゃいますね(苦笑)。僕は『ウルトラマン』の怪獣に一番思い入れがあるので、どうしても演出していて楽しいというか、現場にテレスドンとかネロンガとかが現れるとワクワクするんですよ。なので、『ウルトラマンティガ』以降の平成ウルトラ怪獣に愛着を持っているファンの皆さんは、なかなか再登場の機会がなくて、ちょっと寂しいかもしれませんね。僕は昔から自分が撮りたかった怪獣が、ようやく撮れるようになったわけなので、次世代の「今のウルトラマンにはこれが足りない!」と燃えている若者が監督になって、自分の好きな怪獣を縦横無尽に暴れさせられるように頑張って欲しい、と思っています。

——自分の欲望に素直にキャスティングするべきだと。

田口 はい。と言っても、近年のシリーズで初期怪獣が多いのは、ソフビ商戦と造形予算の結果です。僕のウルトラマン原体験は、再放送やレンタルビデオで観た『ウルトラQ』と『ウルトラマン』ですので、〝原理主義者〟みたいに面倒くさがられるんですが(笑)、やっぱり『ウルトラセブン』以前とその後でウルトラマンシリーズの流れが大きく変わっていったというのはありますよね。僕がその初期の流れが好きだというのと、現状の怪獣行政がハマっただけというのが実際です(笑)。

田口が「ロボット部隊のなかで、僕の隠し玉」と語るセブンガーのドック格納カット。

——ちなみに凶暴宇宙鮫ゲネガーグは、第1話の登場怪獣としては珍しい、魚モチーフの新怪獣ですが。

田口 第1話は、まずセブンガーのスーツを新造しなくちゃいけない。怪獣も新キャラクターにしたいけど、1話の新造形物が多過ぎる。そこで、既存のスーツを改造した新怪獣ならいけますか、と提案したんです。その時、「そろそろあいつもお疲れだろうから、俺が引導を渡そう」と考えたのが、マガタノオロチだったんですよ。マガタノオロチは『ウルトラマンオーブ』の設定的に、もう出てくることのないキャラクターだったので、いつか再生怪獣軍団の一員として噛ませ犬みたいな扱いで登場するぐらいなら、いっそ新しい怪獣に生まれ変わらせてしまおうと思って(笑)。あの大きな口を生かすなら、鮫モチーフの怪獣だろうなと。

——なるほど。対するウルトラマン側についてもお話を聞いてみたいのですが、まず今回の変身アイテム、ウルトラゼットライザーとウルトラメダルについてはいかがですか?

田口 僕と吹原さんでプロットを考えながら、「どんな変身アイテムが来ても、物語に溶け込ますぞ!」と結託していたんですが、「今回はカードとメダル3枚です」と言われて、ちょっとひっくり返りました(笑)。『ウルトラマンX』の時、自分が関知せずに設定された最終アイテムや後半の展開を、最終回で回収することになって、頭を抱えたという経験がありまして。だから『オーブ』の時には「最初に最終アイテムと最後の展開を決めましょう」と提案して、おかげでウルトラマンオーブは最終形態を第1話に先行登場させたりなどもできて、全体の構成が上手くまとまったと感じていたんですね。なので今回もシリーズ構成として、変身アイテムをお話の展開にキチンと盛り込もうと思っていたんですが……「こんな量のアイテムを、劇中でどうやって面白く機能させるんだ?」と、一時は真剣に降りようとしました(笑)。そこはなんとかアイデアを捻り出して、自分を納得させたわけですけど。

——今回、田口監督はシリーズ構成として、クランクインする前段階で、最終回までの流れが全て見えている状態なわけですね。

田口 ええ。早い時期に専用の会議室を作ってもらい、パーティションを壁に並べて、1話から25話までの「やらなければいけないこと」と「やりたいこと」のメモをどんどん貼っていきました。「最終パワーアップアイテムがこれだから、それをどうやって手に入れるか?」とか「この姿に変身する時に戦う怪獣は?」とか、それこそ「この回は、あの監督にお願いしよう」まで、その時点で

「ゼロの"自称弟子"が、どんなウルトラマンだったのか?」を描くことで『ウルトラマンZ』は「ゼロの歴史」の1ページになるんじゃないかと考えています。

決めていきましたね。大変な作業でしたけど、それをやりたいから今回はシリーズ構成も任せてくれと言った部分もあるわけですし、それを北浦さんは承諾してくれたわけですので、本気でやらなくちゃいけませんからね。

ゼロとゼットでのニュージェネ総括

――『Z』はニュージェネレーションと呼ばれる近作のなかで、どんな位置付けの作品になるのでしょう?

田口 去年の『ウルトラマンタイガ』がニュージェネシリーズの集大成みたいな言われ方をしていたし、坂本浩一監督が撮られた『ウルトラギャラクシーファイト ニュージェネレーションヒーローズ』は、ウルトラマンゼロとニュージェネレーションヒーローズたちの、ひとつの総決算といえる作品でしたよね。令和という新元号から始まったタイガまでがニュージェネレーションの一区切りと考えて、『Z』は令和代表の新たなウルトラマンにしようと思っていたんですよ。平成ウルトラマンの代表と言ったら必ずウルトラマンティガが出るように、ウルトラマンゼットは令和を背負って立つヒーローにしようと、最初はそういうつもりだったんですけど……。変身アイテムは歴代ウルトラマンの力を借りるものだし、「10周年を迎えたゼロを主軸に置いて、それからベリアルも絡めるためにウルトラマンジードも登場させましょう」というお題が出されて……「それって完全にニュージェネじゃん!」って(一同笑)。なので、もう割り切って、自分なりのニュージェネレーションヒーローズの総括をやってやろうじゃないかっていう気持ちに切り替えました。

――ゼロを主軸に置くということで、今回の主人公であるウルトラマンゼットは、ゼロの弟子という設定です。

田口 ゼロの弟子にしようって発案したのは僕なんですよ。ゼロを出すことが条件と言われた際、ゼロを物語のメインに置いてしまうと、お話が成立しなくなると思ったんです。彼はひとりでいくらでも敵を倒せる強いウルトラマンですから、新しいウルトラマンが出てきても、ゼロだけで問題が解決しちゃう。だから『ウルトラマンジード』でも、当初はブレスレットを壊して、力を出せなくしていましたよね。ゼロは縛り付けておかないと、新しいウルトラマンの話が作れないんですよ。ただ、毎週ゼロを出してくださいっていう注文ではなかったので、ゼロを立たせる方法として、主人公を弟子にすることを思いついたんです。

――ゼロの弟子であるゼットのキャラが立てば、おのずとゼロの存在感も増してくるということですね。

田口 ゼットに関してはゼロの弟子というより、まず先ほどお話しした「メダル3枚」という条件をどうするかで苦心しました。何度目かの打ち合わせで、やっぱり北浦さんにファミレスでラーメンを奢ってもらいながら「歴代ウルトラマンの力を3人分も使わなきゃ戦えないって、どれだけ弱いウルトラマンなんだよ!」って、ひとりで怒っていたんですけど(笑)、その時に「あ、そうか! "史上最弱のウルトラマン"にすればいいのか」って思いついちゃったんですよね。

――それはそれでキャッチーですね。

田口 『大怪獣バトル ウルトラ銀河伝説 THE MOVIE』などの映像作品にも出ている、まだカラータイマーも付いていない、モブのウルトラマンたちがいたじゃないですか。そのなかの1人をピックアップして、主人公にすればいいんじゃないかって思いついて。その上でゼロに「お前なんか三分の一人前だ!」みたいなことを言わせればいいんじゃないかって。ゼロの弟子っていう発想が生まれたのも、じつはそこからなんですよね。それで北浦さんに「史上最弱のウルトラマンでどうですかね。カラータイマーもついていないウルトラマンで……」と提案したら、北浦さんがすごく困った顔をしてしまって。「今年はカラータイマーがついていないウルトラマンは、駄目だ」って。僕が「えっ、何でですか?」って聞いても「とにかく駄目」とだけ返されて。まだ当時は発表になっていなかったですけど……。

――ああ、映画『シン・ウルトラマン』のデザインですね(一同笑)。

田口 ただ、「そもそも最弱のウルトラマンなんて、子供に人気は出ないんじゃないか、それだと玩具も売れないだろうし」っていう話もあって、それには僕も納得したんです。なので、ゼロの"自称"弟子で、ゼロも口の上では弟子と認めてはいないけど、ある程度は信頼している新人ウルトラマンっていう設定になったんです。

ゼットを描くことがゼロの歴史の1ページとなる

――近年、ニュージェネレーションヒーローズを牽引してきたと言っても過言ではない田口監督ですが、ゼロとの関わりは意外に薄いイメージがあります。一番最初に田口監督が、ゼロのデビュー作である『ウルトラ銀河伝説』をご覧になった際の、第一印象は?

田口 やっぱり自分はウルトラマンにおける本編パート、「防衛隊などに所属している人間たちが、どうやって強大な怪獣を倒すのか?」という部分が好みなんですね。SF映画でいえば、遠い宇宙を舞台にした『スター・ウォーズ』よりも、地球に侵略者がやってくる『トランスフォーマー』シリーズやスピルバーグの『宇宙戦争』が好き……というか。もちろん『ウルトラ銀河伝説』で坂本さんが提示した世界観は、過去、内山まもるさんの漫画などでウルトラマンの歴史に存在していた要素ですので、純粋に「なるほど、今度はこっちの方向でいくのか」という感想を抱きましたね。僕の個人的な「いま住んでいるこの街の日常が一変する」というSF映画の好みでいえば、ゼロ主演作品のなかでは『ウルトラマンサーガ』ということになります。監督のおか(ひでき)さんは『ウルトラマンコスモス』時代の直の上司で、当時ペーペーだった僕にも親しく接してくださった方なんです。『コスモス』の打ち上げの席だったと思うんですが、僕が生意気にも「おかさんって、もし突然『明日、ウルトラマンを撮れ!』って言われたら、撮りますか？」って尋ねたことがあったんですよ。そしたらおかさんは間髪入れずに「撮るよ！　お前だって撮るだろ？」って熱く返されて(笑)。そういう思い出もあって、おかさんが撮った『サーガ』は、劇場で2回観て、2回とも泣いてしまった作品でしたね。

──なるほど。そんなゼロを田口監督が本格的に演出したのは、『ジード』が最初になりますよね？

田口　『ウルトラマンゼロVR』や『劇場版 ウルトラマンX きたぞ！ われらのウルトラマン』もあったけど、宮野真守さんが新規で声をあてたゼロを本格的に……という意味では、そうなりますね。とはいっても、『ジード』でも変身前のパートのほうが多かったんですよ。じつは『ジード』放送以前に僕が勝手に構想していたウルトラマンの新企画が、偶然にもレイトさんの設定とそっくりだったんですよ。「ごく普通なサラリーマンがウルトラマンになってしまったら、何が起こる？」っていう設定で、その時に考えていたネタを、実際に『ジード』でレイトさんにやってもらいました。「今日は会議があるのに！」って思ってるのに、ウルトラマンの意思で怪獣退治に向かわなくちゃ行けないとか、そういうのはすごくやりたいネタだったので、本当はもっとレイトさんを掘り下げたかったぐらいでした。ゼロ自身については、好きなキャラクターではあるんですけど、ちょっと僕が手をつけても良いのかっていう気がしてしまって(笑)。やっぱり坂本さんやアベ（ユーイチ）さんやおかさんが作り上げてきたものなので。

──『Z』でもゼロは、まだ扱いにくいですか？

田口　何回もやっているうちに慣れてきた、という感じです。当初はアフレコでも宮野さんに「ゼロはそういう言い方するってことで……大丈夫ですよね？」と確認したり（笑）。まあ、彼はもうゼロ本人みたいなものですからね。だから『ジード』の時って、割と宮野さんは落ち着いて演じていたので「あれ？　ゼロってそんなにクールだったっけ？」と思って「今年のゼロはそんな感じなんですか？」とか尋ねたんですが、宮野さんに「『ジード』ではこうですよ」って言われたら「あ、そうですか！」って感じですよね（一同笑）。宮野さんは吹原さんと一緒にやった『ゆうべはお楽しみでしたね』に、顔出しで出演してもらっていて、その時に色々お話をして、仲良くさせてもらったんですよ。だから今では、宮野さんを経由してゼロに親近感を持っているぐらいですね。今回、アフレコで宮野さんとお会いして、最初に話したのは「宣伝では『ゼロの弟子』って言ってますけど、あくまで〝自称弟子〟なので、ゼロはまだゼットのことを正式には認めてないんですよ」ということでした。宮野さんも、ゼロって自ら弟子を取るようなキャラじゃないと思っているんじゃないかな、と考えていたんですよ。そしたら宮野さんが「それを聞いて安心しました」って（笑）。

──つまり、ゼロのキャラクターに対して、宮野さんと田口監督の間での齟齬は生じてなかった……ということですね。

田口　そうですね。〝自称弟子〟って、僕はすごく面白いと思ったんですよ。宣伝部の方たちから「ちょっと弱く見えちゃう。キッズに直撃させるためには〝自称〟は良くない」って言われて。それはそうか、しょうがないな……と諦めました(笑)。ゼロは「弟子なんか取ってない」って言いながら、ゼットのことはちゃんと認めてはいるんですよ。「なぜゼットを弟子として受け入れないのか？」というのが、『Z』におけるゼロの物語になるんです。なぜゼットは1／3しか認められていないのかということを描くのが『Z』の骨子となります。そんなことを宮野さんとお話してから本番に臨めたのは、吹原さんと組んだ『ゆうべはお楽しみでしたね』のおかげだと思います。

──今回はゼットの成長を通して、ゼロのストーリーも描くというわけですね。

田口　はい。直接ゼロが登場する回というのは思ったより少なく感じられるかもしれませんが、まさにそういう意味では、今回『Z』で初めてゼロとがっぷり四つで仕事が出来たと思っています。ゼロをメインにするのでなく、ゼットの物語のなかに溶け込ませようという気持ちですね。「ウルトラマンゼロの歴史」というものがあるとしたら、『Z』は「ゼロに付きまとっていた〝自称弟子〟が、どんなウルトラマンだったのか？」をしっかり描くことで、その1ページになるんじゃないかと考えているところです。

田口監督が担当した『ウルトラマンジード』第11・12話は、レイトとゼロの面白すぎるやりとりやベリアル捜索で宇宙に向かうゼロの活躍など、ゼロ的な見どころも多数。

たぐち・きよたか：1980年5月7日生まれ、北海道出身。ゴジラシリーズなどの映像作品にスタッフとして参加しながら監督した、自主制作映画『大怪獣映画 G』で大きな注目を集め、NHKのバラエティ番組の企画として立ち上がった映像作品『長髪大怪獣ゲハラ』（09年）の監督に抜擢される。円谷プロ作品では、『ウルトラゾーン』（12年）、『ネオ・ウルトラQ』（13年）、『怪奇大作戦 ミステリー・ファイル』（13年）を経て、『ウルトラマンギンガS』（14年）以降、ニュージェネレーションヒーローズに欠かせない監督のひとりとなった。ウルトラマンシリーズ以外の主な監督作に、ドラマ『MM9』（10年）、『ゆうべはお楽しみでしたね』（19年）、映画『THE NEXT GENERATION -パトレイバー -』（14年）など。

ENEMY of ZERO
ウルトラマンベリアルの総て

HISTORY of BELIAL
ウルトラマンベリアルの変遷

『大怪獣バトル ウルトラ銀河伝説 THE MOVIE』
での初登場以来、長きにわたり執念深く、
時に姿形を変えて、ゼロをはじめとする
ウルトラマンたちの前に立ちふさがり、
あるいは暗躍してきたウルトラマンベリアル。
その変遷をここに紹介しよう。

文◎四海鏡・富士見大

2009年に公開された『大怪獣バトル ウルトラ銀河伝説 THE MOVIE』は、煌めく新世代のヒーロー・ウルトラマンゼロとともに、邪悪な心を持ったウルトラマンを生み出した。複雑化した現代社会、〝ウルトラマン=善〟という構図には、過去、何度も疑問は投げかけられていた。平成ウルトラマン以降、主役ヒーローであるウルトラマン=〝光の巨人〟と酷似した姿を持つ〝闇の巨人〟の登場機会が増えていき、例えば『ウルトラマンネクサス』では、ウルトラマンネクサスと対になる存在・ダークザギが、ウルトラマンシリーズ史上最大級とすら思える脅威として立ちふさがった。

とはいえ、それら〝闇の巨人〟のなかに、M78星雲・光の国の出身者、すなわち昭和シリーズのウルトラマンと出自を同じくする者は、存在しなかった。故に、『ウルトラ銀河伝説』でウルトラマンベリアルの登場が発表された際、ファンは驚愕した。そして、数々のウルトラマンたちを蹴散らし、怪獣軍団を操り、ふてぶてしい態度をとるベリアルの大活躍に、ファンは主役ヒーローのゼロと同じくらい熱狂したのである。

ウルトラの父(当時の名はウルトラマンケン)の親友であったベリアルは、3万年前に光の国を襲ったエンペラ星人が率いる怪獣軍団との全面戦争、通称・ウルトラ大戦争(ウルティメイトウォーズ)で、エンペラ星人の凄まじい力に惹かれ、プラズマスパークのエネルギーコア奪還を考えるも失敗。その結果、光の国を追放されることとなってしまう。宇宙を彷徨っていたところ、レイブラッド星人によって、その因子を与えられて闇に堕ち、肉体も現在のものへと変貌を遂げる。こうしてベリアルは、光の国の長い歴史のなかで、初めての悪の戦士となったのだ。ちなみに、レイブラッド星人の因子によって変貌する前、赤と銀の体色だった時代の姿はベリアル(アーリースタイル)と呼ばれている。

レイブラッド星人から与えられたギガバトルナイザーを駆使し、光の国への大反乱を起こしたベリアルは、ウルトラマンキングの力によって宇宙牢獄に封印されてしまう(後に、この反乱は「ベリアルの乱」と称される)。そして時が経ち、再び光の国に襲来したベリアルは、ついにプラズマスパークタワーのエネルギーコアの強奪に成功するのであった。

ギガバトルナイザーの力で、怪獣墓場に眠っていた100体もの怪獣を復活させたベリアルは、駆けつけた歴戦の勇士たちを相手に有利な戦いを続ける。しかし、そこに登場したゼロとの一騎打ちに敗れ、怪獣たちと融合した巨大な姿・ベリュドラと化すも敵わず、完全敗北を喫した。『ウルトラ銀河伝説』の後日譚である『ウルトラ銀河伝説外伝ウルトラマンゼロVSダークロプスゼロ』では、ゼロと死闘を繰り広げた戦闘ロボット・ダークロプスゼロの誕生に、倒したはずのベリアルが関わっていることが示唆される。

そして映画『ウルトラマンゼロ THE MOVIE 超決戦!ベリアル銀河帝国』にて、じつはベリアルは多元宇宙のひとつ・アナザースペースへと逃れており、そこで自らの帝国を築き上げ、カイザーベリアルを名乗っていたことが判明。アナザースペースに向かったゼロとの戦いでは、初めてギガバトルナイザーを使用しない自らの必殺技・デスシウム光線を披露した。さらには膨大なエネルギーを秘めたエメラル鉱石を取り込んで、まるで怪獣のごときアークベリアルへと変貌。ゼロに最後の勝負を挑むものの敗れ去り、その肉体は消滅した。

だが、ベリアルは完全に滅んだわけではなかった。『ウルトラゼロファイト』第二部『輝きのゼロ』では、かつてエンペラ星人がウルトラマンたちとの決着のため用意していた暗黒魔鎧装アーマードダークネスに、魂だけで宇宙を漂っていたベリアルが憑依し、カイザーダークネスとして生まれ変わる(その際、かつてゼロにつけられた顔の傷が消えていた)。悪の宇宙人軍団・ダークネスファイブを指揮するカイザーダークネスは、なんと宿敵であるゼロの肉体にも憑依。ゼロダークネスとしてゼロの仲間たちを殲滅するが、新たな力を手に入れたゼロの前にまたも敗れた。しかしその後、ゼロが仲間たちを復活させるために時間逆行能力を用いたため、ベリアルもまた蘇っていた。

こうして一度〝リセット〟されたベリアルは、2017年のテレビシリーズ『ウルトラマンジード』において、主役ヒーローであるウルトラマンジードの〝父親〟として登場。ジードの頼れる兄貴分としてゼロも登場し、『ウルトラ銀河伝説』から続くゼロVSベリアルの一大サーガに決着をつける物語が展開された。

超時空消滅爆弾を持ったベリアルとゼロたちウルトラヒーローの戦い(オメガ・アーマゲドン)によって、地球を含んだ宇宙は消滅の危機に瀕する。駆けつけたキングの奇跡の力でなんとか崩壊から復活はしたものの、この宇宙消滅事件はクライシス・インパクトと呼ばれ、ゼロの弱体化など様々な影響を及ぼす。そんな事件が都市伝説として語られている地球の日本で、ヒーローに憧れる孤独な少年・朝倉リクは、住んでいた街をスカルゴモラから守るため、ウルトラマンジードに変身して戦うこととなる。

スカルゴモラをはじめ『ジード』登場怪獣の多くは、「ベリアル融合獣」という名称の通り、体の各部にベリアルの意匠が組み込まれている。だが肝心のベリアルは、ジードやゼロたちの前になかなか姿を見せない。そんななか、ベリアルに心酔する伏井出ケイことストルム星人が語った真実は、ベリアルは肉体を失って別次元に潜伏しており、完全復活のために必要なウルトラマンの模造品として、自身の遺伝子を使ってジードことリクを生み出したということだった。

その後、登場したベリアルは、ゾグ第2形態とファイブキングの力を用いて、ベリアル融合獣の一種であるキメラベロスへと変身。ジードおよびゼロがパワーアップをはたしたゼロ ビヨンドを相手に善戦を続けたものの、最後はジード ロイヤルメガマスターの必殺技を浴びて、姿を消す。

そして、ついにベリアル完全復活の時が訪れる。エンペラ星人とダークルギエルの力で、黒と銀の鋭角的なボディを持ったベリアル アトロシアスにパワーアップし、地球に降臨。ついに因縁のゼロを退け、かつての戦友・ウルトラの父さえも撃破しようとするものの、最後にはベリアルを父として受け入れることを決意した、ジードによって葬られる。悪のウルトラマンは父親となり、今度こそ本当に、世界から消滅したのだ。

だが、『ウルトラマンタイガ』には、ベリアルの因子を使用して生み出されたニセウルトラマンベリアルが登場。今後もベリアルの負の遺産を用いようと企む悪の存在が、登場する可能性は高いといえるだろう。

ULTRAMAN BELIAL

強大な力を求め、
ウルトラの星に牙を剥いた反逆の徒

ウルトラマンベリアル

【DATA】
身長：55m
体重：6万t
出身地：M78星雲・光の国

光の国の長い歴史のなかで、初めて出現した悪の戦士。ほかのウルトラ一族とは一線を画す、黒い体色や鋭い爪を持った筋肉隆々とした肉体は、プラズマスパークのコアを盗もうとして光の国を追放されていた際、レイブラッド星人の精神体と出会い、怪獣を捕獲・使役するレイオニクスとなる因子を与えられ変貌したもの。レイオニクス戦士がバトルナイザーというアイテムを使って使役できる怪獣の数は、通常3体までだが、ベリアルの使うギガバトルナイザーは、なんと100体まで操作可能。戦闘では、ベリアルジェノサンダーやベリアルショットといった破壊光線を放つ棍棒状のギガバトルナイザー自体を武器とすることが多いが、格闘能力も高い。光の国に乗りこんで「ベリアルの乱」を巻き起こし、一時は光の国の全エネルギーを奪って、凍結にまで追い込んだ。

ウルトラマンベリアル アーリースタイルについて

ベリアルがウルトラの父（当時の名はウルトラマンケン）たちとともに、光の国で活躍していた当時の姿。銀と赤の体色をした、一般的なウルトラ一族のボディである。デザイン画は用意されず、造型スタッフによって新規に作り起こされた。ウルトラ戦士の基本を踏まえたうえでボディのカラーリングはベリアルへと発展することを想定している。『ウルトラマンジード』のクライマックスでも、この姿になる瞬間を見せている。

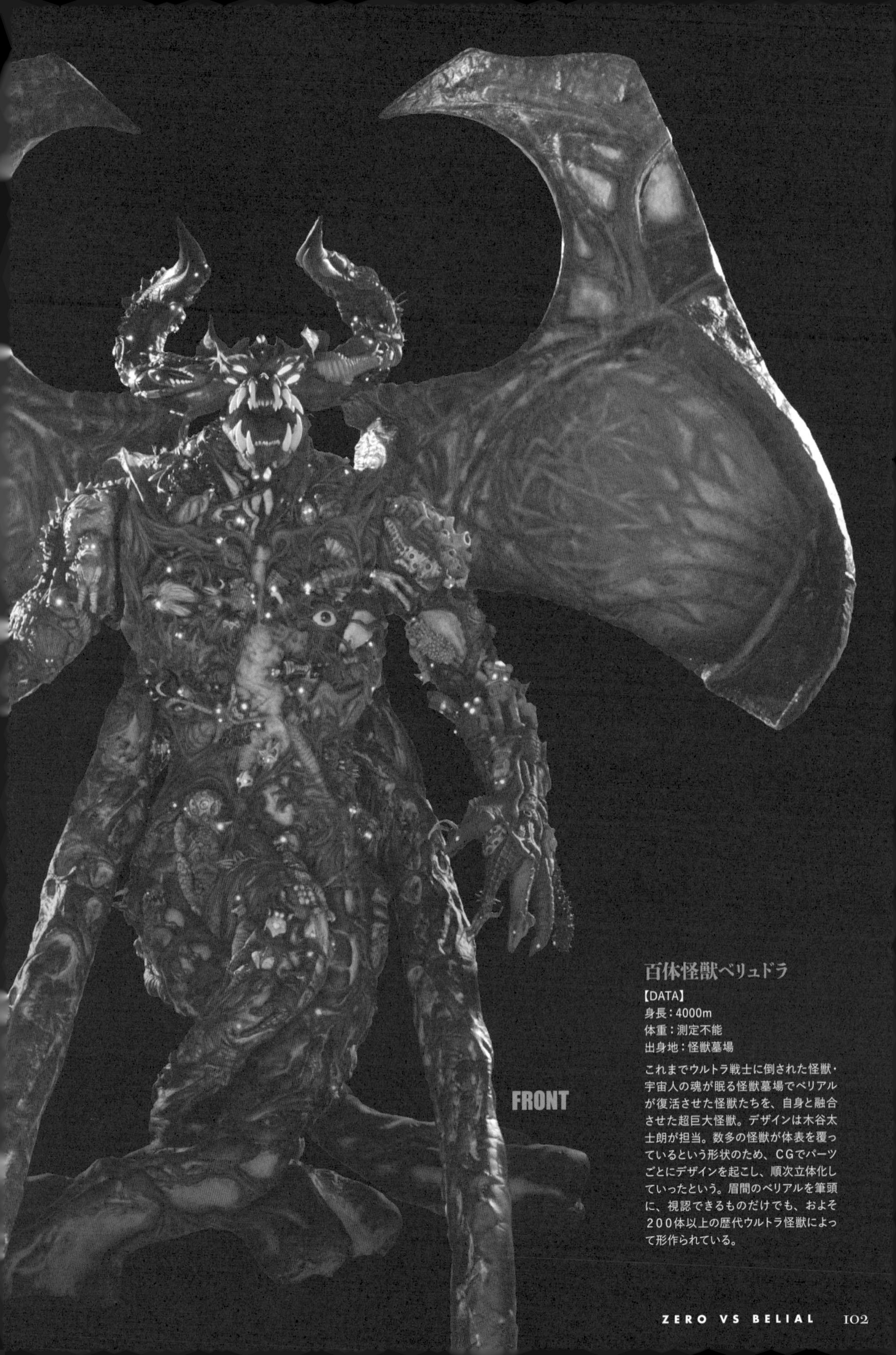

百体怪獣ベリュドラ

【DATA】
身長：4000m
体重：測定不能
出身地：怪獣墓場

これまでウルトラ戦士に倒された怪獣・宇宙人の魂が眠る怪獣墓場でベリアルが復活させた怪獣たちを、自身と融合させた超巨大怪獣。デザインは木谷太士朗が担当。数多の怪獣が体表を覆っているという形状のため、CGでパーツごとにデザインを起こし、順次立体化していったという。眉間のベリアルを筆頭に、視認できるものだけでも、およそ200体以上の歴代ウルトラ怪獣によって形作られている。

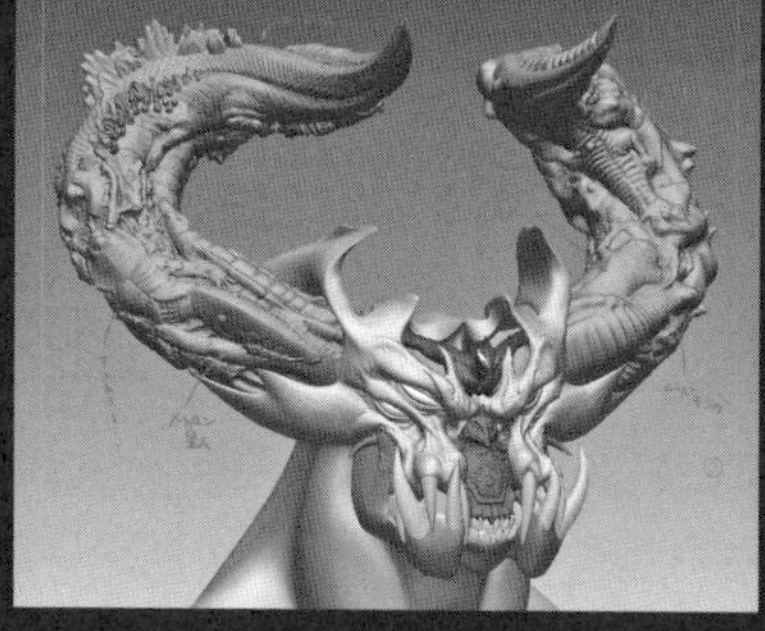

木谷による頭部デザインラフ（上）と、CGによる頭部デザイン（下）。額にベリアル、顔正面のベムスターがもちろん、角にもびっしり怪獣が配置されていることが分かる。

怪獣の亡霊と合体した悪魔のごときベリアルの姿

BELYUDRA

BACK

KAISER BELIAL

ベリアル銀河帝国の皇帝に君臨する
不屈のスカーフェイス

銀河皇帝カイザーベリアル

【DATA】身長：55m ／体重：6万6000t（マント着用時）／出身地：M78星雲・光の国

ウルトラマンゼロの活躍で撃破されたかに思えたベリアルが、アナザースペースに逃れて光の国への復讐に燃え、暗黒参謀ダークゴーネと鋼鉄将軍アイアロンを配下に置き、帝国機兵レギオノイドや帝国猟兵ダークロプス（ウルトラマンゼロの戦闘力をコピーした戦闘ロボットの量産型）を兵士として、ベリアル銀河帝国を結成。カイザーベリアルを名乗って、アナザースペース各地に魔の手を伸ばした。ベリアル軍の力で、光の国はおろか、全次元の宇宙を支配しようと企む。皇帝の威厳を象徴する真紅のマントと、かつての戦いでゼロに刻まれたと思しき傷が顔面の右半分に走っている。また、爪がさらに長く赤く伸び、洗脳効果を持ったウイルスを注入するカイザーベリアルクローに変貌。必殺技は両腕を交差させて放つデスシウム光線。

ARCH BELIAL

ベリアルがエメラル鉱石の力で凶暴化した超巨大怪獣

超銀河大帝アークベリアル

身長：300m ／体重：30万t ／出身地：エスメラルダ宙域

カイザーベリアルが、超エネルギーを秘めたエメラルド色のエメラル鉱石を大量吸収し、怪獣化した姿。もともとアナザースペースに存在する惑星を侵略したのも、このエメラル鉱石を邪悪な目的に使うためだった。惑星さえも破壊するアークデスシウム光線を口から放つ。圧倒的パワーでゼロたちを追いつめるが、人々の諦めない心が伝説の存在・ウルトラマンノアを呼び出し、ウルティメイトイージスをゼロに授ける。これを装着したウルティメイトゼロの必殺技・ファイナルウルティメイトゼロを受けてカラータイマーが粉砕され、消滅した。

暗黒の鎧に宿りし
ベリアルの亡霊がゼロに迫る！

FRONT

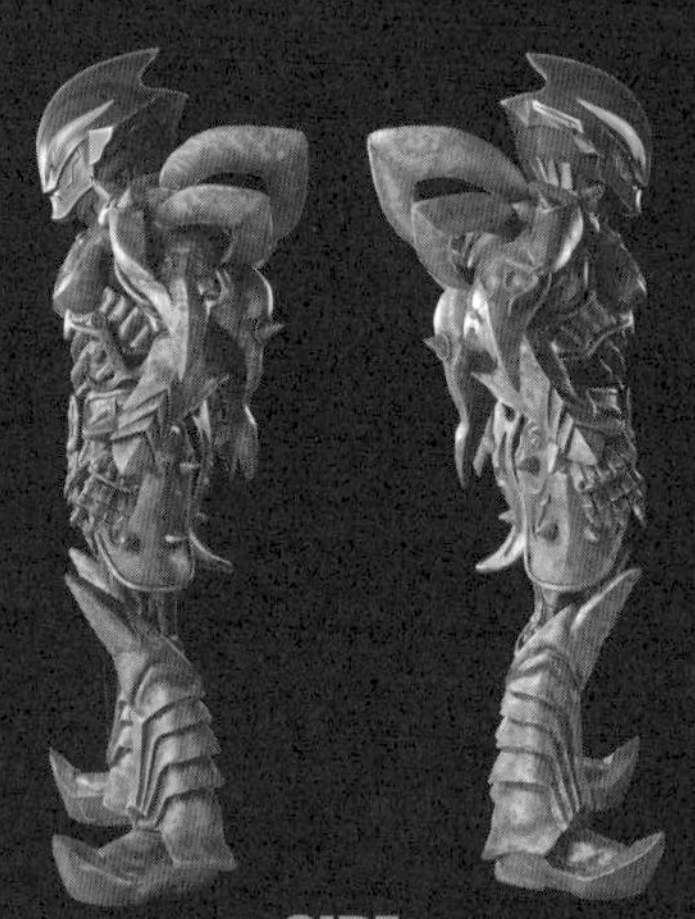

SIDE

BACK

暗黒大皇帝カイザーダークネス

身長：不明／体重：不明／出身地：怪獣墓場

フューチャーアースでゼロが戦ったバット星人の同族・バット星人グラシエが、断末魔に口にした「あのお方」その人。メフィラス星人・魔導のスライ、ヒッポリト星人・地獄のジャタール、テンペラー星人・極悪のヴィラニアス、グローザ星系人・氷結のグロッケン、デスレ星雲人・炎上のデスローグの5体で構成される、ダークネスファイブを配下とする。魂だけになって宇宙を彷徨っていたベリアルが、怪獣墓場にてエンペラ星人が装着するはずだった最凶最悪の生きた鎧・暗黒魔鎧装アーマードダークネスを見つけ、それに憑依した姿。ベリアルが闇に染まるきっかけの存在でもあったエンペラ星人の専用アイテムへの憑依というのが、奇縁を感じさせる。

KAISER DARKNESS

ZERO DARKNESS

ゼロの身体を我がものとしたベリアルの魂

ゼロダークネス

身長：49m ／体重：3万5000t

ウルティメイトゼロとの戦闘により、ウルティメイトゼロソードで胸を貫かれて大爆発を起こしたカイザーダークネスだったが、それはアーマードダークネスが破壊されただけに過ぎなかった。ベリアルの魂は、今度はなんとゼロの肉体へと憑依。その姿がゼロダークネスである。ゼロ自身の精神は、ゼロダークネスの内部で、自らの体がウルティメイトフォースゼロたちを次々と撃破していくのを目にすることとなる。しかしゼロの精神はベリアルの呪縛から解き放たれ、シャイニングウルトラマンゼロへと進化することになる。

FRONT

SIDE

BACK

ベリアル融合獣
キメラベロス

身長：58m
体重：6万9千t

ベリアル自身がゾグ第2形態とファイブキングのカプセルを用いて変身した怪獣。ベリアル融合獣とは、2本の怪獣カプセルをスキャンしてフュージョンライズする、ベリアルの意匠を各部に宿した怪獣たちの呼称である。必殺技は口から放つベロスインフェルノ、両手をクロスして放つデスシウムバーストなど。ウルトラマンジードを吸収して懐柔の説得にあたる。だが、ウルトラマンキングのメッセージを受信した鳥羽ライハが、ジードにキングのウルトラカプセルを渡したことで、ジード ロイヤルメガマスターとの戦闘になり、最後はロイヤルエンドを受けて爆散した。

CHIMERA BERUS

ベリアルが自らフュージョンライズした
ベリアル融合獣

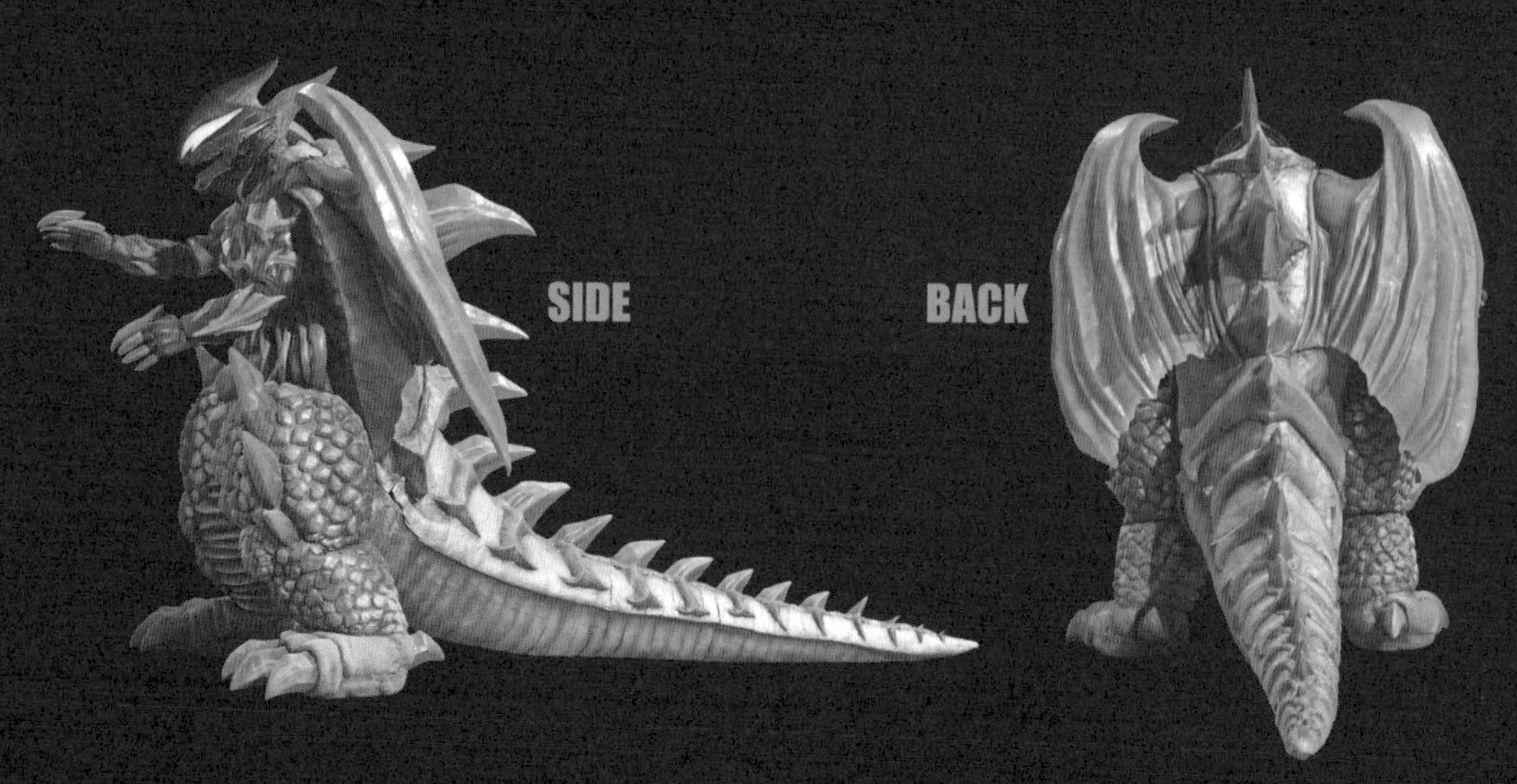

ULTRAMAN BELIAL ATROCIOUS

極悪！ 残虐!!
ベリアルが到達した
忌まわしき最終進化

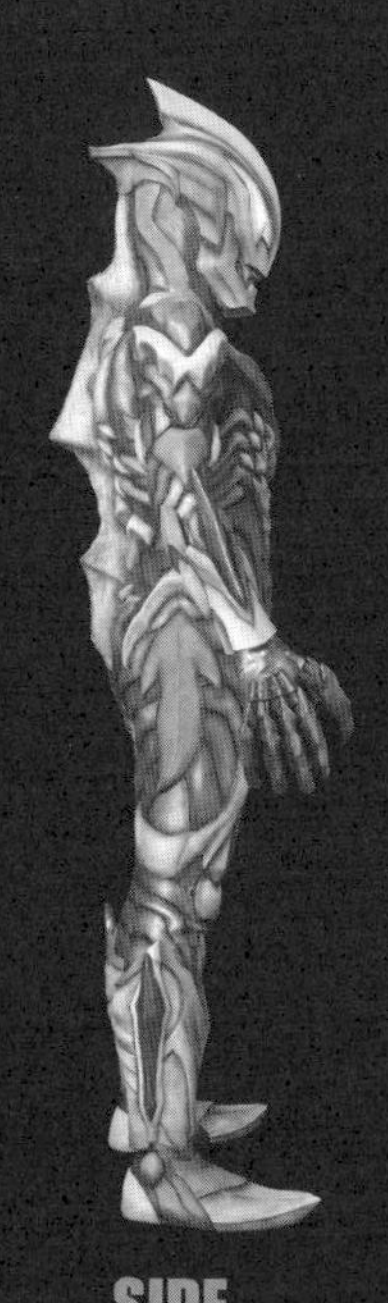

ウルトラマンベリアル アトロシアス

身長：55m ／体重：5万5000t

キメラベロスが倒され死んだと思われていたベリアルだが、その本体は、地球の女性作家・石刈アリエのなかに潜んでいた。配下であった伏井出ケイことストルム星人のストルム器官を奪い、エンペラ星人とダークルギエルの怪獣カプセルを使ってデモニックフュージョン・アンリーシュすることで変身した、ベリアル究極の姿こそ、このベリアル アトロシアスである。ギガバトルナイザーを駆使して、相打ち覚悟で戦うゼロを終始圧倒。ジード ロイヤルメガマスターも返り討ちにし、ウルトラの父がジードが体勢を立て直すまでバリヤーを張るという展開に。だが最後は、5つの形態に分裂して実体化したジードの能力（ジードマルチレイヤー）によって形勢逆転され、ジード プリミティブのレッキングバースト、ソリッドバーニングのストライクブースト、アクロスマッシャーのアトモスインパクト、マグニフィセントのビッグバスタウェイ、ロイヤルメガマスターのロイヤルエンドという、必殺光線の一斉発射攻撃・ジードプルーフでギガバトルナイザーを破壊され、元の姿に戻されてしまう。

COLUMN

ベリアルにせもの人別帳

シリーズを代表するキャラクターとなったウルトラマンベリアル。当然、偽物のひとつやふたつ登場してもおかしくない。ということで、その詳細を紹介しておこう。

文◎馬場卓也

ウルトラマンベリアル（エタルダミー）

『劇場版 ウルトラマンギンガS 決戦！ウルトラ10勇士!!』に登場。

ウルトラマンたちを鏡に封印することを企む、惑星ザントのアレーナと、その従者エタルガー。その魔の手は、ウルトラマンギンガとウルトラマンビクトリーが守る、地球にも伸びようとしていた。

ウルトラマンゼロの特訓によって、融合形態・ウルトラマンギンガビクトリーとなったギンガとビクトリーは、防衛組織UPGの作戦によって救出された7人のウルトラマン、そしてゼロとともに、エタルガーの待つ時空城へと向かう。

エタルガーは相手の記憶から最も恐れるものを実体化する能力を持っており、まずは人類の恐れるダークルギエルを、そしてウルトラマンティガ、ウルトラマンダイナ、ウルトラマンガイアが戦った怪獣たちの要素を持つ、ファイブキングを実体化。さらに時空城に向かったギンガたちを待っていたのは、それぞれのウルトラマンたちの宿敵だった。

そのなかのウルトラマンベリアル（エタルダミー）は、その名の通り、ウルトラマンベリアルが実体化した存在だ。ベリアル（エタルダミー）は時空城の第四階層にて、ウルトラマンコスモスとギンガビクトリー、そしてゼロを待ち構えていた。

そこでゼロは、コスモスとギンガビクトリーを先に行かせ、因縁の相手と対決。実際のベリアルと同様、デスシウム光線などの必殺技を持ち、首を軽く回すあの憎々しげな仕草までしっかりとコピーされているベリアル（エタルダミー）は、長い爪を使っての攻撃やキックでゼロを翻弄し、ほぼ互角の戦闘を繰り広げ、エメリウムスラッシュをものともしないタフネスさを発揮する。

しかし、デスシウム光線を乱打するベリアル（エタルダミー）だが、ストロングコロナゼロのウルトラハリケーンとガルネイトバスターに続いての、ルナミラクルゼロのミラクルゼロスラッガーという、連続タイプチェンジ攻撃には歯が立たず、最後はシャイニングウルトラマンゼロのシャイニングエメリウムスラッシュを受けて階層を次々とぶち抜きながら倒された。

邪悪で狡猾な性格はそのままだが、コピーであるためかギガバトルナイザーは持っておらず、うなり声を上げるだけで言葉は話さない。ベリアルの精神まではコピーされていないようだ。

ニセウルトラマンベリアル

『ウルトラマンタイガ』第23話『激突！ウルトラビッグマッチ！』登場。第24〜25話が最終エピソードにあたるため、『タイガ』通常回のラストにふさわしい、大物ゲストである。

とはいえ、その名の通りウルトラマンベリアルの偽者で、ウルトラマン打倒を企むヴィラン・ギルド所属のチブル星人マブゼが、ベリアル因子によって生み出した存在。配下のゴドラ星人、スラン星人、ザラブ星人によって実体化され、テレビを通じて宣戦布告を行い、そこにやってきたウルトラマンタイガを倒そうという「ウルトラマン狩り」を実行。

ベリアルとの大きな違いは、頭頂部から口へのラインと両手が黄色いこと。民間警備組織E.G.I.S.の佐々木カナには、その黄色い手を『バナナみたい』と称されていた。

手をたたいてはしゃいだり、怒りに任せて突進するなど、実際のベリアルと性格は違うようである。しかし偽者とはいえ、その能力はかなりのもので、両手からの電撃攻撃で街を木っ端微塵に破壊、駆けつけたタイガを腕の一振りで倒し、ウルトラマンタイタスとのパワー勝負でこれを圧倒、続くウルトラマンフーマには引き抜いたビルを盾にして光波手裏剣をはじき返し、フライングニードロップで大ダメージを与えるなど、かなりの実力の持ち主である。

悪の戦士・ウルトラマントレギアに愚弄されたマブゼによって、さらにベリアル因子を浴びせられパワーアップするが、フーマ、トレギアとの三つ巴の戦いのなか、勢いでマブゼたちのいるビルを破壊してしまう。生みの親を失うも、戦闘意欲は衰えず、タイガ フォトンアースをあと一歩のところまで追い込む。

だが、そこにやってきたウルトラマンゼロに攻撃を妨害され、戦況はトレギアとベリアルVSタイガとゼロの、タッグマッチ状態に。最後はゼロに託されたプラズマゼロレットで発動したタイガ トライストリウムのタイガダイナマイトシュートを避けようとしたところ、トレギアの盾にされてしまい、敗北した。

幼少期に観ていたウルトラマンシリーズで、印象に残っている作品があればお教えください。

小野　小学生時代、スーパーファミコンのウルトラマンのソフトを買ってもらい、毎日遊んでいました。……しかし、怪獣にとどめを刺すのにスペシウム光線を打つ必要があるんですが、そのコマンドが分からなくて、どうしても撃てず、最初の怪獣ベムラーと延々戦っている状態でした。ある日、説明書をふと見たら、Rボタンで技の変更ができることが発覚し、ついに宿敵ベムラーを倒すことができました(笑)。説明書をよく読む事の大切さを学びました……。

——〝悪のウルトラマン〟という特殊なキャラクターのベリアルですが、そのビジュアルの第一印象は？

小野　THE・悪！　フォルム、色合い、すべてが「悪」を表現しているかのようでした。ただ、だからこそ惹かれるものがありました。「闇堕ち」というものが、ウルトラマンとして最高のかたちで表現されているのが、このベリアルだなと思いました。

——ライバルであるウルトラマンゼロに関してはいかがでしたか？

小野　ゼロは勇敢で力強い、まさに「光の戦士」だなと感じました。ベリアルと相対する存在として、これほど相応しい、光を感じるデザインは他にないのでは、と思います。

——スーツに声を当てるベリアル役

BELIAL Voice Actor Interview

小野友樹

［ウルトラマンベリアルの声

『ウルトラゼロファイト』以降、『ウルトラマンジード』でついに倒されるまで
ウルトラマンベリアルの声を担当してきた小野友樹が
“悪のウルトラマン”としてのあゆみを振り返る

取材・構成◎四海鏡・富士見大

おの・ゆうき：1984年6月22日生まれ、静岡県出身。早稲田大学アナウンス研究会で活動中、アニメ『君が望む永遠』で声優業に興味を抱き、2005年に株式会社アトミックモンキーのオーディションに応募し合格、2006年にデビューをはたす。以降、アニメ・ゲーム・ドラマCD・ラジオパーソナリティと、精力的に活動を続け、2013年には第7回声優アワードで助演男優賞を受賞。代表作に、アニメ『遊☆戯☆王5D's』（08年）、『君に届け』（09年）、『黒子のバスケ』（12年）、『男子高校生の日常』（12年）、『ジョジョの奇妙な冒険 ダイヤモンドは砕けない』（16年）、『アンゴルモア 元寇合戦記』（18年）、ゲーム『SHOW BY ROCK!!』シリーズなど。

ターを演じる際とは、また違った難しさがあったのではないかと思われます。演じる上で、どのような部分に重点を置かれましたか？

小野　少しだけ明らかになった過去によると、ベリアルにも「色々あって」今があるようですが、今のベリアルを表現するにあたっては、分かりやすく「悪」であろうとしました。最初のディレクションでは、そのキャラクター性を練り上げる時間を多く取らせて頂いた記憶があります。そして、シリーズが変わってベリアルを演じる場合、監督さん毎に「欲しいベリアル像」が微妙に違うことに気付きました。「悪」を担うという事は、「作品によって表現したいこと」の半分、場合によってはそれ以上を担うことと同義なので、作品や媒体によって彼の在り方は変わってくるものなのだと感じています。なので、最初期の芝居に囚われ過ぎず、しかし軸は大切にしつつ、「その作品の求めるベリアル像」を表現できるように気を付けています。

——小野さんが演じられた『宇宙戦隊キュウレンジャー』のバランス／テンビンゴールドのようなヒーロー役と、悪役のベリアルとでは、どちらが演じやすかったでしょうか？

小野　子供のころはやはり、ヒーローへの憧れが強くありました。ヒーローのファンクラブにも入りましたし、ウルトラマンショーにも連れて

なった今、「悪」のもつ魅力もまた、惹かれるものがあると思っています。なので、演じる上での難易度というより、それぞれの「思い」にどう寄り添っていくかの「意味合い」が違う、という感覚が大切だと感じます。

——『ウルトラマンジード』は、主人公がベリアルの遺伝子を受け継ぐ「息子」であるという、驚くべき設定の物語でした。最初に『ジード』のお話を聞いた際の、率直な感想をお聞かせください。

小野　やはりストレートに驚きました……！　率直に「えっ、息子⁉」と。正義側の血が繋がって、新たなヒーローが誕生していくという流れはよく分かるんですが、ベリアルでもそれアリなのかッ⁉　円谷プロさんすげぇ……！　と思ったことを、今でも覚えています。

——鎧に憑依したカイザーダークネス、ゼロの身体を乗っ取ったゼロダークネス、怪獣のように変化したベリアル融合獣キメラベロス、そして神秘的にも見える最後のパワーアップ形態・ベリアル アトロシアスと、劇中で幾度となく姿を変えたベリアルですが、もっともお気に入りは？

小野　いろんなお洋服（？）を着せて（？）いただき、どれもこれも演出やエフェクトも凄まじいものでしたが……最後に返ってくるのは「素材そのままのベリアル」ですね。「悪」をそのまま具現化したようなあ

いるようです。

——ついに『ジード』で倒されましたが、今後もしまた映像作品でベリアルが完全復活を遂げた場合、ゼロやジードたち相手に、やってみたいことがあればお聞かせください。

小野　パラレルワールドなら、ゼロや大人になったジードと、酒でも酌み交わしたいところですが、ベリアルの場合、パラレルワールドでさえそんな感じではないような気がします(笑)。ギリギリ、運動会的な身体能力勝負で白黒つける、あたりが可能性あるでしょうか……。

——ゼロとベリアルのデビューから10年以上が経ち、その間にベリアルには息子が、新番組『ウルトラマンZ』ではゼロに弟子が生まれました。この10年を支えてきたウルトラファンの皆さんに、一言メッセージをお願いいたします。

小野　まさかベリアルに息子が生まれ、その息子と戦うことになろうとは、思ってもみませんでした。ここまで長くベリアルを演じさせていただけているのも、応援してくださっている皆さんのおかげです。本当に、本当にありがとうございます。これからも「純粋悪」の名の下に、ベリアル氏のあらゆる悪さに声で力添えしていく所存であります。引き続き応援のほど、どうぞよろしくお願いいたします！

BELIAL Suit Actor Interview

岩上弘数

［ウルトラマンベリアル役］

映画『大怪獣バトル ウルトラ銀河伝説 THE MOVIE』にて、悪のウルトラマンを見事に演じ、観客に強烈なインパクトを与えた、ウルトラマンベリアルの初代スーツアクターが、撮影当時を振り返り語る、ベリアル誕生秘話！

取材・構成◎富士見大・四海鏡

——岩上さんから見て、ウルトラマンベリアルの魅力とは？

岩上　ベリアルは「愛嬌のあるかっこいい悪者！」という感じがします。ただ悪いキャラクターではなく、愛嬌があるのが魅力ではないかと……そう演じたつもりなので（笑）。

——どのような経緯でベリアルを演じられることになったのですか？

岩上　それはもう、坂本（浩一）さんが監督だからです。『ウルトラ銀河伝説』の直前まで、『パワーレンジャー・RPM』で坂本監督とご一緒していたのですが、その時にゼロ役の大西（雅樹）くんと一緒に声をかけてもらいました。僕がベリアルで大西くんがゼロだった理由は、坂本監督のみぞ知る！って感じですね。

——ベリアルのビジュアルを目にした、最初の率直な感想は？

岩上　「可愛いかっこいいやん！」と思いましたよ。ベリアルの顔は、ちょっとしゃくれている感じが、また可愛いんですよ。

——独特な形状のスーツについて、撮影の際の苦労をお聞かせください。

岩上　とにかくスーツが暑くて、撮影中何度も気を失いそうになりました！ベリアルのスーツは、猫背を作るため、背中一面にウレタンが別パーツで入ってるんですが、それが暑いったらありゃしない。また猫背だから、ベリアルの目を正面に向けると、面のなかからの視界は足元しか映らないんです。それであれだけのアクションと芝居の分量なので、第6感が研ぎ澄まされましたね。後に『仮面ライダーアマゾンズ』のシーズン2で、仮面ライダーアマゾンアルファという目が見えないライダーを演じたのですが、ベリアル役で研ぎ澄まされた第6感は、あの役に活きている気がする（笑）。

——前に突き出た頭の可動をメカによるものから演者さんの首に変更し、自由度を重視したとうかがいました。

岩上　あの頭に機械が入っていたら、自分は最後まで乗り切れなかったと思います（笑）。

——演技プランで苦労された点は？

岩上　坂本さんは基本、自分たちに芝居のプランを提案させてくれるので、ベリアルというキャラクターを演じるにあたって、自由度は高かったです。

——演じる際、どのような部分に重点を置かれましたか？

岩上　でっかい手が特徴的だったので、それを活かすことは気をつけました。キャラクター性では、できるだけ人間くささを残すことですね。

——逆に「これだけはやらないようにしよう」と心がけていたことは？

岩上　腰が痛くても直立しないようにしていました。

——ご自身で会心の出来と思えたシーンを教えてください。

岩上　アクションは、やはりゼロとの一騎打ちがいいですね。どんどんベリアルがやられていく様子が悲哀！　可哀想でたまりません（笑）。アクション以外のお芝居では、怪獣墓場の崖の上で座り込んで、みんなを見下ろしている仕草が好きです。それとベリアル以外で自分が演じたなかだと、ゴモラの大回転尻尾攻撃と、ウルトラセブンの"ゼロ抱擁"も好きです（笑）。

——日本での坂本監督とのお仕事は、本作が初であったかと思いますが、印象に残っているエピソードがあればお聞かせください。

岩上　撮影の流れはニュージーランドと変わらず、坂本節全開アクション祭りです！　天井、床、背面がグリーンバックで、自分が空間のどこにいるかわからずにやっていましたね。

——宿敵のゼロを演じた大西雅樹さんとの印象的なエピソードは？

岩上　大西くんとは『パワーレンジャー』シリーズで何度も戦ってきたので、特に変わりはしなかったですが、やっぱりウルトラマンという超有名キャラクターを演じることの重大さは、お互いに感じていたと思います。あとは、未来の奥さんを現場でGETしていましたね！（笑）

——ベリアルの声を宮迫博之さんが担当されたことも、公開当時、話題となりました。

岩上　当初、宮迫さんだと聞いた時は、「えっ！　声優さんじゃないの!?」と思いました。自分はアニメが好きなので、大塚明夫さんや磯部勉さん（のような渋い声優さん）がいいな～って思っていたんですが、聴いてびっくり！　宮迫さん、存在感があってよかったです!!

——劇中でベリアルは、伝説的なウルトラヒーローを次々と蹴散らし、無数の有名ウルトラ怪獣を操っていました。岩上さんが幼少時に観ていて印象に残っているウルトラマンシリーズは？

岩上　『ウルトラマン80』が記憶に残ってます。スペースマミー（防衛隊・UGMの宇宙母艦兼指令基地）が好きで、おもちゃを買ってもらいました。

——ベリアルはどのような位置付けのキャラクターでしょうか？

岩上　『ウルトラ銀河伝説』以降、たくさんのキャラクターを演じさせていただいているのですが、ベリアルの人気を超えるキャラクターは演じることができていない気がします。だからこそ、まだまだ頑張って、ベリアル以上に愛されるキャラクターを演じたいと思っています。

——では最後に、ヒーローのゼロと同じように悪役のベリアルを10年以上応援し続けてくださった、ファンの皆さんにメッセージを。

岩上　10年経って未だに愛されているのだな～と感じるベリアルの凄さ！　その魂を自分が吹き込めたことは、坂本監督に感謝、ファンの皆さんに感謝です。ものすごく光栄なことだと思います。皆さん、いつまでも、ウルトラマンベリアルを愛してあげてください！　そして円谷さん、『ウルトラ銀河伝説』以降のベリアルにも呼んでほしかったので（泣）、今後もベリアル役、お待ちしています！（笑）

いわかみ・ひろかず：1976年9月20日生まれ、大阪府出身。高校在学中から大阪のカンパニー企画でアクションの経験を積み、レッドアクションクラブ（現：レッド・エンタテインメント・デリヴァー）を経て、2004年にB.O.S Action Unityを結成。海外を拠点に活動し、『パワーレンジャー・S.P.D.』以降の『パワーレンジャー』シリーズに参加。2009年に帰国し、以降も様々な作品で活躍中。近年の参加作品に、ドラマ『衝撃ゴウライガン!!』（13年）、『仮面ライダーアマゾンズ』（16年）、映画『宇宙刑事ギャバン THE MOVIE』（12年）、『キカイダー REBOOT』（14年）、オリジナルビデオ『宇宙刑事 NEXT GENERATION』シリーズなど多数。

Interview

後藤正行

［キャラクターデザイン］

ウルトラマンゼロとベリアルの創造に始まり、以降のウルトラマン＆怪獣デザインを手がけてきた後藤正行。いわば、ウルトラマンシリーズのこの10年をビジュアル面で牽引してきたキャラクターデザイナーが、ゼロ＆ベリアルに関する仕事を振り返り、そのデザインワークを総括する。

取材・構成◎サマンサ五郎　協力◎三浦大輔

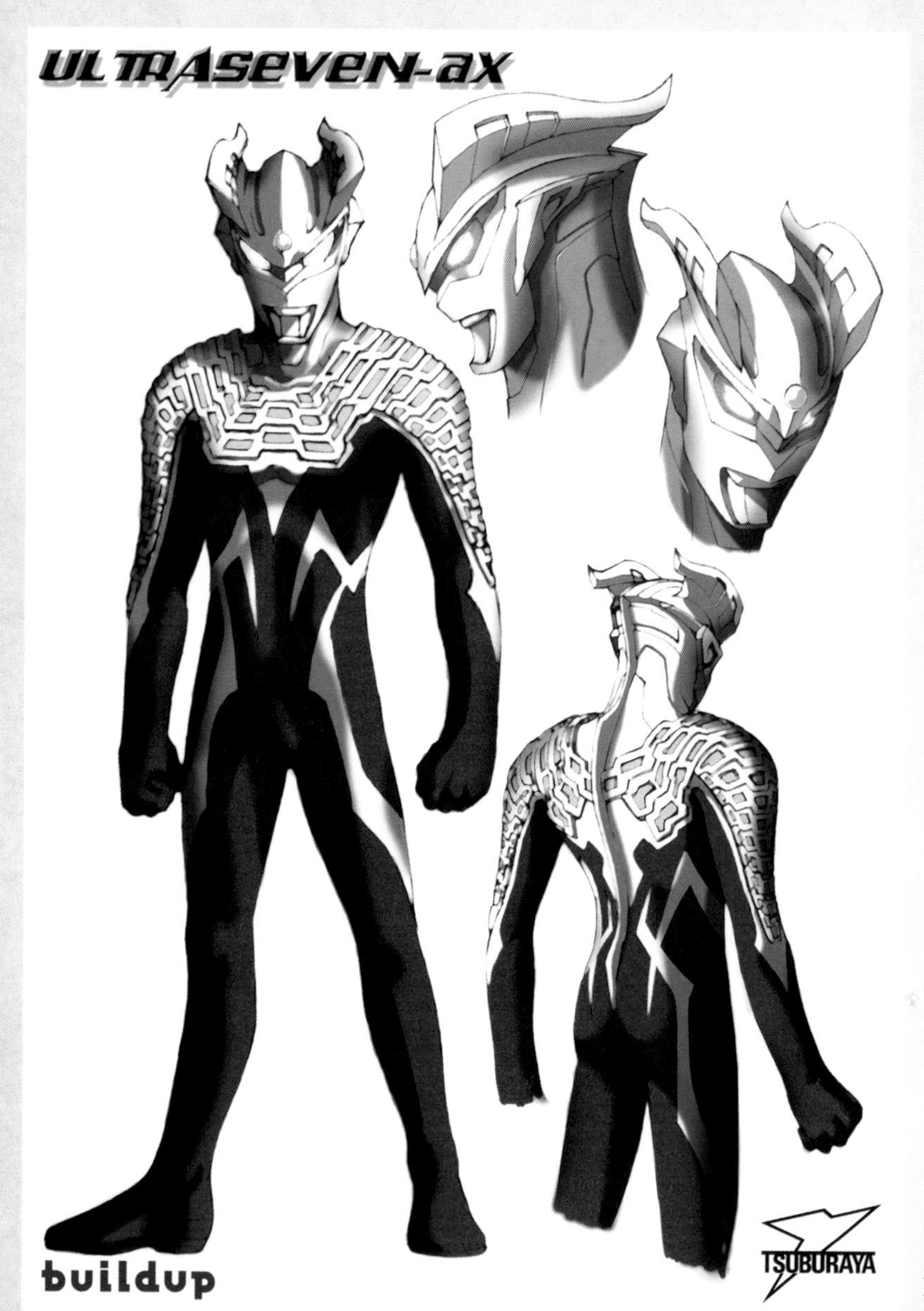

ウルトラマンゼロのデザイン画。この段階ではメインカラーが赤1色で、カラータイマーも付いていないが、形状的にはほぼ完成。

ウルトラマンゼロ

ART of ZERO
ウルトラマンゼロ＆ベリアル
DESIGN WORKS

必殺技のアイデア（右2点）と、テクターギア・ゼロ（上）のデザイン。

カラータイマーが付いた状態のゼロ。ここからメインカラーを赤と青の2色に変更。

ウルトラマンゼロとベリアルの誕生

――当時、プロデューサーで副社長だった岡部（淳也）さんから、「今度のウルトラマンはウルトラセブンの息子でいきたい」と言われて、ウルトラマンゼロのデザインを担当されることになったんですよね？

後藤　そうです。最初はテレビシリーズの企画だったんですよね。まだ本決まりじゃない状態で、ちょっと茫洋とはしていたんですけど（笑）。でも、円谷プロに入って割とすぐだったので、「あぁ、ウルトラマンのデザインをやるんだな」と、それはすごく嬉しかったです。

――「セブンの息子」というのもデザインのテーマが明確なようで、それはそれでハードル高めというか。

後藤　いわゆるセブンタイプのウルトラマンは他にも何体かいるじゃないですか。だから、それとは差別化したいと。あとは、セブンのマスクが個人的にはちょっと不満だったんですよ。素晴らしいデザインではあるけれど、もう少し整合性をとらせられるんじゃないかと思って。なので、その辺を整理したいなってことも含めてアプローチしました。スラッガーを2本にするというアイデアを思い付くまでが大変でしたけど。

――逆に言うと、そこが決まった時点で、あとはわりとトントン拍子みたいな？

後藤　それを思い付いたときに、「あっ、これでいけるんじゃないか!?」って思いましたね。

――目つきが鋭いのも大きな特徴ですよね。

後藤　それは自分の趣味です（笑）。

――ゼロのヤンチャなキャラクター性とは、あまり関係なかったという……（笑）。

後藤　それほど企画の内容が煮詰まってない時期にデザインしていたので、キャラクター性云々というのはあまり考えてなかったですね、たぶん。10年も前のことなんで、細かいことはもうあまりよく覚えてないですけど（笑）。

――そして、ライバルのウルトラマンベリアルも描かれていますが、こちらはどういったタイミングでデザイン作業を行われたんですか？

後藤　ベリアルは確か映画（『大怪獣バトル ウルトラ銀河伝説 THE MOVIE』）をやるというのが決まったあとだったと思います。テレビの企画の段階ではまだ作ってなかったですね。

――パッと見て一発でわかる悪のウルトラマンですが、これはどういう発想でデザインされたんですか？

後藤　まさに今言われた通り、「悪い」というのが一発でわかる見た目ですよね。たぶん、自分の中に「悪者はこうなんだよ」というイメージのモデルみたいのがあって、それがヴェノムだったりしたんだと思うんですよ、潜在的に（笑）。発表当初、ネットとかでよく「ヴェノムじゃん」って言われて、特に意識してモデルにしたわけではなかったけど、別に否定もしませんよ。

――猫背で前傾姿勢というのが悪さを強調していたというか、それまでに見たことないウルトラマンのフォルムで、インパクト抜群でした。

後藤　スクッと立たせちゃうと、どうしても普通にカッコよく見えてしまうなというのはあったので、そうではないラインを狙うために前傾姿勢はやりたかったんですよね。造形的にいえば、頭部を演者の頭の位置より前にズラして首を前に突き出しすことで、その印象をより強調してあります。

――自分がデザインした正義と悪のウルトラマンが、スーツにて具現化された姿を見ていかがでしたか？

後藤　もう、素直に嬉しかったですね。「わぁ、すげえ！」と思いました（笑）。結局、僕が描いてるのは絵だから、それをスーツに造形して、人が演じて、監督やカメラマンほかスタッフたちが映像にするためのものというか。だから、悪い意味ではなく造形に対しても、「こうじゃなくてはいけない」みたいなこだわりはあまりないですね。その道のプロが作ってくれるものなので、そこは完全にお任せして。で、実際ゼロは、自分のなかのイメージをはるかに超えていましたね。もちろん、造形だ

ベリアルの使用武器ギガバトルナイザー（上）と、劇中でウルトラの星から強奪するプラズマスパークのエネルギーコア（下）。

ウルトラマンベリアル

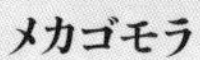

メカゴモラ

ダークロプスゼロ

ウルティメイトゼロ

ウルティメイトゼロのデザイン案各種。
右の2点は実際の形にかなり近い。

けじゃなくて映像も素晴らしかったです。

ゼロVSベリアル そのシリーズ化と進化

——その結果、ゼロとベリアルが人気となり、続く『ウルトラ銀河伝説外伝 ウルトラマンゼロVSダークロプスゼロ』『ウルトラマンゼロ THE MOVIE 超決戦！ベリアル銀河帝国』と、シリーズ化の道を歩むことになりました。

後藤　最初の映画がおかげさまで好評だったので、じゃあそのパート2みたいな感じだったと思うんですけど、どういうタイミングで僕のところに話があったのかな？　覚えてないけど、まぁ嬉しかったです（笑）。

——まず、『VSダークロプスゼロ』に登場したダークロプスについて。このデザインはシンプルにゼロを悪者化するということですか。

後藤　そうですね。あの作品はたぶん、映画（『ベリアル銀河帝国』）の企画があって、それに付随して一緒に作るという話だったと思うんですけど、デザイン自体は企画が決まる前後くらいのタイミングで描き始めていました。こういうのを出せたらいいなと思って。

——最大のポイントは単眼ですね。

後藤　はい。表情をなくしたいなと思ったんですよ。これならゼロのちょっとした改造で作れるなとか、そんなことを考えて単眼にしたんだと思いますね。

——あとは、本作が初登場のメカゴモラもデザインされています。

後藤　あれはもう、おか（ひでき）監督から「メカゴジラがやりたい」という明確な要望があったので、その通りゴモラにメカのディテールを入れ込みました。スケジュールがキツくて時間もなかったので、パッと描いた絵を元に品田（冬樹）さんが造形されています。

——そして、『ベリアル銀河帝国』では、ゼロとベリアルがバージョンアップしました。まずは、ウルティメイトゼロについてデザイン的なポイントをお願いします。

後藤　あれは、鎧になって、弓になって、盾になる、というのが最初にオーダーとしてあったので、それをどう落とし込もうかなと。

——その3要素をすべて収まり良くまとめるのも割と難儀ですよね？

後藤　大変ですね。単純にパーツを外してそれぞれの形にくっつければいいわけじゃないので。あれはウルトラマンノアから貰うという設定だったけど、特に似せろみたいな指定はなかったですね。イメージとして「羽っぽいものにしたい」という監督からのオーダーがあったのは覚えています。

——一方、ベリアルは顔の右側に大きな傷がつき、さらには派手なマントを羽織ったカイザーベリアルに進

カイザーベリアル

アークベリアル

化しました。

後藤　部下がいて帝国を率いてる設定になったから、とりあえず裸はないだろうなということでマントを羽織らせたんですが。あのマントに関して言うと、胸のところに丸いのが何個か付いてるじゃないですか。あれ、実は倒したウルトラマンのカラータイマーみたいなつもりで付けたんですよ。プレデターが骸骨を集めているみたいなイメージで。

――それはカッコいい設定ですね。

後藤　カッコいいでしょ（笑）。

――アークベリアルについては？

後藤　あれは設定上、エメラル鉱石を身体に取り込んで変化した姿というのがあったので、グリーンの発光体が付くんだろうなって思って。で、怪獣っぽい見た目になるということだったから、それぞれのポイントを隆起させたりしてデザインしましたね。

70年代円谷ヒーローと怪獣のリデザイン

――『ベリアル銀河帝国』では、ウルトラマン以外に70年代の円谷ヒーロー（ミラーマン、ファイヤーマン、ジャンボーグA）をリファインすることになりましたが、これはもともと後藤さんが個人的に描かれていたものが、映画の企画と噛み合って実現することになったんですよね。

後藤　そうです。映画の企画が出る前に勝手に考えてたんですよ。「円谷はウルトラマンだけじゃないな、他にもいるなぁ」と思って、"円谷版アベンジャーズ"のイメージで。映画の企画が動き出した時点で「こんなの描いてるんですけど、使えませんかね？」って提案をしたのを覚えてますね。

――いずれもかなり大胆なアレンジが施されていますが、それぞれのデザイン的なポイントは？

後藤　ミラーナイトとグレンファイヤーに関して言うと、顔をなくしたかったんですよね。目鼻口を。というのも、まずひとつはエイリアンっぽさというか異星人っぽさを出したかったから。あとは、ウルトラマンとの差別化を図りたかった。目や口が付いちゃうと、どうしてもウルトラマンっぽいイメージになっちゃうというのがあったので外しました。で、ジャンボットに関して言うと、あれは人間が作ったんだろうという設定なので、人間に似せてもいいのかなということで目を付けました。それは次（『ウルトラマンゼロ外伝 キラー ザ ビートスター』）に出てきたジャンナインも同じですけど。

――あとは敵怪獣もデザインされていますが、『ベリアル銀河帝国』の2体（アイアロン、ダークゴーネ）は、基本的にウルティメイトフォースゼロの元ネタになった作品の怪獣が、モチーフになっていますね。

後藤　そうですね。それぞれのヒー

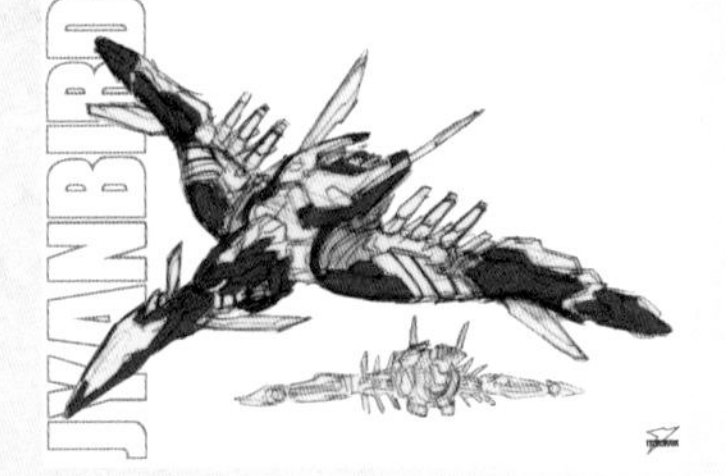

ジャンボット／ジャンバード（下）

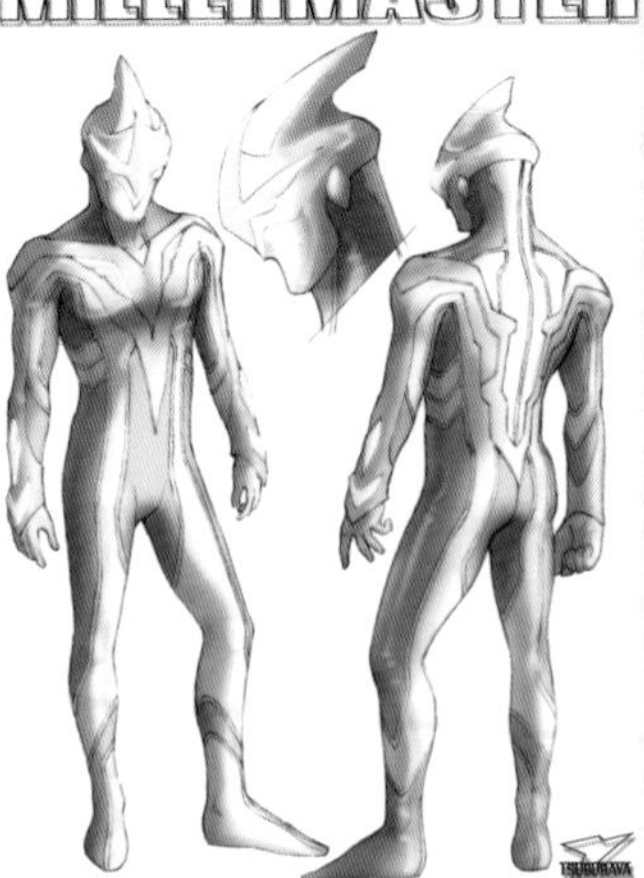
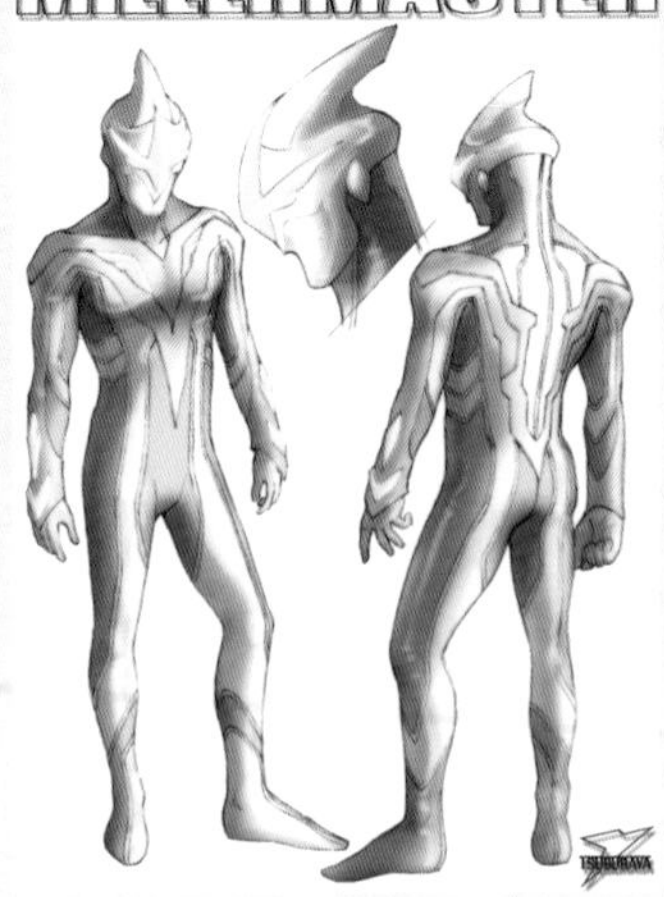

ミラーナイト

グレンファイヤー

ジャンナイン

ローの昔の敵をイメージしてるんですよ。ただ、ダークゴーネはそうでもなかったのかな（笑）。

——ダークゴーネは完全にオリジナルですね。ジャンボーグの敵幹部に共通の「ゴーネ」という名称だけ頂いた感じで。

後藤　ジャンボーグの敵のデザインが、なんて言ったらいいんだろう？……わりと扱いにくいデザインだったので……。

——極めて個性的というか、かなりクセが強いデザインですよね。

後藤　クセが強い！（笑）　とても素晴らしいデザインなんですけど。

——『ベリアル銀河帝国』ではもうひとつ、量産型ロボット怪獣のレギオノイドαとβも描かれています。

後藤　あれはもう、たくさん出てくるという設定があったんで、手と足のパーツを付け替えることで、ドリルが武器のヤツと光線銃が武器のヤツにして、バリエーションを持たせました。

——武器のチョイスは近距離戦、遠距離戦、両方に対応できるという。

後藤　そうです。

——『キラーザ ビートスター』は、メインの敵怪獣（天球ガーディアンビートスター）がロボットでした。こちらは量産型ではなくスペシャルな1体ですが、デザイン自体はデスフェイサー（『ウルトラマンダイナ』）の改造が前提という。

後藤　なので、顔のディテールをなくしてリファインしました。細部のディテールも多少はアレンジしていると思います。

ウルトラマンサーガの革新
広がるゼロの
バリエーション

——そして、次が『ウルトラマンサーガ』。ゼロとウルトラマンダイナとウルトラマンコスモスが一体化するという、かなり驚きの展開でした。

後藤　ウルトラマンサーガに関しては、あのデザインが通るとは、正直思ってなかったんですよね。通ったらいいかなぐらいの気持ちで「こんなのどう？」って出したら、確かプロデューサーの北浦（嗣巳）さんだったと思いますけど、「いいねぇ」という話になって、「え、マジで？」と思いつつ、内心「いいぞいいぞ」と喜んだのを覚えてます（笑）。あれ、テレビシリーズでは絶対無理なデザインだと思いますよ。

——確かに、かなり攻めたデザインですね。昨今のフュージョンとは全く異なるアプローチというか。

後藤　要は合体ウルトラマンだから、それぞれのポイントを拾ってくるというやり方も考えられるんですけど、この時はそれがちょっと嫌だったというか。せっかくの映画だし、もうちょっと神秘的なものにしたかったんですよね。それで、なんとなくイメージしたのが光の具現化みたいな。

——「光」というのはウルトラマンを象徴するキーワードですしね。

後藤　そうですね。「光の戦士」とか言いますから。なので、「光る結晶」をイメージしてデザインしました。あとは色がグラデーションなのもポイントです。形もボディが左右非対称で。顔まで非対称にするとクリーチャーになってしまうから、全身の印象はそっちに寄せつつ、でもウルトラマンに見えるギリギリのところ

ダークゴーネ

アイアロン

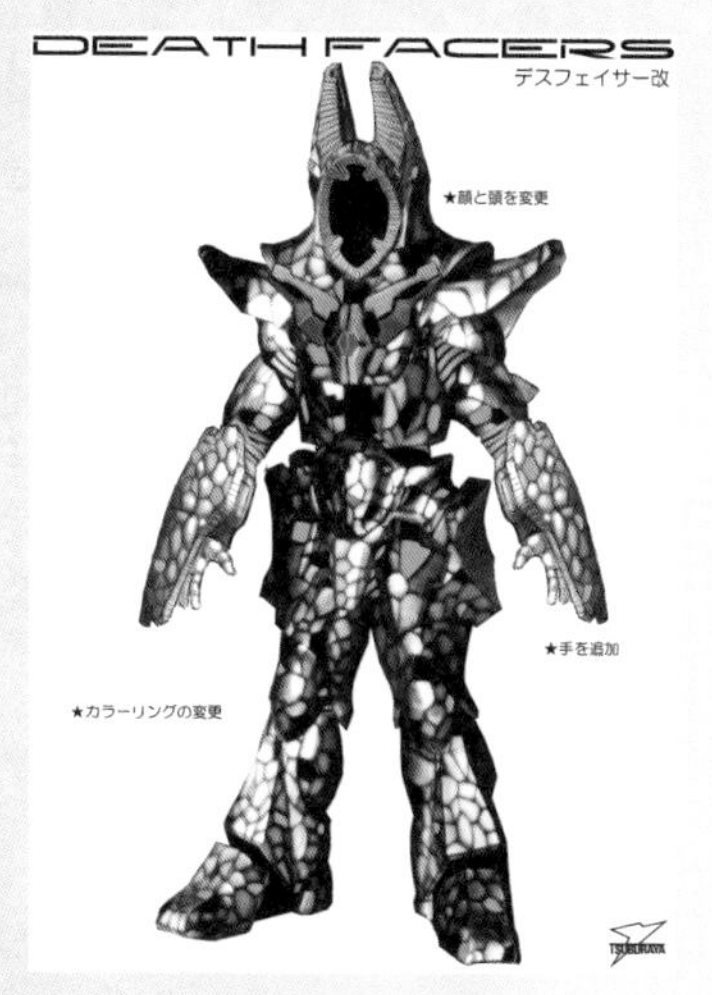

ビートスター

レギオノイドα／レギオノイドβ

ザウラー

『ファイヤーマン』第17・18話に登場したキングザウラをモチーフにデザインされたが映画には未登場（その後、『ぱちんこウルトラバトル烈伝 戦えゼロ！ 若き最強戦士』に無事登場）。

を攻められないかなと。これは、他のウルトラマンではやっていなかった要素を、いろいろと入れ込んであります。

――『サーガ』だと、敵怪獣でバット星人とハイパーゼットンをデザインされていますが、こちらはいかがでしたか？

後藤　バット星人に関して言うと、元々のバット星人がなかなかファニーなデザインなので（笑）、現代の、ましてや映画の悪役としてはちょっと難しいなと思ったので、あれをいかにカッコよくアレンジするかというところから考えました。で、ネタバラシをすると、イメージソースはマーベルの雷様（実写版マイティ・ソー）なんですよ。顔は別として身体のデザインラインは。そう思って見ると、なんとなく分かるんですけど（笑）。

――なるほど。そこはベリアルのケースと違って、アメコミ好きなところが意識的に。

後藤　出ちゃいましたね。何か参考にできないかなと思って。

――ハイパーゼットンについては？

後藤　ハイパーゼットンは、当初から脱皮して形が変わるみたいなデザインラインが決まっていました。

――繭（コクーン）、幼虫（ギガント）、成虫（イマーゴ）に変態することが前提だったんですね。

後藤　で、監督といろいろ話をしまして、最強形態（イマーゴ）をシュッとシンプルな感じにしたいというオーダーがあったので、シャープな細身のシルエットのなかにあのゼットンのデザインラインを落とし込むというアプローチでデザインしました。

――昆虫的な要素が加わったこともあって、その前にアーケードゲーム用に描かれていたEXゼットンともだいぶニュアンスの異なるアレンジになりましたね。

後藤　やっぱり、そこは似ちゃうと嫌だなというのもあったし、かなり意識はしていますね。

――あとは『サーガ』と同年、その後のゼロの物語を描く『ウルトラゼロファイト』に、ゼロの新たな姿が登場しています。

後藤　ストロングコロナゼロとルナミラクルゼロは単純に色変えですが、シャイニング（ウルトラマンゼロ）は「全身リニューアルしていいよ」という話だったので、わりと好き勝手にやらせてもらったのを覚えてますね。

――その名の通り、かなり輝いている感じに。

後藤　全身が金と銀になってますからね（笑）。あとは、目が青くなっていて。あれは自分でもわりと好きです。ただ、あまり使いどころがないみたいなんですけど（笑）。

――あとは、この作品でベリアルも新形態のカイザーダークネスが登場しています。

ウルトラマンサーガ

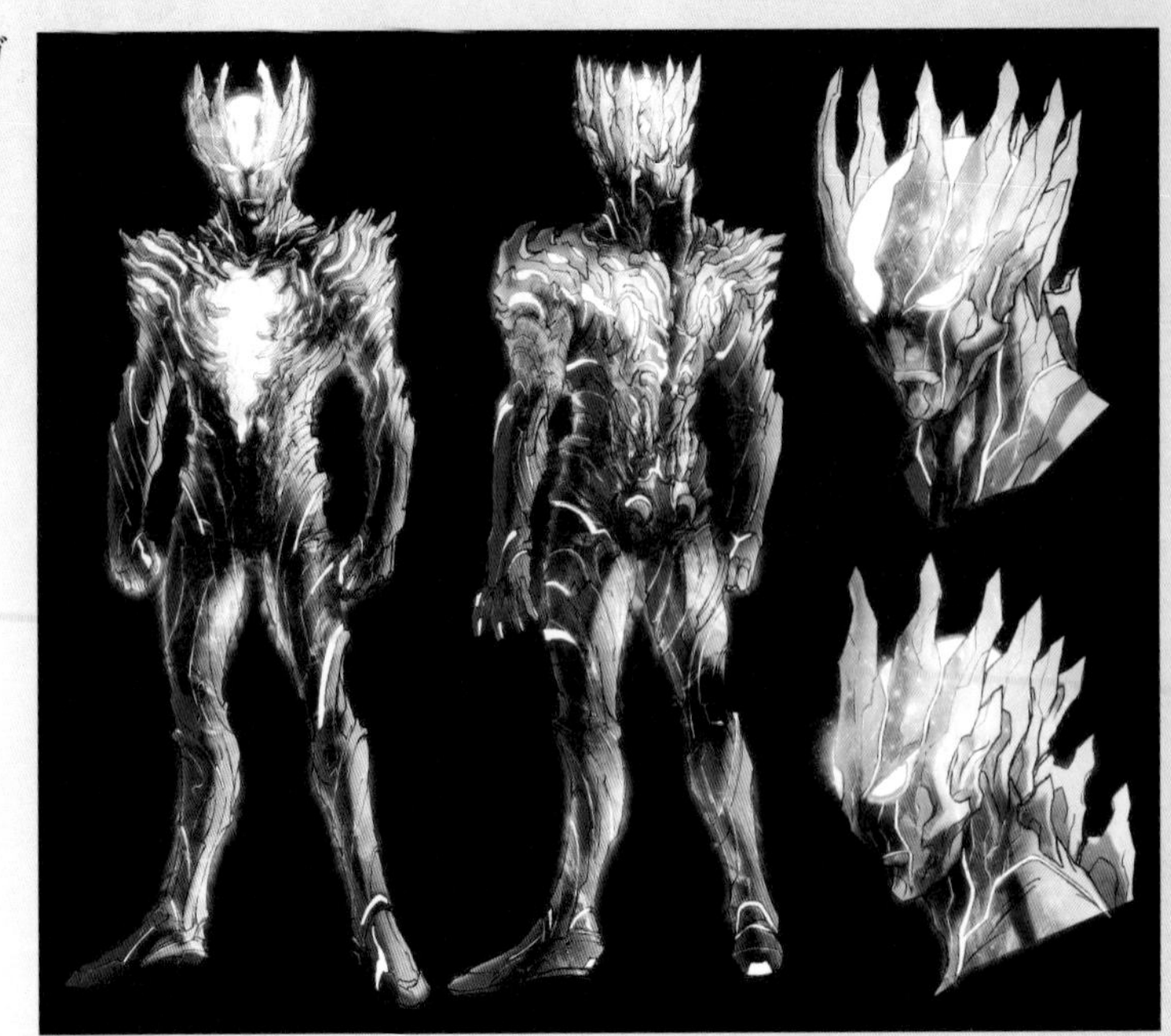

バット星人

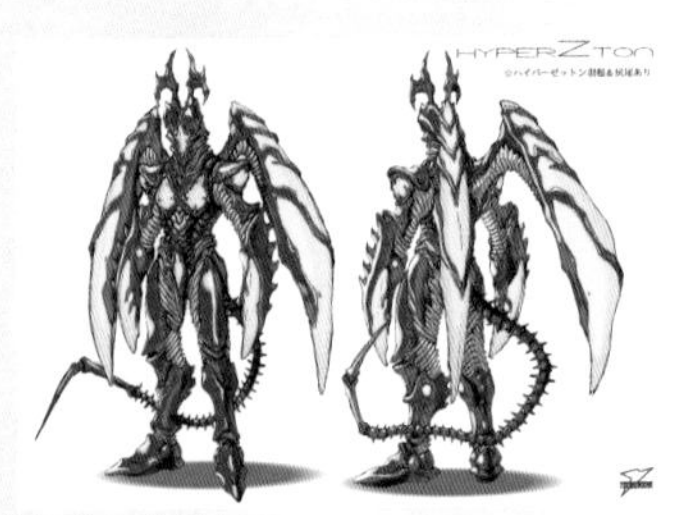

ハイパーゼットン（イマーゴ）

ハイパーゼットン（ギガント）

後藤　あれに関して言うと、もうストーリーが決まっていたので、あの鎧を使って頭がベリアルになってるだけですからね。ゼロダークネスも、ベリアルの色味や模様をゼロに落とし込んでいるだけですし。

ベリアルの息子＝ジード誕生 ゼロとベリアルの最終進化

——『ウルトラマンギンガ』以降、後藤さんは数々のウルトラマンをデザインされてきましたが、そこに再びゼロがガッツリ関わってきた作品が『ウルトラマンジード』でした。ゼロのレギュラー登場もさることながら、主役ヒーローのウルトラマンジードがベリアルの息子という設定なのが、デザイン的にも一番大きなポイントだったのかなと。

後藤　ジードに関して言うと、企画が決定するまでに結構難航したのを覚えてます。で、実際にこれでいきましょうと企画が固まってからデザインを決定させるまでの期間が短かったんですけど、ベリアルの息子というのが決まった時点で、そこまでヒーロー顔にならなくてもいいんだろうっていうのがあるじゃないですか(笑)。なので、じつはわりとスムーズだったんですよ。

——端的にいうと、自分の好みのラインで攻められるという（笑）。

後藤　そうですね。だから、あまり周りから、ああだこうだ言われなかったですね、あれに関しては（笑）。

——実際、主役ウルトラマンとしてはかなり目つきが悪いですもんね。

後藤　そうなんですよね。ベリアルの息子なので、雰囲気はすごく似ていると思うんですよ。でも、並べてみると全然違う顔なんです、じつは。イメージは似せたいなと思っていたんですけど、具体的にベリアルのデザインラインを落とし込むということはやってないので。

——あとはやはり、ゼロ ビヨンドの登場も大きなポイントでした。

後藤　あれは僕も嫌いじゃないんですけど、どちらかといえば坂本（浩一）さんの意向ですね。

——じゃあ、監督から結構細かいオーダーがあったということですね？

後藤　ありました。スラッガーは4つとか、肩アーマーの位置は後ろのほうが動きやすいからみたいなこととか。あと、坂本さんらしいなぁと思ったのが、目の下にラインが引っ張ってあるんですけど、そこは「デビルマンみたいに」と（笑）。

——オーダーがストレート（笑）。

後藤　そうです。分かりやすい。

——カラーリングについては？　あの色味って、主役級のウルトラマンのなかではわりと珍しかったと思うんですけど。

後藤　今までのものと被らないカラーリングにしたいというのが一番ですね。赤とか青を持ってくると、す

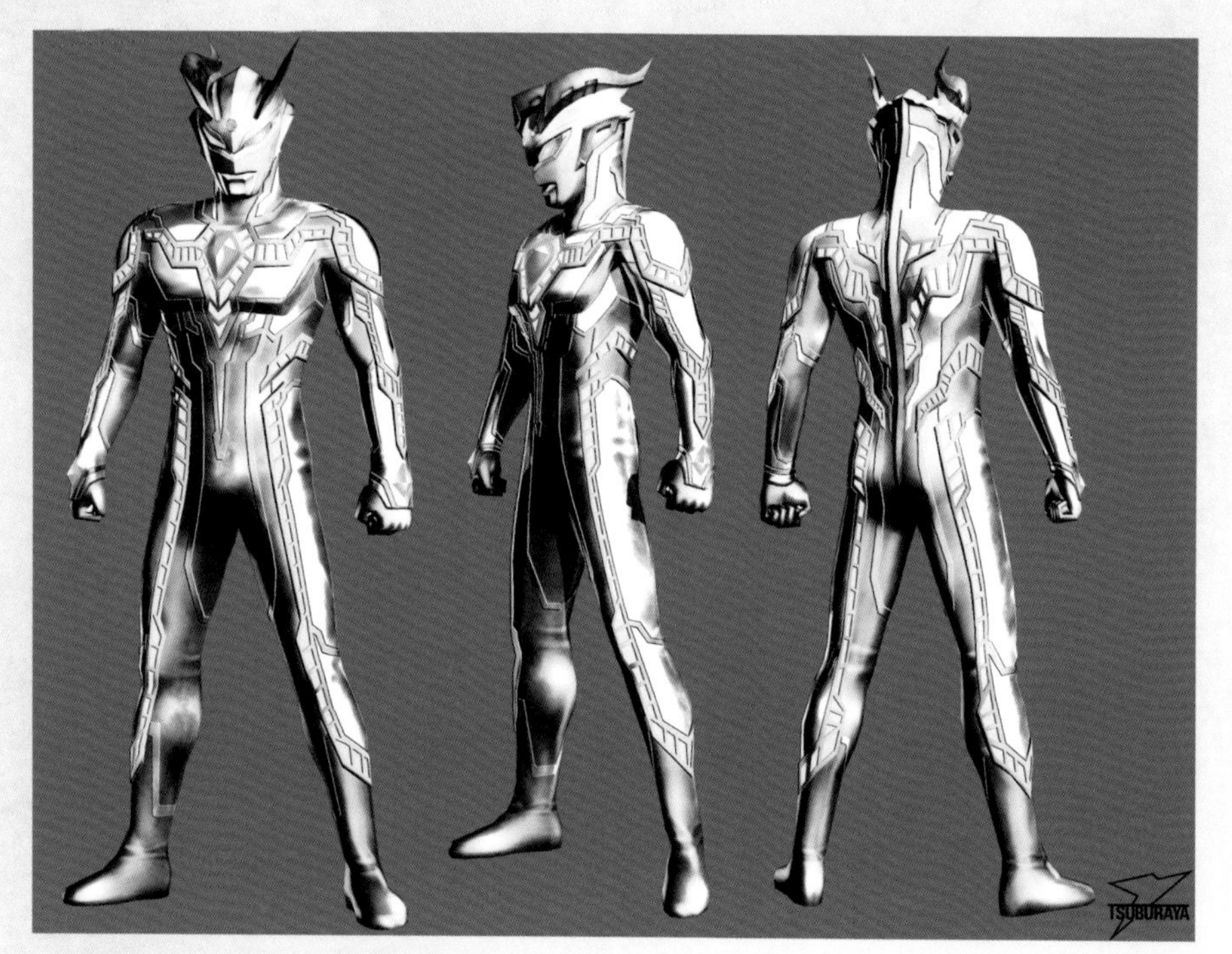

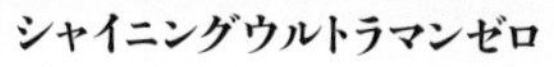

シャイニングウルトラマンゼロ

ストロングコロナゼロ

ルナミラクルゼロ

ゼロダークネス

でにイメージが付いちゃっているので。その点、紫色はティガとかでちょっと使われてはいますが、ああいう形で使うことは今までのウルトラマンであまりなかったから、わりと新鮮味があったんじゃないですかね。

――そしてベリアルも最終形態が登場しました。最後が細身のシルエットを持つウルトラマンベリアル アトロシアスというのは、最終決戦で派手にアクションさせたい坂本監督の意向が大きかったとか。

後藤　そうですね。監督の要望として、まずは動きやすいラインというのと、もうひとつ監督がこだわっていたのが、後ろ頭を伸ばしたいということでしたね。なので、ちょっとエイリアンっぽい感じに、後頭部の形が後ろに伸びてるんですよ。

――後藤さん的には、どの辺りがこだわりのポイントなんですか？

後藤　アトロシアスの原形になってるのがジードの初期案で、顔は変えましたが、ボディラインとかディテールは結構そのまま使ってるんですよね。あのデザインの方向性が気に入っていたので、ちょっと違う形だったけど、ちゃんと日の目を見てよかったなと。

――ベリアルはデフォルトがトップヘビーでボリューミーなデザインですから、そこから怪獣になったり、鎧をつけたりした果ての最終進化ということでいうと、最後にシュッとスタイリッシュになるのは、ある意味必然だったのかもしれないですね。

後藤　まあ、確かにそうですよね。でも、アトロシアスはシンプルだというわりに、結構ゴテゴテしているんですけどね。

――表面のディテールは多いですね。全体の印象はスッキリしてるけど。

後藤　もともとのベリアルよりも明らかにディテールは増えてる（笑）。

――カラーリングの効果でシュッとして見えるような。

後藤　うん。たぶん、それは大きいと思いますね。

怪獣デザインに込めた 分かりやすさとカッコよさ

――ちょっと話が前後しますが、『ジード』中盤にベリアル融合獣として、ベリアルがゾグ第2形態とファイブキングの怪獣カプセルをフュー

ウルトラマンジード
（プリミティブ）

ソリッドバーニング

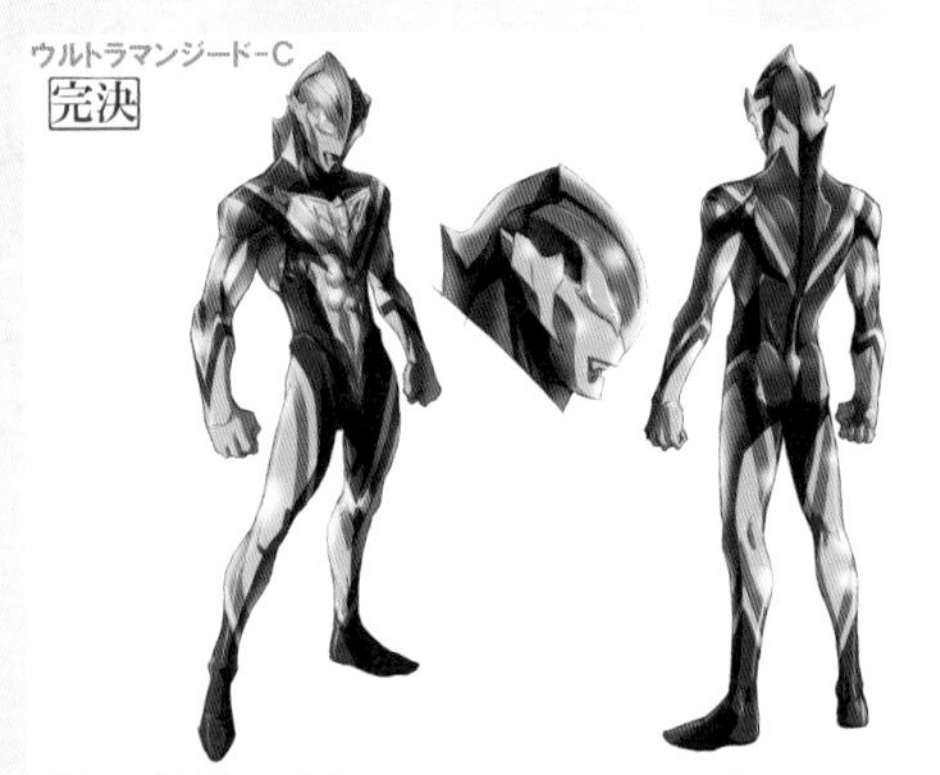

アクロスマッシャー

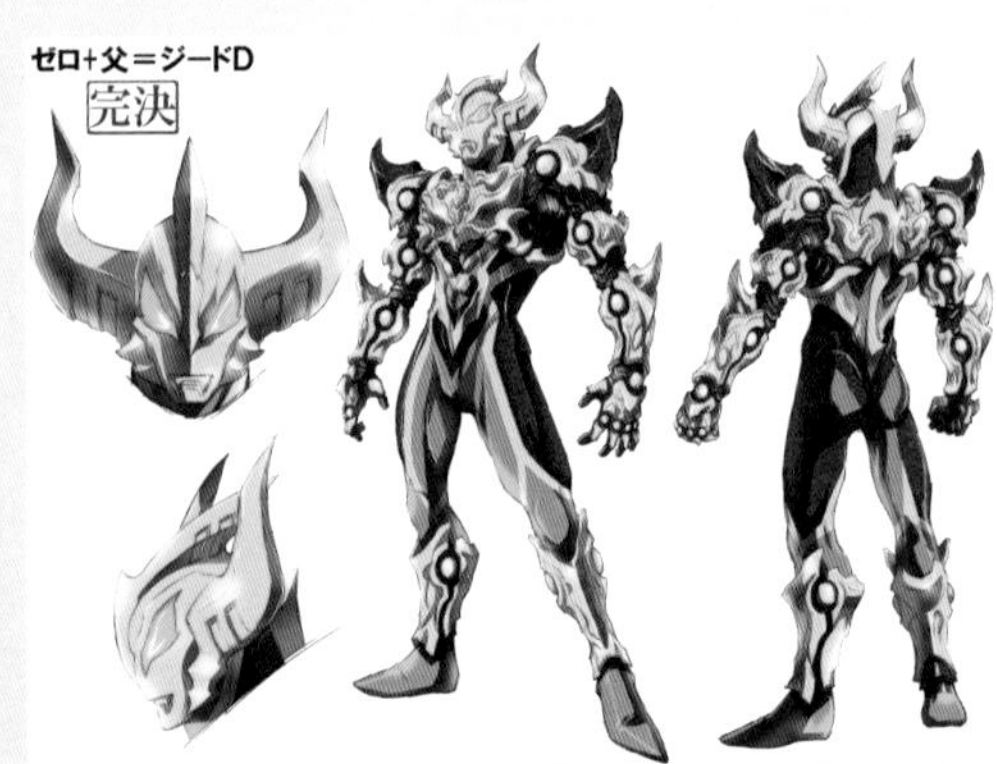

マグニフィセント

ロイヤルメガマスター

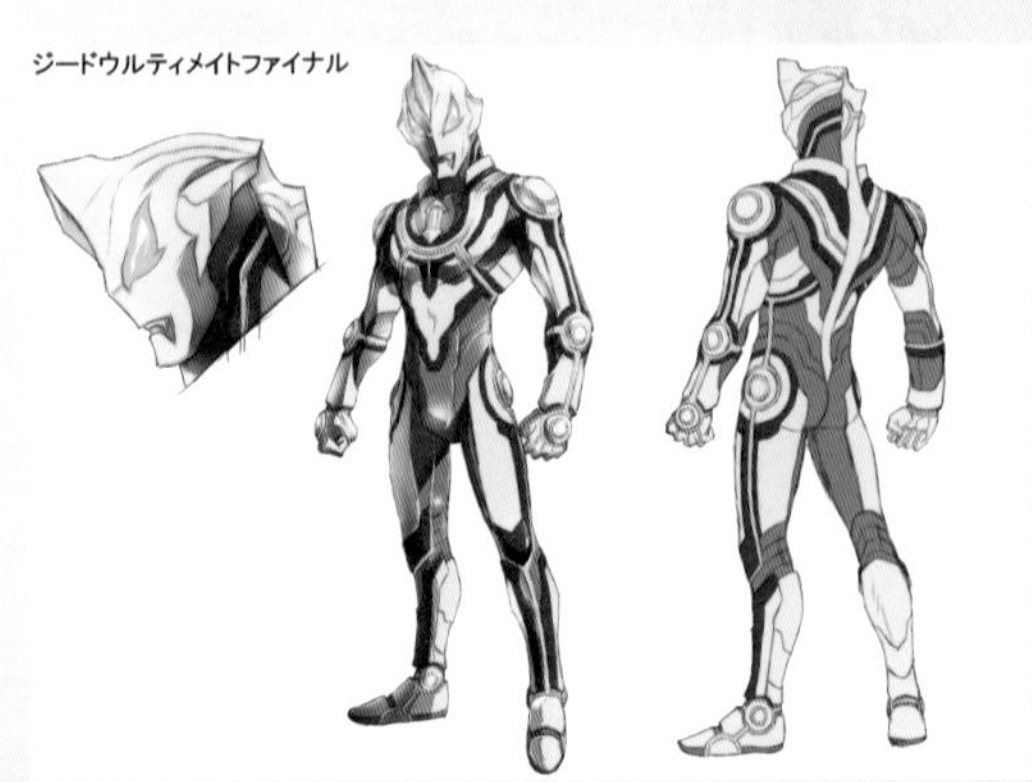

ウルティメイトファイナル

ウルトラマンゼロ ビヨンド

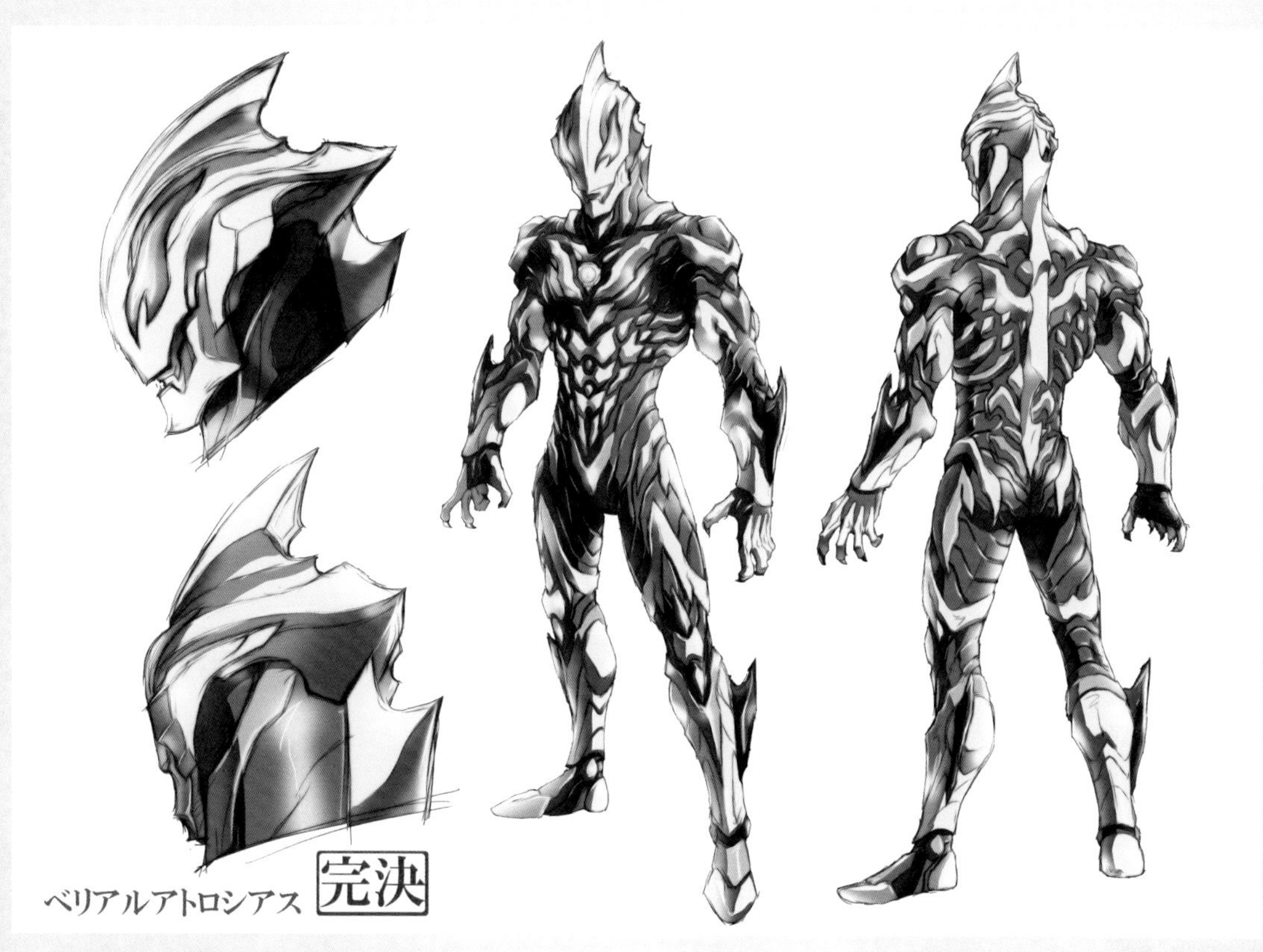

ウルトラマンベリアル アトロシアス

キメラベロス

ジョンライズしたキメラベロスも登場しました。ベリアルの怪獣化ということではアークベリアルに続いて2度目でしたが、こちらはどういうアプローチでデザインされたんですか？

後藤　上半身はベリアルの雰囲気をそのまま残したい、というのは監督のイメージだったんですよね。で、下半身なり背中なりで怪獣っぽいデザインを取り込んで、みたいな。だから、あれは基本的に監督の意向ですね。

――そもそもベリアル融合獣って豪快というか大胆なコンセプトですよね。複数の怪獣を合成すること自体は従来のシリーズでもたびたび見られましたが、それが新規敵怪獣のデフォルトというのは……。

後藤　まったく新しい怪獣をデザインするより、むしろ大変だった覚えがあります（笑）。どのぐらいの割合でどういった部分を持ってくるのかというのが結構大変で、どれも難産だった覚えがあるなぁ（しみじみ）。

――組み合わせはオーダーですか？　それとも、デザイナーのセレクトでしょうか？

後藤　あれはもうオーダーで、「これとこれ」って決まっていましたよ。それが大変だったけど逆に面白いと言えば面白かったですけどね。

――特に苦労されたのは？

後藤　やっぱり、最初のスカルゴモラ（ゴモラ×レッドキング）がベリアル融合獣の最初のデザインだったので、まず落としどころをどうしようというので結構悩んだ覚えはありますね。方向性はあれで決めないといけなかったので。

――サンダーキラー（エレキング×エースキラー）は、かなり難易度高いなぁと思うんですけど。

後藤　あれもちょっと悩みましたね（笑）。いわゆる怪獣タイプとヒューマノイドタイプの組み合わせだったので、これはどうしようかな、と思いました。結局、エースキラーが鎧っぽい感じだったので、「そうだ、エレキングに着せちゃえばいいんだ」と思って考えたんですけど。

――ちなみに、これまでデザインされてきた怪獣でお気に入りの1体というと？

後藤　マガオロチ（『ウルトラマンオーブ』第11話）は好きですね。わりとカッコいいなぁって今でも思います（笑）。あとは、カミソリデマーガ（ウルトラマンR／B』第22話）。あれが思った以上にカッコよくて、映像を見て自分で「あ、すげえ！　カッコいい！」と思ったんですけど。あれは、そもそもウルフェス（ウルトラマンフェスティバル）で出すのが先行だったんですよね。毎年1体、そういう怪獣があるんですけど、そのデザインのオーダーのされ方がわりと「お任せでいいですよ」って感じが多いんですよ。お題だけいただいて、あとは自由にやって、しかも細かいチェックがあまり入らないというパターン（笑）。その中でカミソリデマーガは、「デマーガの強化形態」みたいな感じだけのオーダーだったので、わりと好きにやれました。デマーガ自体は自分のデザインじゃないんですけど。

――かなりストレートにカッコいい系の進化アレンジですよね。後藤さんデザインの怪獣だと、『ウルトラマンX』の劇場版に登場したザイゴーグなんかも近いカッコよさを持った1体かなと。

後藤　あれもシンプルに分かりやすい怪獣で、いいですね。

――とにかく全身がやたら尖ってて、子供のハートにもグサグサ刺さりそうというか。

後藤　そうですね。ああいうのが好きなんですよ、僕もまだ（笑）。

ゼロに始まりウルトラマンをデザインし続けた10年

――そして、シリーズ最新作の『ウルトラマンZ』がついに放送を開始しました。主役ヒーローのウルトラマンゼットについては、どの辺りがデザイン的なポイントでしょうか？

後藤　これはお題として、スラッガーの形状はどうしても入れ込みたいというオーダーがあって。なので、そこが一番の命題でしたよね。で、素体と強化形態が3体あるんですけ

サンダーキラー

スカルゴモラ

禍々アークベリアル

ペダニウムゼットン

ベリアル融合獣

ライザーで2種類の怪獣カプセルをスキャンし、フュージョンライズすることで伏井出ケイが変身する『ウルトラマンジード』の登場怪獣。なお、禍々アークベリアルは、ゲーム『ウルトラマン フュージョンファイト!』のみの登場。

キングギャラクトロン

カミソリデマーガ

今回、後藤がお気に入りの怪獣として名を挙げた1体。

ど、今回の強化で選ばれているウルトラマンたちの括りがそれぞれ分かりやすいといえば分かりやすいので、その方向性に沿ったイメージでデザインしました。

――アルファエッジがゼロ、セブン、レオの歴代師匠のメダルで変身するスピード重視の格闘系。ベータスマッシュが初代マン、エース、タロウの昭和ウルトラマン3体の力を用いるパワーファイター系。ガンマフューチャーがティガ、ダイナ、ガイアの平成三部作によるトリッキー系。以上、今までの2体から、3体のウルトラマンの力を使ってウルトラフュージョンを行う点が今回の新機軸なわけですが、デザインする上で何か変化はありましたか?

後藤　わりと今までは、それぞれのウルトラマンのデザインラインをどういうふうにまとめようかということに結構気を遣って考えていたんですが、今回に関して言うと3体、主役も含めて4体のウルトラマンの融合ってことになるわけじゃないですか。さすがに、それでそれぞれの特徴を色濃く残すというのは難しくて。だからその辺は、何を目的としてこの3体が選ばれているのかということのほうを第一に考えてデザインしていますかね。もちろん、それぞれのウルトラマンの特徴を入れ込むこともある程度は考えつつ。

――ゼットが師と仰ぐゼロの力を用いたアルファエッジなどは、ゼロ成

ウルトラマンオーブ
サンダーブレスター

後藤お気に入りのエメリウムスラッガーは、セブン&ゼロ親子のフュージョンアップ。そしてもう1体、ここに掲載したサンダーブレスターは、ゾフィーとベリアルの力でフュージョンアップした姿だ。

ウルトラマンオーブ
エメリウムスラッガー

分が多く含まれている印象はありますね。

後藤　あぁ、確かにそうかもしれないですね。

――ちなみに、今までウルトラマンを掛け合わせたフュージョンをいくつもデザインされてきましたが、ご本人的に特に手応えを感じているフュージョンは何ですか？

後藤　なんだろう……オーブのエメリウムスラッガーが好きかな。あれはスーツを作る前提でデザインしたんですよ。なので、その辺りがわりと上手くいったなと思っていて。でも、その前のライトニングアタッカーはそもそもゲーム用のデザインで、スーツを作る前提じゃなかったので、それがスーツになっているのを見てちょっと驚きました。「スーツを作るんだったら、最初からそういうつもりでデザインしたのに」と思いつつ。

――ライトニングアタッカーもエメリウムスラッガーも、ともに映像作品だと『ウルトラファイトオーブ 親子の力、おかりします！』で初登場を果たしましたが、そもそもはゲームが初出でしたね。でも、その2体にもデザイン段階でスーツ前提か否かの違いがあったわけですね。

後藤　はい、確かそうだと思います。だから自分の中では、上手くいったかどうかの手応えがちょっと違うんですよね。

――これまで手がけてきた歴代ウルトラマンの中だと、一番お気に入りのデザインは何になりますか？

後藤　ウルトラマンビクトリーが気に入っていますね。あれは名前先行のウルトラマンだったので、今までにないデザインラインを出したいなと思って、「V」の字を入れ込んだデザインを考えたので、それは上手くいってるかなと思います。

――確かにあの頭部は、一般的にイメージするウルトラマンのラインから大きく外れていますね。

後藤　そこは、やっぱり主役じゃないので。作品中で2番目のウルトラマンということで、主役はいろんな人が意見をくださるんですけど、ビクトリーは主役（ウルトラマンギンガ）の相棒ですから、比較的、皆さんから強く要望が出てこないので、デザイナーの思いをストレートに形にしやすいんですよね。あとは、品田さんが粘土原型を作っているところをLSS（円谷プロ造形部門）まで見に行った時、品田さんもどう造形するかすごく悩んでたらしくて、2人で顔を見合わせて「なんかこれは違うよね」って話して。そこから、ああでもないこうでもないと2人で散々こねくりまわして、「あぁ、カッコいいんじゃない？　これ」というところまで持っていけたのが、すごく思い出に残っています。

――なるほど。そういった産みの苦労も含めて、特にビクトリーへの思い入れが強いわけですね。

後藤　そうですね。でも、一番思い入れがあるのはゼロなんです、やっぱり。最初にデザインしたウルトラマンでもあるし、自分でもよくできたなと思っているので。

――そのゼロが、レオの弟子からスタートして、最新作で師匠の立場になるこの10年。改めて振り返って何を思われますか？

後藤　まさかここまでウルトラマンのデザインにずっと関わらせてもらえるとは思っていなかったので、非常にありがたく思います。あとは、だいぶバリエーションの幅を広げられたかなと思っていて。そこは賛否ありますが、自分的にはよかったなと。そして、その中でゼロを今まで皆さんに愛して頂いて本当に嬉しいです。これからも10年、20年、50年と、ウルトラマンはずっと後に残っていくものなので、引き続き応援よろしくお願いします。

ごとう・まさゆき：1960年生まれ。円谷プロダクション所属のデザイナー。アニメーター出身で、OVA『機神兵団』（92年）のキャラクターデザインと作画監督、テレビアニメ『レッドバロン』（94年）のメカデザインなどを担当。ビルドアップ時代はキャラクターデザイン、絵コンテ、CMの演出等、幅広く活動。近年は、ウルトラマンシリーズのデザインを担当。そのほか、『SSSS.GRIDMAN』（18年）で久々となるアニメ作品に参加し、グリッドマンのデザインを手がけた。

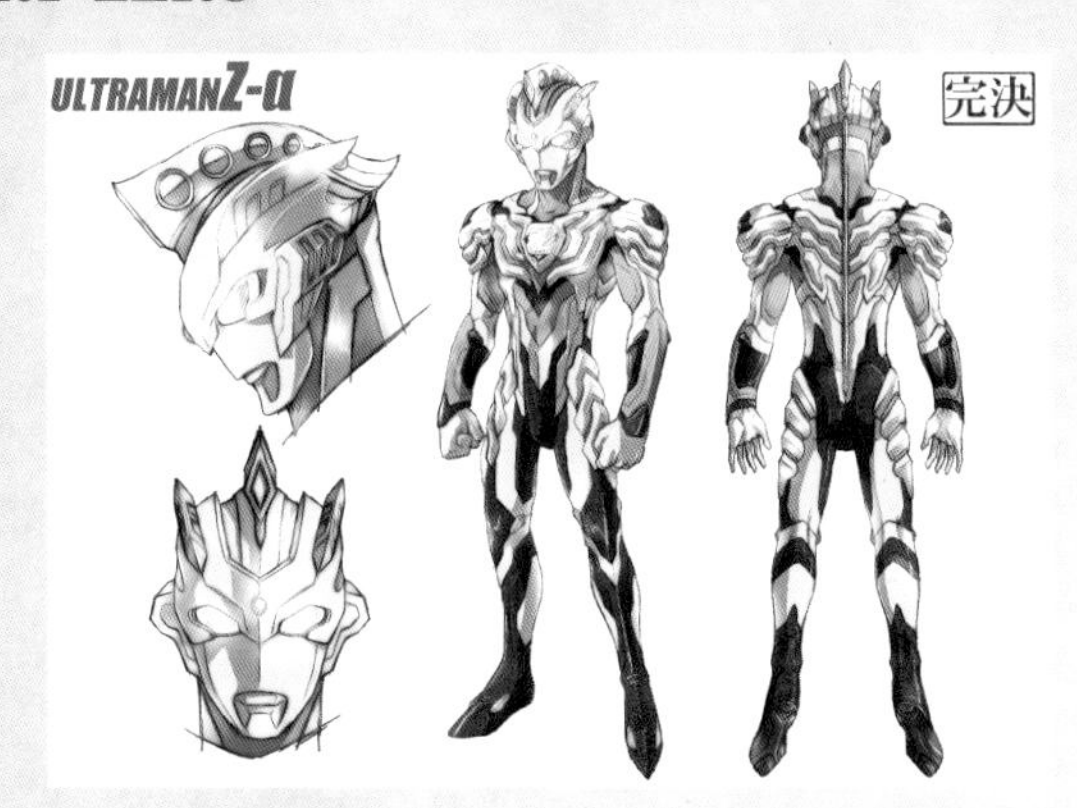

アルファエッジ

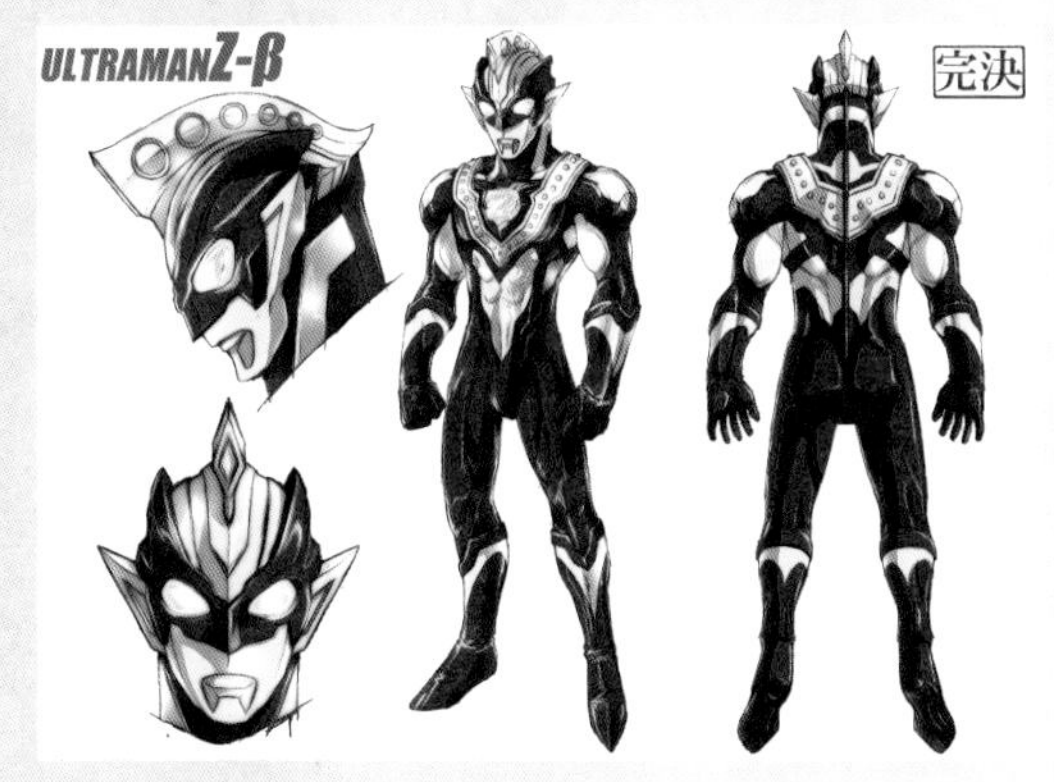

ベータスマッシュ

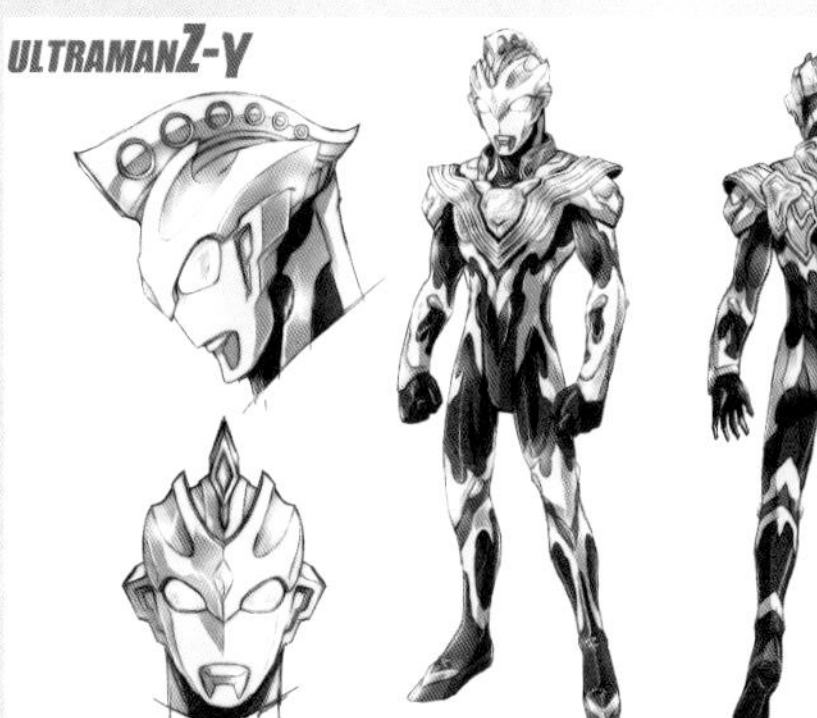

ガンマフューチャー

ULTRAMANZ

完決

ウルトラマンゼット　オリジナル

ウルトラマンジード
ギャラクシーライジング

『ウルトラマンZ』では、ジードも3つのメダルでウルトラフュージョン！　ギンガ、エックス、オーブのウルトラメダルで変身した姿がギャラクシーライジングだ。

STAFF

編集
本名貴浩
高木晃彦（noNPolicy）

装丁・本文デザイン
加藤寛之

本文DTP
山本秀一＋山本深雪（G-clef）

監修
円谷プロダクション

取材・執筆（五十音順）
小川哲弥／ガイガン山崎／齋藤貴義／坂井由人／坂井直人
サマンサ五郎／四海鏡／トヨタトモヒサ／馬場卓也
富士見大／幕田けいた／山田幸彦／和智正喜

編集協力
川口貴子
三浦大輔

協力（五十音順）
株式会社青二プロダクション／株式会社アトミックモンキー
株式会社アルファセレクション／株式会社エー・プラス
株式会社LDH JAPAN／株式会社劇団ひまわり
株式会社賢プロダクション／株式会社サンミュージックブレーン
株式会社スターダストプロモーション
株式会社B.O.S-Entertainment／株式会社フォースプリングス
株式会社リアルコーヒーエンタテインメント
有限会社アルファスタント／有限会社ジャンクション

ウルトラマン公式アーカイブ
ゼロVSベリアル10周年記念読本

2020年7月29日　初版第1刷発行

実業之日本社 編

発行者 岩野裕一
発行所 株式会社 実業之日本社
〒107-0062
東京都港区南青山5-4-30
CoSTUME NATIONAL Aoyama Complex 2F
電話　編集部 03-6809-0473
　　　販売部 03-6809-0495
https://www.j-n.co.jp/

印刷・製本 大日本印刷株式会社

ISBN978-4-408-41567-3（第二漫画）